Internationale Gerichtsstandsvereinbarungen

Europäische Hochschulschriften
Publications Universitaires Européennes
European University Studies

Reihe II
Rechtswissenschaft
Série II Series II
Droit
Law

Bd./Vol. 1653

PETER LANG
Frankfurt am Main · Berlin · Bern · New York · Paris · Wien

Yong Jin Kim

Internationale Gerichtsstandsvereinbarungen

PETER LANG
Europäischer Verlag der Wissenschaften

Die Deutsche Bibliothek - CIP-Einheitsaufnahme

Kim, Yong Jin:

Internationale Gerichtsstandsvereinbarungen / Yong Jin Kim. - Frankfurt am Main ; Berlin ; Bern ; New York ; Paris ; Wien : Lang, 1995
(Europäische Hochschulschriften : Reihe 2, Rechtswissenschaft ; Bd. 1653)
Zugl.: Regensburg, Univ., Diss., 1994
ISBN 3-631-48097-0

NE: Europäische Hochschulschriften / 02

D 355
ISSN 0531-7312
ISBN 3-631-48097-0

Printed in Germany 1 2 3 4 5 6 7

Vorwort

Internationale Gerichtsstandsvereinbarungen gewinnen in Anbetracht der europäschen Einigung und internationalen Zusammenarbeit zunehmende Bedeutung. Sie liegen im Grenzbereich von internationalem Privatrecht und internationalem Zivilprozeßrecht und bedürfen einer klaren Rechtsgrundlage innerhalb der unterschiedlichen nationalen Zuständigkeitsregelungen.

Die vorliegende Arbeit wurde im Sommersemester 1994 von der Juristischen Fakultät der Universität Regensburg als Dissertation angenommen. Für seine engagierte Betreuung habe ich meinem verehrten akademischen Lehrer, Herrn Professor Dr. Peter Gottwald, herzlich zu danken. Dank gilt ebenfalls Herrn Professor Dr. Dieter Henrich als Zweitberichterstatter. Dank schulde ich weiter der Friedrich-Ebert-Stiftung für die finanzielle Förderung.

Die Arbeit ist meinen Eltern und dem Andenken meiner Schwiegermutter in Dankbarkeit gewidmet.

Regensburg, im Juli 1994. Yong Jin Kim

INHALTSVERZEICHNIS

ZWEITER TEIL:

DAS ZUSTANDEKOMMEN DER INTERNATIONALEN GERICHTSSTANDSVEREINBARUNGEN

Abkürzungsverzeichnis

a. A.	anderer Ansicht
aaO	am angegebenen Ort
abl.	ablehnend
ABl-EG	Amtsblatt der Europäischen Gemeinschaften
Abs.	Absatz
AbzG	Gesetz, betreffend die Abzahlungsgeschäfte
A. C.	Law Reports, Appeal Cases
AcP	Archiv für die civilistische Praxis
a. F.	alte Fassung
AG	Die Aktiengesellschaft, Zeitschrift für das gesamte Aktienwesen; Amtsgericht
AGB	Allgemeine Geschäftsbedingungen
AGBG	Gesetz zur Regelung der Allgemeinen Geschäftsbedingungen
All E. R	All England Law Reports
Alt.	Alternative
Anm.	Anmerkung
Art.	Artikel
ArbG	Arbeitsgericht
Aufl.	Auflage
AWD	Außenwirtschaftsdienst des Betriebs-Beraters
BAG	Bundesarbeitsgericht
BayObLG	Bayerisches Oberstes Landesgericht
BB	Betriebs-Berater
BerGesVR	Berichte der Deutschen Gesellschaft für Völkerrecht
BGBl	Bundesgesetzblatt
BGHZ	Entscheidungen des Bundesgerichtshofs in Zivilsachen
BörsenG	Börsengesetz
BR-Drs.	Drucksachen des Deutschen Bundesrates
BT-Drs.	Drucksachen des Deutschen Bundestages
BVerfG	Bundesverfassungsgericht
C. A.	Court of Appeal
CMR	Übereinkommen über den Beförderungsvertrag im internationalen Straßengüterverkehr

DB	Der Betrieb
ders.	derselbe
DRiZ	Deutsche Richterzeitung
EGBGB	Einführungsgesetz zum Bürgerlichen Gesetzbuche
EKG	Einheitliches Gesetz über den Abschluß von internationalen Kaufverträgen über beweglicher Sachen
EuGH	Europäischer Gerichtshof
EuGVÜ	Europäisches Übereinkommen über die gerichtliche Zuständigkeit und die Vollstreckung gerichtlicher Entscheidungen in Zivil- und Handelssachen
EuR	Europa-Recht
EWG	Europäische Wirtschaftsgemeinschaft
EWiR	Entscheidungen zum Wirtschaftsrecht
FamRÄndG	Familienrechtsänderungsgesetz
FernUSG	Gesetz zum Schutz der Teilnehmer am Fernunterricht
Fn.	Fußnote
FS	Festschrift
F. Supp.	Federal Supplement
GG	Grundgesetz
GRUR Int	Gewerblicher Rechtsschutz und Urheberrecht, Internationaler Teil
GWB	Gesetz gegen Wettbewerbsbeschränkungen
Hrsg., hrsg.	Herausgeber, herausgegeben
i. d. F.	in der Fassung
IPRax	Praxis des Internationalen Privat- und Verfahrensrechts
IPRG	Gesetz zur Neuregelung des Internationalen Privatrechts vom 25. 7. 1986
IPRspr.	Die deutsche Rechtsprechung auf dem Gebiete des internationalen Privatrechts
KG	Kammergericht
krit.	kritisch
KTS	Konkurs-, Treuhand- und Schiedsgerichtswesen
LG	Landgericht
LM	Nachschlagwerk des Bundesgerichtshofes, herausgegeben von Lindenmaier, Möhring
MSA	Minderjährigenschutzabkommen
m. w. Nachw.	mit weiteren Nachweisen
n. F.	neue Fassung

OLG	Oberlandesgericht
RabelsZ	Zeitschrift für ausländisches und internationales Privatrecht
RdA	Recht der Arbeit
RG	Reichsgericht
RGZ	Entscheidungen des Reichsgerichts in Zivilsachen
RIW	Recht der Internationalen Wirtschaft/Außenwirtschaftsdienst des Betriebs-Beraters
SAE	Sammlung arbeitsrechtlicher Entscheidungen
SJZ	Schweizerische Juristen-Zeitung
TranspR	Transportrecht (Zeitschrift)
VersR	Versicherungsrecht
vgl.	vergleiche
Vorbem.	Vorbemerkung
WM	Wertpapier-Mitteilungen
WuB	Wirtschafts- und Bankrecht
WuW	Wirtschaft und Wettbewerb
ZEuP	Zeitschrift für Europäisches Privatrecht
ZfRV	Zeitschrift für Rechtsvergleichung intern. Privatrecht und Europarecht
ZGR	Zeitschrift für Unternehmens- und Gesellschaftsrecht
ZHR	Zeitschrift für das Gesamte Handelsrecht und Wirtschaftsrecht
ZIP	Zeitschrift für Wirtschaftsrecht
ZRP	Zeitschrift für Rechtspolitik
zust.	zustimmend
ZVglWiss.	Zeitschrift für vergleichende Rechtswissenschaft
ZZP	Zeitschrift für Zivilprozeß

Einleitung

Internationale Gerichtsstandsvereinbarungen sind nicht nur von wissenschaftlicher, sondern auch von großer praktischer Bedeutung. Aus der Praxis des internationalen Handels sind sie nicht wegzudenken: fast in allen internationalen Verträgen finden sich Gerichtsstandsklauseln. Dementsprechend besteht heute ein Wettbewerb von Rechtsordnungen im Bereich des internationalen Zuständigkeitsrechts. Zahlreiche Reformgesetze in diesem Rechtsgebiet zielen auf die Anpassung an die veränderte Rechtslage. Dies hat tiefgreifende Veränderungen des bisherigen nationalen Zuständigkeitsrechts zur Folge. In der Gesetzgebung ist eine liberale Richtung deutlich erkennbar. Das Brüsseler EG-Übereinkommen über die gerichtliche Zuständigkeit und die Vollstreckung gerichtlicher Entscheidungen in Zivil- und Handelssachen vom 27. September 1968[1] regelt unter dem Gesichtspunkt der Wahrung der Privatautonomie großzügig die Zulässigkeit der Gerichtsstandsvereinbarungen und gestattet es allgemein, daß vertraglich ein anderes Gericht als das nach den Bestimmungen des Übereinkommens eigentlich zuständige für zuständig erklärt wird. Nachdem der Supreme Court der Vereinigten Staaten in der Zapata-Entscheidung von der früheren "non-ouster"-Regel des Common Law abgerückt ist und internationale Gerichtsstandsvereinbarungen zur Erleichterung des internationalen Handels grundsätzlich anerkannt hat, sind sie auch im amerikanischen Rechtsverkehr üblich geworden.

Die Entwicklungstendenz des internationalen Zivilprozeßrechts gibt erneut Anlaß, in diesem Bereich den Gedanken der klassischen Lehre wieder aufzugreifen: "Die Grundregel des internationalen Zivilprozeßrechts ist die Geltung der lex fori in allen Verfahrensfragen." Der Einklang dieser Grundregel mit der heutigen liberalen Gesetzgebung ist nicht zu bestreiten. Einleitend möchte ich mich mit "einer Vermutung für die Ähnlichkeit der Lösungen" bescheiden. Auf dem Prinzip der gegenseitigen Anerkennung der Gleichberechtigung und Gleichwertigkeit der nationalen Prozeßrechte beruhen unterschiedliche verfahrensrechtliche Lösungen, so daß diese ohne Anpassung eines nationalen Prozeßrechts an ausländisches Recht bestehen bleiben können.[2] Auch internationale Gerichtsstandsvereinbarungen sind aufgrund der lex fori-Regel einheitlich

1 BGBl. 1972 II, S. 773 ff; 1973 II, S. 60.

2 Vgl. *Leipold*, lex fori, Souveränität, Discovery: Grundfragen des Internationalen Zivilprozeßrechts 1989, S. 30; *Gottwald*, in: Grundfragen des Zivilprozeßrechts: die internationale Dimension, Habscheid und Beys (Hrsg.) 1991, S. 1ff, 89.

anzuknüpfen. Die Weichen für eine solche Tendenz hat schon das OLG Saarbrücken[3] gestellt.

Im Entwicklungsprozeß des internationalen Zuständigkeitsrechts nimmt das EuGVÜ eine leitende Position ein. Das EuGVÜ beschränkt sich nicht auf räumliche Ausdehnung seines Geltungsbereichs, sondern übt auf die nationale Gesetzgebung auf dem Gebiet des internationalen Zivilprozeßrechts einen großen Einfluß aus. Dies gilt auch für die internationalen Gerichtsstandsvereinbarungen. Dem Artikel 17 EuGVÜ ist z. B. Art. 38 Abs. 2 ZPO nachgebildet. Auch dem Gesetzgeber der sog. *Lugano-Convention* war das EuGVÜ Vorbild für die Zuständigkeitsregeln. Man kann insoweit berechtigt sagen, daß die heutige Praxis bei internationalen Gerichtsstandsvereinbarungen im Entwicklungsgeschichte des EuGVÜ spürbar ist. Der Verweis auf das EuGVÜ für eine Untersuchung der Entwicklungstendenz des internationalen Zivilprozeßrechts erscheint u. a. deshalb sinnvoll, weil europäisches und nationales internationales Zivilprozeßrecht im Bereich der internationalen Zuständigkeit sich überlagern und sich gegenseitig ergänzen. Jedenfalls lassen sich das EuGVÜ und dessen jeweilige Fassungen als Kompromiß zwischen den nationalen Staaten oder Staatengruppen ansehen.

In der Urfassung des EuGVÜ von 1968 bestimmte Art. 17 EuGVÜ lediglich, daß die Zuständigkeitsvereinbarung schriftlich oder aber mündlich, jedoch mit schriftlicher Bestätigung, zu erfolgen habe. Dem Wortlaut nach ergab sich daraus kein anderer Maßstab als ein Formerfordernis für die Wirksamkeit von Gerichtsstandsvereinbarungen. Man hat aber den Formerfordernissen nur die Beweisfunktion beigemessen und demzufolge Art. 17 EuGVÜ systematisch so konzipiert, daß dem Beweismittel eine materielle Willenseinigung vorgeht. Dementsprechend ließ sich der EuGH bei der Prüfung des wirksamen Zustandekommens von Gerichtsstandsvereinbarungen davon leiten, ob die Gerichtsstandsklausel tatsächlich einer Vereinbarung zwischen den Parteien entsprach, die klar und deutlich zum Ausdruck gekommen ist.

Die erste Revision des Übereinkommens von 1978[4] machte aber deutlich, daß die Entwicklung der internationalen Zuständigkeitsvereinbarung in der Rechtsprechung des EuGH die internationale Handelspraxis nicht beachtet hat, die zunehmend davon geprägt ist, den Vertragsschluß rasch durch zwischen den Parteien bereits ausgehandelte Standardbedingungen vorzunehmen. Es ist wohlbekannt, daß die in Art. 17 Abs. 1

3 NJW-RR 1989, 828.

4 Abl-EG Nr. L 304/1978, S. 1; BGBl. 1983 II, S. 802. Bekanntmachungen über das Inkrafttreten in ABl-EG Nr. C285/1986, S. 1 und in BGBl. 1986 II 1020.

EuGVÜ neu eingefügte dritte Formvariante eine direkte Reaktion auf die Rechtsprechung des EuGH ist. Darüber hinaus wirft die Änderung einen theoretisch fundamentalen Zweifel auf, ob nicht bei der Auslegung der Vorschrift hinsichtlich des Zustandekommens einer Vereinbarung ein Mißverständnis besteht. Bei den Anpassungsverhandlungen wurde darauf hingewiesen, daß in der Praxis Einigung und Form häufig in schwer aufzulösender Weise miteinander verschränkt sind. Es verdient hervorgehoben zu werden, daß trotz der Befürchtung[5] der EFTA-Staaten an diesem ergänzten Wortlaut die nahezu gleiche Formulierung wie Art. 17 Abs. 1 EuGVÜ in das Parallel-Übereinkommen vom 16. September 1988[6] aufgenommen worden ist. Um so willkommener ist die Einführung einer weiteren Form, die sicherlich der Typisierung der wirksamen Zuständigkeitsvereinbarungen dienen wird. Eine entsprechende Formulierung enthält auch die Fassung von San Sebastian 1989[7].

Ungeachtet dieser Tendenz geht die Lehre von der Autonomie beider Elemente von Einigung und Form aus und beharrt weiterhin darauf, daß die Einhaltung der Formerfordernisse des Art. 17 EuGVÜ kein Ergebnis der tatsächlichen Vereinbarung zwischen den Parteien darstellt. Die wissenschaftliche Sorge um eine materielle Einigung für die Wirksamkeit von Gerichtsstandsvereinbarungen hat aber zur kollisionsrechtlichen Konsequenz, daß internationale Gerichtsstandsvereinbarungen nur unter Rückgriff auf das materielle Recht auf ihre Wirksamkeit geprüft werden. Daraus entstehen jedoch verschiedene Schwierigkeiten derart, daß die internationale Gerichtsstandsvereinbarung nicht mehr ihre praxisdienende Eigenschaft für sich in Anspruch nehmen könnte. Unter diesen Umständen hat der BGH in seinem Beschluß vom 26. 3. 1992[8] dem EuGH, der seinerseits bis jetzt keine Gelegenheit gehabt hat, sich zur Auslegung der im Jahre 1978 erfolgten Änderung des Art. 17 Abs. 1 EuGVÜ zu äußern, diese Auslegungsfrage vorgelegt. Es ist zu wünschen, daß die internationalen Gerichtsstandsvereinbarungen vom EuGH an die jüngste Entwicklung des Welthandels angepaßt werden, indem die bisherige Konzeption der Vereinbarung in Frage gestellt wird.

Das Hauptanliegen dieser Arbeit besteht daher darin, die internationalen Gerichtsstandsvereinbarungen in die Richtung zur Erleichterung des internationalen Rechtsverkehrs sowie der Rechtsverfolgung der grenzüberschreitenden Rechtsstreitigkeiten auszulegen. Dazu werden die folgende Fragenkreise untersucht bzw. dargestellt:

---

5 S. *Jenard-Möller*-Bericht, Nr. 57.
6 ABl.-EG 1988 Nr. L319 vom 25. 11. 1988.
7 ABl-EG Nr. L285 vom 3. 10. 1989.
8 IPRax 1992, 373 = EuZW 1992, 514 m. Anm. *Geimer*.

- die Bedeutung des EuGVÜ in der Entwicklung des internationalen Zuständigkeitsrechts
- die Unabhängigkeit der Wirksamkeit der Vereinbarung vom materiellen Recht mittels der Formfunktion
- die beschränkte Geltung der lex fori-Regel beim Zustandekommen der internationalen Gerichtsstandsvereinbarungen und
- die Herausarbeitung von Grenzen internationaler Gerichtsstandsvereinbarungen unter dem Gesichtspunkt der Wahrung des effektiven Rechtsschutzes.

Im Teil über die Gerichtsstandsvereinbarungen in der internationalen Zuständigkeitsordnung wird ein Überblick über verschiedene Entwicklungsmodelle im Bereich des internationalen Zuständigkeitsrechts (§ 1) und die Bedeutung der internationalen Gerichtsstandsvereinbarungen (§ 2) gegeben.
Im Teil über das Zustandekommen der internationalen Gerichtsstandsvereinbarungen wird gestützt auf gesetzliche Formerfordernisse ein Versuch einer einheitlichen Anknüpfung an die lex fori vorgenommen (§§ 4, 5). In diesem Teil wird außerdem untersucht, ob und auf welchem Grund die lex fori-Regel an die internationalen Gerichtsstandsvereinbarungen angepaßt werden kann (§ 6).
Der Teil über Grenzen der Zulässigkeit internationaler Gerichtsstandsvereinbarungen hat die zeitgenössische Diskussion über Aufgabe und Grenzen der internationalen Gerichtsstandsvereinbarungen zum Gegenstand (§§ 7-11). Der Untersuchung von Grenzen internationaler Gerichtsstandsvereinbarungen liegt der realistische Grundgedanke zugrunde, daß die internationale Gerichtsstandsvereinbarung als Autonomiemodell für die Weltrechtspflege erst recht im Rahmen ihrer Funktion der Gewährleistung des subjektiven Rechtsschutzes entfaltet werden kann.
Im letzten Teil wird der Parteiwille zur Grundlage der Wirkungen internationaler Gerichtsstandsvereinbarungen bestimmt (§ 12) und zugleich erfolgt eine Untersuchung dahingehend, wie dieser Maßstab im Verhältnis mit anderen Rechtsgebieten modifiziert werden soll (§ 13).

Erster Teil:
Gerichtsstandsvereinbarungen in der internationalen Zuständigkeitsordnung

§ 1. Von der örtlichen zur weltweiten Zuständigkeitsordnung

I. Präjudizierender Charakter der internationalen Zuständigkeit in grenzüberschreitenden Rechtsstreitigkeiten

Als Folge der ständigen Ausweitung des internationalen Handels und der großen Bevölkerungsbewegungen erlangt auch der internationale Rechtsverkehr immer größere Bedeutung und damit steigt das Bedürfnis, Streitigkeiten mit Auslandsbezug zu verfolgen. Dabei ergibt sich die Bedeutung der internationalen Zuständigkeit daraus, daß ihre Bejahung oder Verneinung über das anzuwendende Verfahrensrecht und Kollisionsrecht, damit mittelbar auch über das anzuwendende materielle Recht entscheidet und auf diese Weise die sachliche Entscheidung des Prozesses vorweggenommen werden kann.[1] Als Folge dieser präjudizierenden Wirkung ist die internationale Zuständigkeit für die internationale Rechtsverfolgung von entscheidendem Interesse für Parteien, die ihre Rechte grenzüberschreitend verfolgen wollen.

Ein kurzer Blick auf die unterschiedlichen Ausgangspunkte des amerikanischen und des deutschen Beweisrechts bestätigt, welch große Bedeutung die Bestimmung der internationalen Zuständigkeit für die Parteien hat. Als Kernstück des amerikanischen Zivilprozesses[2] spielt das "pre-trial discovery" im Beweisrecht eine bedeutende Rolle. Bei diesem Institut sind die Parteien schon vor der Hauptverhandlung zur Beweisermittlung und Beweismittelbeschaffung und zur umfassenden gegenseitigen Sach-

---

1 BGHZ 44, 46. Vgl. auch *Meili*, Das internationale Privatrecht und die Staatenkonferenzen im Haag (1900), 32, hierzu siehe auch unten Fn. 58.

2 OLG München JZ 1981, 540, 541.

aufklärung verpflichtet.[3] Da diese umfassende Garantie des Zugangs zu Information und Beweis auf eine Beweislastumkehr hinausläuft,[4] werden jedoch die Interessen beider Parteien offensichtlich nicht gleich gewichtet. Vielmehr soll dem Kläger weitgehend der Zugang zu Informationen, die für das Verfahren relevant sind, verschafft werden. Als eine typische "fishing expedition" erwies sich die pre-trial discovery im Fall "In re Paris Crash of March 3, 1974"[5], während dessen die beklagten Firmen McDonnel Douglas und General Dynamics Tausende von Dokumenten herausgeben mußten. Dabei wurde auch ein Schreiben eines Ingenieurs an den Hersteller des Flugzeugrumpfes entdeckt, worin davor gewarnt wurde, daß das Flugzeug eine Anfälligkeit für katastrophale Fehlleistungen in bezug auf die Türen der Gepäckräume zeige. Es ergab eine spektakuläre Information über den Absturz der DC-10 der Turkish Airline in der Nähe von Paris im März 1974.

Diese Aufklärungspflicht steht in schroffem Gegensatz zum deutschen Recht, in dem Beweisermittlung und Beweismittelbeschaffung zwar auf der Verhandlungsmaxime beruhen, aber die jeweilige Auskunftspflicht in Vorschriften des materiellen Rechts angeordnet ist.[6] Diesem liegt die Ausgangsvorstellung von Freiheit und Gleichheit zugrunde. Jede der Parteien hat die ihr günstigen Tatsachen in eigener Verantwortung vollständig zu erkennen und zu beweisen; keine der Parteien schuldet dem Gegner um seiner selbst willen irgendwelche Rücksicht.

Indessen ist es wohlbekannt, daß die prozessuale Aufklärungspflicht deutsche Prozeßparteien in Amerika und ihre in Deutschland befindlichen Beweismittel ergreift. Diese sind, ungeachtet einer Reihe von veränderten Umständen[7], den prozessualen Risiken

---

3 Vgl. den Fall Hickmann v. Taylor, 329 U.S. 495, 507 (1947).

4 S. *Junker*, IPRax 1986, 207.

5 399 F. Supp. 732 (C.D.) Calif. 1975.

6 Aus der prozessualen Pflicht zur Urkundenvorlegung nach dem § 422 ZPO läßt sich keine allgemeine prozessuale Vorlagepflicht ableiten; die Vorschrift setzt einen materiellrechtliche Herausgabe- oder Vorlegungsanspruch voraus: *Gottwald*, ZZP 92 (1979), 365. Nach der Rechtsprechung begründet § 242 BGB auch keine allgemeine Aufklärungspflicht: BGHZ 74, 379, 380. Dies wurde kürzlich in einem Urteil des BGH vom 11.6.1990 NJW1990, 3151 = ZZP 104 (1991), 203 m. Anm. *Stürner* bestätigt, in dem weder eine allgemeine prozessuale Aufklärungspflicht etwa aus der Wahrheitspflicht des § 138 I ZPO noch eine allgemeine auf das materielle Recht gegründete Auskunftspflicht anerkannt worden ist.

7 Erinnerungswert wären die Entscheidung des deutschen Produkthaftungsprozesses, in der es sich sowohl um eine deliktische Haftung mit einer Beweisumkehr als auch um die im Produkthaftungsgesetz eingeführte verschuldensunabhängige Haftung handelt, und der erklärte Nichterledigungsvorbehalt gegen pre-trial discovery of documents gemäß Art. 23 Haager Übereinkommen.

im Handel mit den USA, nämlich dem erhöhten Produkthaftungsrisiko mit den zugehörigen Anwaltskosten, weiterhin ausgesetzt. Dieses Risiko wird verschärft, wenn personal jurisdiction auf implied consent und sog. consent statutes gegründet wird.[8] In einer Entscheidung des U.S. Supreme Court[9] sah die Beklagte ihre Erwartung gescheitert, "solange sie der Jurisdiktion des U.S. amerikanischen Gerichts nicht unterliege, könne sie dessen Discovery-Befehle straflos unbeachtet lassen".[10] Wegen des politischen Verhältnisses zu den USA stecken jedoch Abwehrmaßnahmen durch die BRD in den Anfängen[11]. Insbesondere wurden bei der 4. Tagung der Wissenschaftlichen Vereinigung für Internationales Verfahrensrecht weitgehende Bedenken dagegen geäußert, daß ein gesetzgeberischer Abwehrversuch durch sog. blocking statutes wie in Großbritannien und Frankreich ein sinnvoller Beitrag zur Konfliktlösung wäre.[12] Als Folge davon wird der Jurisdiktionskonflikt ausgetragen, soweit sich der Justizkrieg mit den USA unmittelbar an der pre-trial discovery entzündet.

1. Gewährung der lex fori durch jurisdiction

Wenden wir uns nunmehr dem Verhältnis der internationalen Zuständigkeit zum anwendbaren Recht zu. Auch hier wird ein Brennpunkt der Parteiinteressen berührt: Anders als bei einem reinen Inlandsfall kann der internationalen Zuständigkeit, gerade angesichts der unterschiedlichen Sachnormen in verschiedenen Rechtskreisen, große Bedeutung zukommen. Eine Eisbrecherrolle der internationalen Zuständigkeit bei der Bestimmung des anwendbaren Sachrechts läßt sich in zweierlei Hinsicht feststellen. Einmal ist die Anwendbarkeit des Sachrechts für bestimmte Materien von der internationalen Zuständigkeit abhängig. Das anglo-amerikanische Kollisionsrecht sieht z. B. im Ehe- und Kindschaftsrecht keine materiellen Kollisionsnormen vor. Vielmehr enthält es lediglich Regeln über die internationale Zuständigkeit (jurisdiction).[13] Diese

---

8 *Welp*, Internationale Zuständigkeit über auswärtige Gesellschaften mit Inlandstöchtern in US-amerikanischen Zivilprozeßrecht, S. 32 ff..

9 Insurance Corp. of Irland Ltd. v. Cornpagnie des Bauxites de Guinee, 456 U.S. 694, 102S. Ct. 2099(1982).

10 *Schack*, IPRax 1984, 168.

11 Dazu *Junker*, RIW 1987, 1, 7.

12 S. Tagungsbericht von *Coester-Waltjen*, JZ 1986, 434.

13 *Ferid*, IPR, Rn. 3-92; *Nussbaum*, IPR, 1952, 188. Vgl. Art. 17 EGBGB. Auch das Gesetz zur Geltendmachung von Unterhaltsansprüchen im Verkehr mit ausländischen Staaten, das am 1.1.1987 in Kraft getreten ist mit dem Ziel, den Schwierigkeiten deutscher Unterhaltsberechtigten vor allem in den USA entgegenzustehen. Hierzu *Schack*, IZPR, Rn. 381

Lösung beruht auf einer verständlichen Vorsichtsmaßnahme. Denn die Frage, welches Recht anzuwenden ist, bildet deswegen nicht den Gegenstand einer ausdrücklichen Kollisionsnorm, weil das Gericht, das "Jurisdiktion" hat, im Wege des Gleichlaufes auch sein eigenes materielles Recht anwendet.[14] Bei den sog. Status-Sachen ist die gerichtliche Zuständigkeit konsequenterweise an strenge Voraussetzungen geknüpft. Dies führt zur Gewährung der lex fori durch jurisdiction: Bei Bejahung seiner Zuständigkeit entscheidet das angerufene Gericht nach seiner lex fori. Eine konsequente Folgerung daraus ist, daß der fremde Staat, wenn ihm die Jurisdiktion überlassen wird, sein eigenes materielles Recht anwenden soll.[15]

Entsprechend haben die deutschen Gerichte seit einer grundlegenden Entscheidung des Reichsgerichts aus dem Jahre 1932[16] bei der Verweisung auf das amerikanische Recht die ihnen von diesem erteilte Rückverweisung auf das deutsche Recht angenommen. Dabei handelt es sich im Ergebnis um eine versteckte Rückverweisung auf die lex fori domicilii. Denn meistens weisen solche Normen dem Staat des Domizils jurisdiction zu.[17] In diesen Fällen ist die Rechtswahl in die Jurisdiktionsnorm "eingepackt", in ihr "versteckt", die choice of jurisdiction drängt die choice of law in den Hintergrund.[18]

2. Der materiell-rechtliche Unterschied zur forum shopping

Der Zusammenhang von Form und Jus zeigt sich ferner bei dem unter dem Stichwort "forum shopping" behandelten Phänomen. Der Kläger will es nicht dem Zufall überlassen, welches Recht auf seinen Fall angewendet wird, sondern dieses selbst bestimmen. Ein solches "ius shopping durch forum shopping" hat der portugiesische Seemann *Castanho* verfolgt. In diesem für die Rechtsfigur "forum shopping" häufig

---

14 *Ferid*, IPR, Rn. 3-92.

15 Dazu *Henrich*, IPRax 1983, 81. S. auch *Niemeyer*, NiemeyersZ 13 (1903), 447, 448: Im Zusammenhang mit der anglo-amerikanischen kollisionsrechtlichen Eigenart weist *Niemeyer* auf die Rückverweisung durch Jurisdiktionsregeln, hinter denen sich materielle Kollisionsnormen verstecken, hin.

16 RGZ 136, 361.

17 Zum Adoptionsfall s. KG NJW 1960, 250; KG IPRax 1983, 246 m. Anm. *Jayme*; OLG Frankfurt/M., IPRax 1984, 330 m. Anm. *Jayme*. Zum Sorgerecht BayObLG NJW 1962, 1013, 1014. Zum Scheidungsfall s. Fn. 16. Das Recht des domicile beherrscht auch die Scheidung und die vermögensrechtlichen Folgen einer Eheschließung richten sich grundsätzlich nach dem Recht des ehelichen Domizils. Dazu *Henrich*, Internationales Familienrecht, S. 69. Zum Unterhaltsfall OLG Nürnberg, IPRax 1983, 81 m. Anm. *Henrich*.

18 *Hanisch*, NJW 1966, 2085, 2086.

zitierten Fall[19] ließ er sich von amerikanischen Anwälten dazu überreden, eine bereits in England anhängige Klage zurückzunehmen und stattdessen in Texas gegen die Muttergesellschaft zu klagen. Dabei ging es ihm um die Höhe der erwarteten Schadensersatzsummen. In Texas sollte ihm eine nach englischen Maßstäben unvorstellbare Summe zugesprochen werden. Die sarkastische Aussage Lord Dennings "as a moth is drawn to the light, so is a litigant drawn to the United States"[20] beleuchtet das Phänomen deutlich. Sie zeigt, daß die Parteiinteressen so lange von der internationalen Zuständigkeit abhängig sind, als es im materiellen Recht wirtschaftlich beträchtliche Unterschiede gibt.

3. Auswirkungen internationaler Zuständigkeit auf die sog. Qualifikationsfrage

Weiterhin kann das anzuwendende Recht durch die Qualifikation der Systembegriffe unterschiedlich bestimmt werden. In solchen Fällen hängt die Anwendung der Sachnorm von der Qualifikation eines Rechtsbegriffs ab.[21] Entscheidend ist daher, wer über die Qualifikation zu entscheiden hat. Die herrschende Meinung in der Literatur[22] spricht sich für die lex fori aus. Die gleiche Vorstellung hat auch die Rechtsprechung[23] bei der unsterblichen Blamage im Fall der Tennessee-Wechsel[24] gehabt und die Verjährung nach Schuldrecht beurteilt.[25] Gleichgültig war für sie, daß die anglo-amerikanischen Rechte die Verjährung prozeßrechtlich verstehen und daher auf sie die lex fori anwenden. Dem Rechtssuchenden gewährt das anglo-amerikanische Recht jedoch eine günstigere Stellung als das deutsche Recht. Seine Qualifikation als prozeßrechtlich führt dazu, daß anglo-amerikanische Gerichte auch auf einen Anspruch nach ausländischem Recht ihre Verjährungsvorschriften, und zwar einschließlich der mit den längeren Verjährungsfristen[26], als lex fori anwenden. Im Fall "The El Amria"[27] konnte demgemäß vor einem englischen Gericht ein Schadens-

---

19 Castanho v. Braun & Root (UK) Ltd., (1980) 3 All ER 72 (C.A.), ferner (1980) A.C. 557 (H.L.).

20 So im Fall Smith Kleine & French Laboratories Ltd. v. Bloch (1983) 2 All ER 72, 74 im Zusammenhang des Catanho-Falles.

21 Sehr lehrreich bei RGZ 7, 21. S. vor allem hierzu *Ferid*, IPR, Rn. 4-2 ff.

22 *Nussbaum*, IPR, S. 45; *Riezler*, IZPR, S. 101; *Ferid*, IPR, Rn 4-16; *Firsching*, IPR, S. 52.

23 RGZ 2, 145, 121; BGH NJW 1960, 1720.

24 S. oben Fn. 21.

25 Im deutschen Kollisionsrecht wird die Verjährung bekanntlich materiell qualifiziert. Dies ist für internationale Schuldverträge ausdrücklich nominiert (Art. 32 I Nr. 4 EGBGB).

26 Das scheint von der Vorstellung herzukommen, daß in anglo-amerikanischen Gebieten nicht der Anspruch, sondern das Klagerecht verjährt.

27 The El Amria and El Minia (1981) 2 Lloyds Law Report, 539.

ersatzanspruch geltend gemacht werden, obwohl dessen Verjährung nach dem zum Einflußbereich des civil law gehörenden ägyptischen Recht schon abgelaufen war.[28]

II. Entwicklungstendenzen der internationalen Zuständigkeit

Dieser präjudizierende Charakter der internationalen Zuständigkeit wurde lange nicht beachtet. Auf dem europäischen Kontinent war gleichsam der Horizont des Rechts für lange Zeit durch die großen nationalen Kodifikationen bestimmt. Die Juristen begnügten sich damit, ihre nationalen Rechtsordnungen zu interpretieren; die Rechtswissenschaft wußte mit der vordringenden Rechtskollision nichts anzufangen. Die Spötterei *Pascals*[29] und etrange barbarie *Voltaires*[30] blieb lange ohne Echo. In diesem Zeitalter der "Auslandsunberührung" konnte die formale Bestimmung von Gerechtigkeit durch *Savigny*[31] durch sein "suum cuique"[32] gerechtfertigt werden.

---

28 Inzwischen kann man solch einen Vorteil des englischen Forums nicht mehr erwarten, weil England und Wales im Foreign Limitation Periods Act 1984 von der früheren Qualifikation der Verjährung abgerückt sind. Danach sind für Klagen vor englischen Gerichten auch die Verjährungsvorschriften eines anderen Landes anwendbar, wenn das Recht dieses Landes gemäß englischem IPR anzuwenden ist (section 1). Hierzu s. Kurzinformationen, in: RabelsZ 49 (1985), 371.

29 *B. Pascal* sagt in seinen "Pensees": "Worauf wird der Mensch die Einrichtung der Welt, die er beherrschen will, gründen? Auf die Laune des einzelnen? Was für eine Verwirrung! Auf das Recht? Er kennt es nicht! Sicherlich. --- Drei Breitengrade näher dem Pol stellen die ganze Rechtswissenschaft auf den Kopf, ein Längengrad entscheidet über Wahrheit; in wenigen Jahren der Gültigkeit verändern sich grundlegende Gesetze; das Recht hat seine Epochen, der Eintritt des Saturn in den Löwen kennzeichnet die Entscheidung dieses oder jenes Verbrechens, spaßhafte Gerechtigkeit, deren Grenze ein Fluß ist! Diesseits der Pyrenäen Wahrheit, jenseits Irrtum."

30 *Voltaire*, Dialogues et anecdotes philosophiques (Edition Garnier Freres; Paris 1966, 8-12 (10 f.). In einem fiktiven Dialog läßt hier *Voltaire* einem Mandanten, dessen Mündel Kläger eines Zivilprozesses sind, von seinem Anwalt auseinandersetzen, daß die Klage im Nu gewonnen wäre, wenn die Mündel nicht in Guignes, sondern in dem zwei Meilen entfernten Melun geboren wären. Darob zeigt sich der Mandant erstaunt: "Mais Guignes et Melun ne ont-ils pas en France? Et n est - ce pas une chose absurde et affreuse que ce qui est vari dance un village se trouve faux dans un autre? Par quelle etrange barbarie se peut-il que des compatriotes ne vivent pas sous la meme loi?" Daraufhin sagt der Anwalt, daß die Welt nun einmal so eingerichtet sei: "Il en est ainsi de poste en poste dans le royaume: vous changez des jurisprudence en changeant de chevaux."

31 Nach *Savigny*, System des heutigen Römischen Rechts, Bd. VIII (1849), S. 26 f, wird die Gerechtigkeit von Entscheidungsharmonie unter internationalen Aspekten durch Gewährung gleicher Rechte gewährleistet: "Je mannigfaltiger und lebhafter der Verkehr unter den verschiedenen Völkern wird, desto mehr --- führt die wünschenswerte Gegenseitigkeit dahin, daß auch die Rechtsverhältnisse, in Fällen einer Kollision der Gesetze, dieselbe Beurteilung zu erfahren haben, ohne Unterschied, ob in diesem oder jenem Staate das Urteil gesprochen wird.

Seine Idee der grundsätzlichen kollisionsrechtlichen Toleranz der eigenen Rechtsordnung gegenüber fremden stieß sich nur an wenigen tatsächlichen Konflikten.

Es war noch immer so, daß eine Fülle nationaler Rechtsordnungen in strenger Isolation nebeneinander galt. Die Folge dieser selbstgenügsamen Pflege des eigenen Rechts war zunächst diese: der Stolz auf das eigene Recht. Dieser Stolz schlägt bei allen Auslandsbezügen, mit denen jeder Staat konfrontiert wurde, weiter durch, indem er dabei seine Souveränität in den Vordergrund rückt. Und dies scheint über die nationalstaatliche Zeit hinweg weithin noch zu gelten. Der Aussage Lord *Dennings*[33] liegt solcher Stolz zugrunde: "No one who comes to these courts asking for justice should come in vain. He must, of course, come in good faith ... This right to come here is not confined to Englishmen. It extends to any friendly foreigner. He can seek the aid of our courts if he desires to do so. You may call this 'forum shopping' if you please, but if the forum is England, it is a good place to shop in, both for the quality of the goods and the speed of service."[34]

Während dieser Stolz im Bereich des materiellen Rechts dadurch abgeschwächt wird, daß der Anwendungsbereich der eigenen Sachnormen im Regelfall durch das IPR als einseitige Kollisionsnormen eingeschränkt bestimmt bzw. mit Hilfe allseitiger Kollisionsnormen allgemein vorgeschrieben wird, welche nationale Rechtsordnung zur Regelung einer konkreten Frage berufen sei, wurde dagegen auf der Ebene des internationalen Zivilprozeßrechts die Maßgeblichkeit der lex fori sehr deutlich als weltweit geltendes Prinzip anerkannt: "forum regit processum". Im Schatten der wissenschaftlichen Bewegung eines gegen die zeitgenössische Nationalisierung und Zersplitterung des Kollisionsrechts im 19. Jahrhundert verfolgten Ideals einer völkerrechtlichen Gemeinschaft und der daraus folgenden internationalen Entscheidungsharmonie[35] und der damit zunehmenden Hinwendung zu der Frage des Kollisionsrechts, insbesondere des anwendbaren Rechts ist der Versuch einer Abgrenzung von IPR und internationalem Prozeßrecht lange Zeit in den Anfängen steckengeblieben.[36] Noch im Jahre 1911 hat das Deutsche Reichsgericht[37] das

---

32 *Savigny*, Vom Beruf unserer Zeit für Gesetzgebung und Rechtswissenschaft (1814), S. 42: "In jedem organischen Wesen, also auch im Staate beruht die Gesundheit darauf, daß beides das Ganze und Jeder Teil, im Gleichgewicht stehe, daß jedem sein Recht widerfahre."

33 The Atlantic Star (1972) 3 All ER 705, 709 (C.A.).

34 So auch *Ehricke*, ZZP 105 (1992), 240

35 S. oben Fn. 31.

36 Ein Beispiel dafür zeigen einige Haager Abkommen, die in das System des EGBGB eingeräumt worden sind, wobei das anwendbare Recht bestimmt wird, Zuständigkeit allenfalls

Eindringen des IPR in den prozessualen Bereich begrenzt. Damals ging es nicht um Bestehen einer Provisions- und Spesenforderung einer in Lissabon ansässigen Firma gegen die Beklagte in München, sondern um die Wirksamkeit von deren Pfändung und Überweisung für die Klägerin in München. Dabei hat die Beklagte behauptet, daß ihr Rechtsverhältnis zu der Firma lediglich dem portugiesischen Recht unterstehe und betont, daß die durch ein deutsches Gericht ausgesprochene Pfändung der Forderung unwirksam sei, weil auch hier das den Gerichtsstand des Vermögens (§§ 23, 919, 930 I 3 ZPO) nicht anerkennende portugiesische Recht anwendbar sei. Dieser Auffassung ist das RG entgegengetreten: "Mag auch das zwischen der Beklagten und der Firma M & A bestehende Rechtsverhältnis seinem Inhalt nach unter der Herrschaft des portugiesischen Rechts stehen, und mag deshalb die Frage, ob und in welchem Betrage eine Forderung aus diesem Rechtsverhältnis entstanden ist, im Streitfalle nach portugiesischem Rechte zu entscheiden sein ... Ob aber ein Vermögensgegenstand dem Zugriff durch die deutsche Vollstreckung zugänglich ist, hängt nur davon ab, ob er sich im Bereiche der deutschen Gerichtsbarkeit befindet."[38]

Lange Zeit nahmen die französischen Gerichte im Exequatur-Verfahren das Recht der "revision au fond" und damit einer grundsätzlich unbeschränkten Nachprüfung einer anzuerkennenden Entscheidung in tatsächlicher und rechtlicher Hinsicht für sich in Anspruch. Aus diesem Grundsatz glaubte man sich nicht darum kümmern zu müssen, ob wegen des Anspruchs, der vor einem inländischen Gericht erhoben wurde, bereits im Auslande ein Gerichtsstreit anhängig war, oder ob im Auslande über den Anspruch bereits rechtskräftig entschieden und die Zwangsvollstreckung durchgeführt worden war. Erst recht wurde die Geltung der lex fori in allen Verfahrensfragen als "die Grundregel des IZPR"[39] angesehen.

Insbesondere in dem Bereich der internationalen Zuständigkeit hat dieser Grundsatz seine Unschuld verloren[40]: Jeder Staat entscheidet hier selbst darüber, wann seine Gerichte auch in Sachen mit Auslandsberührung tätig werden können und sollen. Das angerufene Gericht geht dabei nach seinem inländischen Recht, d.h. nur in

---

anhangsweise. S. Art. 6 Eheschließungsabkommen vom 12.6.1902, Art. 2 Entmündigungsabkommen vom 17.7.1905.

37 RGZ 77, 250.

38 Ebenda 251 f.

39 *Nussbaum*, IPR, S. 384.

40 Diesen Gegenstand des IZPR bemerkt *Neuhaus*, RabelsZ 20 (1955), 201, 204, als "Hauptproblem, um das sich die anderen als Nebenfragen gruppieren".

Anwendung der eigenen Zuständigkeitsnormen aus, ohne das Zuständigkeitsrecht eines anderen in Betracht kommenden Landes oder irgendwelche internationalen Normen zu berücksichtigen.[41] Soweit das Problem der Zuständigkeit der Gerichte auch ein Problem der Grenzbestimmung des Hoheitsbereiches darstellt, ist es als selbstverständlich anzusehen, daß auch auf Fälle mit Auslandsbezug nationales Zivilprozeßrecht anzuwenden ist. Dementsprechend wurde die Abgrenzung der Entscheidungsbefugnis eines Staates durch das Territorialitätsprinzip geprägt und von diesem her auch der Begriff der Zuständigkeit erfaßt.[42] Im übrigen erlangte die Maßgeblichkeit der lex fori immer größere Bedeutung, fast im umgekehrten Verhältnis zu der realistischen Entwicklungsphase im internationalen Privatrecht, in dem die Schwerpunktlehre *Savignys*, daß sich aus der "Natur" eines Rechtsverhältnisses sein (einziger) "Sitz" ergebe,[43] an Leuchtkraft verliert.

Das Prinzip für solch des starken Hervorhebens der Nationalität des Verfahrens ist inzwischen weder zwingend noch überzeugend: Mit Zunahme der im Ausland tätigen Inländer und mit der ständigen Ausweitung des Welthandels stieg die Zahl der Rechtsfälle mit Auslandsberührung und wurde damit auch das Bedürfnis, Rechtsgeschäfte und -streitigkeiten inner- und außerhalb des Staatsgebietes zu regeln und zu schlichten, dringender. Jedem Staatsangehörigen muß die Rechtsverfolgung im Ausland zugänglich sein. Der Staat hat seinerseits die verfassungsrechtliche Pflicht des Staates zum Schutz seiner Angehörigen im Ausland[44] sowie seine Aufgabe, Verhalten außerhalb des Staatsgebietes zu regeln bzw. die gesetzlichen Verhaltensweisen im Ausland zu erzwingen,[45] zu erfüllen. Daß sich bei der Feststellung der Gerichtsbarkeit der Gerichte eines Staates das Bestreben, seine internationale Zuständigkeit möglichst zum erweitern, abzeichnet, ist deshalb verständlich, weil die Ausübung der Gerichtsgewalt räumlich auf das eigene Staatsgebiet beschränkt ist. Da bis heute keine allgemein anerkannten Grundsätze (des Völkerrechts) für die Abgrenzung der Entscheidungsbefugnis unter internationalen Aspekten gefunden sind,[46] ist der

---

41 S. *Meili*, Das internationale Civilprozeßrecht (1906), S. 197; *Breuleux*, Internationale Zuständigkeit und anwendbares Recht, S. 26.

42 Vgl. Richter *Holmes*, der im Fall "McDold v. Mabee" folgendes ausgesprochen hatte: "The foundation of jurisdiction is physical power"; Story, commentaries, § 18: "every nation posses an exclusive souvereignity and jurisdiction with its own territory.

43 System des heutigen Römischen Rechts, aaO., S. 28, 108.

44 Vgl. Art. 1 Abs. 1 S. 2 GG.

45 S. *Gottwald*, FS Habscheid 1989, 119.

46 Statt vieler *Neuhaus*, RabelsZ 20 (1955), 201, 214. Vgl. auch *Habscheid*, ZZP 95 (1982), 136: "Der einzige Bereich des internationalen Verfahrensrechts, der unmittelbar auf Normen des

Zuständigkeitskonflikt zwischen unterschiedlichen Rechtsordnungen eine natürliche Folge der autonomen Ausübung der Kompetenz-Kompetenz. Der Rechtsschutz der Parteien und das praktische Bedürfnis nach der Förderung des internationalen Verkehrs lassen sich mit jener nationalstaatlichen Vorstellung von internationaler Zuständigkeit nicht vereinbaren. Denn nach dieser Konzeption kann der Kläger der Gefahr einer gerichtlichen Rechtsschutzverweigerung ausgesetzt sein. Umgekehrt kann dem Beklagten die Gefahr drohen, daß seine internationale Gerichtspflichtigkeit durch das Recht des Klägers, das Gericht zu wählen, durch die Bejahung der Zuständigkeit aufgrund der "transient rule" oder eines anderen "exorbitanten Gerichtsstandes" unzumutbar ausgedehnt wird.

Im Bereich des Welthandels wechseln Phasen diesen Konflikts mit solchen des "Krieges". Abgesehen davon, ob das Problem des Justizkrieges zwischen U.S.A. und Europa in der Form eines Eingriffs in die Justizhoheit[47] oder der Durchsetzung extraterritorialer zivilgerichtlicher Wirkungen[48] zum guten Ton gehört, wird gerade bei Jurisdiktionskonflikten ein "Großteil des Kampfgeschehens"[49] sichtbar. Dies zeigt sich u.a. in dem der counter-injunction zugrunde liegenden Glaubensbekenntnis des US-Court of Appeal des DC. Circuit im Laker-Fall: "der Forum-Staat könne, brauche eine gegenteilige injunction[50] des Auslandes aber nicht zu beachten.[51] "Der Konflikt zeigt sich auch an der amerikanischen Reaktion auf den "amicus curiae brief" der Bundesrepublik Deutschland[52] im Fall "Anschütz."[53] Durch die Haltung der US-Justiz wurden die spezifischen Risiken des internationalen Handelsverkehrs beträchtlich

Völkerrechts beruht, betrifft die Frage, inwieweit fremde Staaten und ausländische Diplomaten von der Gerichtsbarkeit eines Staates ausgenommen sind."

47 *Gottwald*, aaO., 119 ff.

48 *Schlosser*, FS W. Lorenz (1991), 497 ff.

49 *Gottwald*, aaO., 119.

50 Diese vom High Court gegen die Laker angeordnete injunction (British Airways Board v. Laker Airways Ltd. and other Proceedings, All ER (1983) 3, 375, 416) ist letztinstanzlich vom House of Lords verworfen worden: British Airways Board v. Laker Airways Ltd. and others and conjoined appeals, All ER (1984) 3, 39-57.

51 Laker Airways v. Sabena, 731 F, 2d 909, 933/34 (1984).

52 Sie hat, gestützt auf den Vorbehalt in Art. 23 des Haager Beweisübereinkommens, festgestellt, die Verfolgung der Anordnung des US District Courts zur Vorlage von Dokumenten, die in Kiel belegen seien, verstoße gegen die deutsche Souveränität. Dazu *Heidenberger*, RIW 1984, 841 ff.

53 Der Erst-Richter des Falles hatte den Vorbehalt der Bundesrepublik, die Vorlage von pre-trial documents nicht zu erlauben, der Einrichtung einer "Chinesischen Mauer" gleichgestellt. Nach dem Gegenbrief aus der US-Regierung sollten die amerikanischen Gerichte unter Anwendung des comity-Grundsatzes einen "balacing test" vornehmen. S. *Heidenberger*, aaO.

erhöht und die weitere Entfaltung des Welthandels gelähmt. Teil des Konflikts sind jedenfalls auch Fragen der internationalen Zuständigkeit, wenngleich diese nicht in seinem Mittelpunkt stehen.[54]

Aus den bisherigen Überlegungen ist klar geworden, daß sich mit der Vorstellung, jeder Staat könne die Zuständigkeit seiner Gerichte so weit einengen oder ausdehnen, wie er will, die daraus resultierenden Probleme nicht bewältigen lassen. Angesichts der Zusammenhanglosigkeit der internationalen Zuständigkeitsordnung und den daraus folgenden Disharmonien zwischen den betreffenden Gerichtsbarkeiten lag der Schwerpunkt der wissenschaftlichen Bemühungen um das internationale Zuständigkeitsrecht, jedenfalls in Zivilsachen, lange Zeit auf der Frage nach der Abgrenzung der Gerichtsbarkeit zwischen den Staaten. Zur Aufstellung sachgerechter Abgrenzungskriterien können verschiedene Methoden herangezogen werden. Die Realität zeigt aber, daß der Entwicklungsprozeß des internationalen Zuständigkeitsrechts noch immer auf einem Methodenwandel im Prozeßrecht und einer Schwergewichtsverlagerung von einer eher formal abstrakten, rein dogmatischen Sichtweise zu konkreteren Sachfragen, Argumentationen und Problemlösungen beruht[55]. So richtet sich die Diskussion darauf, daß alle Reformbemühungen durch die Wirklichkeit angeregt sind und darin Grund und Rechtfertigung haben. Mit *Meili* zu sprechen: "Von entscheidender Bedeutung bei der materiellen Regelung einzelner Gebiete des internationalen Privatrechts ist die Tatsache, daß auch die Kompetenz der Gerichte festgestellt wird. Dafür sprechen d r i n g l i c h e p r a k t i s c h e E r w ä g u n g e n ..., erst wenn der Gerichtsstand festgestellt ist, kann jede weitere Konsequenz gezogen werden."[56] Für den internationalen Rechtsverkehr bedeutet dies, daß es vor allem darum geht, wie die Durchsetzung privater Rechte in einer zusammenwachsenden Welt zu sichern ist. Die Antwort darauf ist eine klare: mit durchgreifenden Erleichterungen des internationalen Rechtsverkehrs! Deshalb setzt die Reformdiskussion über die internationale Zuständigkeitsordnung meist an dem Punkt an, den Zugang zu Gericht zu verbessern und den gerichtlichen Rechtsschutz effektiver zu gestalten. Beispielhaft seien zwei aktuelle Entwicklungsrichtungen der letzten drei Jahrzehnte aufgeführt, die auf der Idee beruhen, daß die Menschheit ihre

---

54 Vgl. Coester-Waltjen, JZ 1986, 434 (Tagungsbericht); *Lange*, Der Justizkonflikt zwischen den U. S. A. und Europa dargestellt am Beispiel des Falles "Laker", in: Der Justizkonflikt mit den Vereinigten Staaten von Amerika, 65, 85; *Gottwald*, FS Habscheid 1989, 119.

55 Dazu *Puttfarken*, JuS 1977, 403; *Gilles*, JuS 1981, 402; *Gottwald*, ZZP 98 (1985), 113, *Ekelöf*, ZZP 85 (1972), 145.

56 *Meili*, aaO. (Fn. 1), S. 32.

Existenzgrundlagen so bewahren und formen muß, daß die Zukunft der internationalen Rechtsverfolgung für alle Menschen gleichermaßen gesichert wird: Universalisierung und Individualisierung. Damit die internationale Zuständigkeit der wachsenden gegenseitigen Verflechtung und Abhängigkeit der Staaten angemessen Rechnung trägt und dadurch den Zugang zu Gericht verbessert sowie die Effektivität gerichtlichen Rechtsschutzes sichert, muß sie nach beiden Richtungen hin wirksam werden. Das Ziel wird somit gewiesen; nicht die Methode dazu. Die Notwendigkeit einer solchen Weltrechtspflege wurde bereits von *Hans Sperl* erkannt: "Recht und Rechtsschutz sind eine Welterscheinung, eine notwendige soziale Lebensfunktion der g a n z e n Kulturmenschheit. Der höchste die Erde umspannende Rechtskreis, das internationale Recht, hat es aber bisher nur in sehr dürftigem Maße unternommen, die zwischen den nationalstaatlichen bürgerlichen Rechtsschutzsystemen vorhandenen Berührungen und ihre Zusammenarbeit zu normieren. Vollständig fehlt es bisher an einer überstaatlichen Zuweisung der Gerichtsgewalten durch einheitliche Kompetenz-Kriterien, fehlt es an einer internationalen Zuständigkeitsordnung. ...W o l l e n w i r z u e i n e r A l l r e c h t s g e m e i n s c h a f t k o m m e n, zu einer Weltrechtspflege in bürgerlichen Angelegenheiten, so müssen w i r u n s v o r a l l e m ü b e r d i e A b g r e n z u n g d e r G e r i c h t s g e w a l t e n gegeneinander verständigen, d. h., wir müssen versuchen, eine international gültige Zuständigkeitsordnung zu entwickeln.

III. Staatsvertragliche Verteilung der internationalen Zuständigkeit, pragmatische Notwendigkeit gesetzgeberischer Lösungen und EuGVÜ

1. Nachteile der staatsvertraglichen Zuständigkeitsverteilung

Wenn man in der Rechtsvereinheitlichung den effektivsten und sichersten Weg zur Erleichterung des internationalen Rechtsverkehrs sieht, steht das Vorhaben, die prozessualen Souveränitätsgrenzen zu verfeinern, unentbehrlich in der sachgerechten Verbindung mit Rechtsvereinheitlichung. Da die Rechtsübereinstimmung nicht nur der Generalisierung der Gerechtigkeit, sondern der Rechtssicherheit im internationalen Rechtsverkehr dienen sollte,[57] könnte die Rechtsvereinheitlichung die internationalisierungsfähige Rechtsfortbildung fördern, auf die sich die schon erwähnte Entwicklungstendenz des internationalen Zuständigkeitsrechts richtet. Davon ist eine

57 *Kropholler*, Internationales Einheitsrecht, S. 9 f.

bloße Scheinrechtsvereinheitlichung zu unterscheiden. Aus einer Rechtsvereinheitlichung, welcher die spezifische inhaltliche Gerechtigkeit[58], die Systemeinheit[59], die Effizienz einer Rechtsordnung fehlt, entsteht letzten Endes Rechtsveruneinheitlichung: solche vermag keinen Beitrag zum Ausgleich zwischen materieller Einzelfallgerechtigkeit und Rechtssicherheit im Sinne der Voraussehbarkeit und Vorausberechenbarkeit des Rechtsverfolgungsverhaltens zu leisten. Vielmehr führt sie zu einer zusätzlichen Hemmung der internationalen Rechtsverfolgung. Hieraus ist zu schließen, daß sich die Beurteilung der Frage, inwieweit ein Rechtsinstitut die Rechtsvereinheitlichung fördert und die Rechtsanwendung im internationalen Rechtsverkehr erleichtert, daran messen lassen muß, ob es eine international einheitliche Rechtsauslegung mit sich bringen kann.

Traditionelle bilaterale Anerkennungs- und Vollstreckungsverträge tragen häufig zu einer Verteilung von Zuständigkeiten zwischen den Gerichten der verschiedenen Staaten dadurch bei, daß sie die Frage, inwieweit der Vollstreckungsstaat dem Urteilssstaat Entscheidungsgewalt zubilligt, gewissermaßen indirekt beantwortet. Über das Abkommen wird Abhängigkeit der Beurteilung der internationalen Zuständigkeit des Erkenntnisstaates von den einschlägigen Bestimmungen des Vollstreckungsstaates herbeigeführt oder direkt in dem Abkommen tatbestandliche Anforderung an die Zuständigkeit des Urteilsstaates geregelt.

Ein positiver bzw. negativer Kompetenzkonflikt kann aber nicht durch die nachträgliche Vollstreckung ausländischer Urteile vermieden werden. Die zutreffende Lösung hat *Meili* bereits auf der Haager Konferenz von Internationalem Privatrecht gewiesen: "Nicht in der Weise ist das internationale Rechtsleben zu fördern, daß ein allgemeiner Exekutionszwang auswärtiger Urteile als Postulat aufgestellt wird, sondern in der Weise, daß die Fragen des Forums behandelt werden."[60] Das moderne und praktische Bedürfnis nach internationalem Entscheidungseinklang, der den Schwierigkeiten bei der Vollstreckung ausländischer Urteile beträchtlich vorbeugen könnte, führt folgerichtig zu dem Gedanken, unmittelbar die sog. competence directe zu regeln. Den ersten Versuch dazu hat man mit dem Bemühungen um

---

58 A.A. *Kropholler*, aaO., S. 10. Vgl. *Zweigert-Kötz*, Einführung in die Rechtsvergleichung auf dem Gebiete des Privatrechts, S. 29.

59 *Lüderitz*, RabelsZ 46 (1982), 479 f.

60 *Meili*, aaO.

Rechtsvereinheitlichung durch multilaterale Staatsverträge gesetzt,[61] ein Unterfangen, das bis heute u.a. von der Haager Konferenz verfolgt wird. Zu diesen Bemühungen gab die weltpolitische Änderung nach dem Zweiten Weltkrieg einen neuen Anstoß. Die zahlreichen Neuländer auf der Schwelle zum Industriestaat waren mangels eigener Erfahrung und Kodifikationstechnik zur Übernahme fremder hochindustrieller Rechtsgedanken gezwungen. Insbesondere gegen die Explosion der internationalen Auslandsberührung hat die Teilnahme an internationalen Veranstaltungen, auch an diplomatischen Konferenzen und an der Tätigkeit internationaler Organisationen einen guten Ausweg geöffnet.[62] Als Folge davon haben sich die Staatsverträge ungeheuerlich vermehrt. Sie schießen, wie *Kegel* meinte, wie die Pilze aus der Erde.[63] In dem Bereich des internationalen Zivilprozeßrechts kann man zwar noch nicht von "Vertragsdschungel" sprechen. Hauptrechtsquellen des heutigen internationalen Zuständigkeitsrechts sind aber eine Reihe von Staatsverträgen. Diese Tendenz scheint weiter anzuhalten: Die staatsvertraglichen Regelungen werden bei der Reform der nationalen Kollisionsrechtsordnungen seit zwei Jahrzehnten in immer stärkerem Maße berücksichtigt.[64] Daher verwundert es nicht, wenn man behauptet, daß die Verabschiedung zahlreicher Staatsverträge über Materien des Privatrechts unserem Zeitalter der Explosion der internationalen Beziehungen eigen sei und ein Phänomen von rechtshistorischer Bedeutung darstelle.[65] Es fragt sich, ob wirklich keine andere Möglichkeit für die internationale Entscheidungsgleichheit übrig bleibt als Anlehnung an die Staatsverträge, wie *Kropholler*[66] in bezug auf die staatsvertragliche Umsetzung in das nationale Kollisionsrecht ausführte.

Für die Antwort darauf bedarf es zuvor der Prüfung, ob nicht der internationale Rechtsverkehr durch das immer komplizierter werdende Staatsvertragsgeflecht eher

---

61 *Mancinis* Genfer Rede im Jahre 1874, in der auf die Sicherung des Entscheidungseinklangs durch staatsvertragliche Vereinheitlichung hingewiesen wurde, wird als Leitband der multilateral staatsvertraglichen Rechtsvereinheitlichung bewertet. Dazu *Jayme*, Pasquale stanislao Mancini, S. 16; ferner s. *Meili*, Das internationale Civilprozeßrecht, S. 28.

62 S. *Majoros*, ZRP 1973, 65, 67.

63 *Kegel*, IPR 2. Aufl., S. V.

64 In Deutschland durch Übernahme von Vertragsbestimmungen (Artt. 26, 18, 27-37 EGBGB); in der Schweiz durch Verweisung auf jeweilige Staatsverträge (Artt. 24 I, 83 I, 85 I, 93 I, 118 I und 136 IPRG).

65 *Majoros*, RabelsZ 46 (1982), 84, 87.

66 *Kropholler*, FS Müller-Freienfels 1986, 409, 414 ff: Hiermit wurde seine Befürwortung für eine Rechtsübereinstimmung um internationaler Entscheidungsgleichheit willen von einem "gedämpften" Optimismus, wie *Firsching*, IPRax 1985, 125, 127 Fn. 28 meint, zu einer "realistischen" Alternative erhöht.

erschwert wird. Ein Blick in *Majoros* Katalog scheint auf eine durchaus passable Lage zu treffen. Die Kritik der Staatsverträge im Privatrecht geht meist von deren Unübersichtlichkeit aus.[67] Die Schwierigkeiten bei der Prüfung der Vorfrage, ob und im Verhältnis zu welchen Ländern sie in Kraft getreten sind, wie ihre geltende Fassung lautet und wie ihr Anwendungsbereich zu bestimmen ist, machen einen Großteil der "Geheimwissenschaft" aus.[68] Vor allem führt das vielgestaltige Vorhaben der internationalen Organisationen zu immer neuen Vertragswerken zur Unvoraussehbarkeit und damit zu Rechtsunsicherheit.[69] Aus der praktischen Anwendung ergeben sich weitere Probleme: Ganz deutlich bestehen sie darin, daß die sog. Konventionskonflikte aus der Vertragskonkurrenz häufig auftauchen und die Staatsverträge selbst innerhalb der beteiligten Staaten nicht einheitlich angewendet werden. Die Hauptursachen solcher Probleme -der Rechtsunsicherheit, oder des Konventionskonflikts, aber auch des Auslegungsdilemmas- lassen sich aus dem Charakter der Konvention als Antwort auf Probleme des Rechtsverkehrs entnehmen. Bei Staatsverträgen über Privatrecht handelt es sich nicht um ein vorausschauendes und gesamtheitlich konzipiertes Zweckprogramm, sondern um eine rasche Reaktion auf drängende tagespolitische Probleme. *Kegels* Befürchtung ist einschneidender: "Nicht nur die vielen Überschneidungen sind ärgerlich, oft weckt auch die Wahl eines einzelnen Gegenstandes beträchtlich Zweifel daran, ob sie einem Bedürfnis entspricht, sollte gelegentlich weniger der Zwang den Anstoß geben, als vielmehr der Wunsch irgendeiner Organisation etwas vorzuweisen. Ut aliquid fieri videatur?"[70] Aus der Vermehrung von Normen entstehen Normenflut und Normenkonkurrenz. Dem kann aber kaum durch Verrechtlichung solcher Bestimmungen entweder in einer internationalen Kodifikation oder im nationalen Recht abgeholfen werden: Bei mehreren Übereinkommen kann einerseits die Vorgehensweise eines Übereinkommens wiederholt werden; andererseits sind solche Abkommen inhaltlich nicht durchwegs generalisierbar.[71]

---

67 *Schwind*, ZfRV 22 (1981), 25; *Firsching*, IPRax 1985, 125, 127; *Meyer-Sparenberg*, Staatsvertragliche Kollisionsnormen, S. 24.

68 *Kötz*, RabelsZ 50 (1986), 1, 5.

69 Hier spricht *Majoros*, ZRP 1973, 65, 67, von "furor codificandi".

70 *Kegel*, Sinn und Grenzen der Rechtsangleichung, S. 9, 43.

71 *Matscher*, Multilaterale Staatsverträge *erga ommes* und deren Inkorporation in nationale IPR-Kodifikationen, in: Matscher/Siehr/Delbrück, BerGesVR 27 (1986), 37; *Lüderitz*, RabelsZ 46 (1982), 475, 479 f; *ders.*, FS Kölner Universität 1988, 271, 277 f: "Sie wirksam daher wie Windbrüche, die sich quer durch geordnete Waldquartiere schlagen.

Eine weitere Gefahr besteht darin, daß ein funktional "internationales" Abkommen noch keine einheitliche Rechtsanwendung mit sich bringt. In den einzelnen Staaten wird es oft unterschiedlich ausgelegt und dadurch ausgehöhlt.[72] Insoweit ist es berechtigt zu sagen, daß Staatsverträge ein Problem der innerstaatlichen Ebene auf die internationale[73] verschieben, wobei sie ihrerseits durch die vielen Vorbehalte weiter ausgehöhlt werden. Eine durch Staatsverträge erzielte Rechtsvereinheitlichung ist ein Trugbild; Staatsverträge stützen sich nicht einmal auf entsprechende Rahmenbedingungen,[74] sie sind vielmehr ein Produkt des Kompromisses.[75] Dies bringt die staatsvertragliche Rechtsvereinheitlichung kaum mit der von *Kropholler* selbst betonten Rechtsverbesserung[76] in Einklang.

Die Erfahrung zeigt jedoch, daß die Ansätze zur Rechtsvereinheitlichung erst dann wachsen können, wenn internationalisierungsfähige nationale Gesetze bereitgehalten werden. Zu Recht empfiehlt *Matscher* die autonome Verwirklichung des Internationalisierungsgedankens in nationalen Kodifikationen.[77]

Auch auf dem Gebiet der internationalen Zuständigkeit ist die Lage nicht anders. Bei staatsvertraglichen Anknüpfungsregeln zeichnet sich zwar eine Tendenz zur Anknüpfung an den gewöhnlichen Aufenthalt ab. So schließt sich etwa Art. 20 II EGBGB n. F. an Artt. 2 und 8 MSA an. Die Tatsache, daß sich aus dem Spannungsverhältnis zwischen Art. 3 MSA und der nationalen Kollisionsnorm heraus jenseits des Übergangs zu neuen Anknüpfungen[78] neue umstrittene Probleme entwickelt habe, zeigt aber deutlich die Schwierigkeit, aus den staatsvertraglichen Bestimmungen ein internationalisierungsfähiges Rechtsinstitut zu entnehmen. Bei der

---

72 S. Tagungsbericht von *Jayme*, IPRax 1985, 308: Alle Berichterstatter heben die Schwierigkeit hervor, die sich für die einheitliche Auslegung ergäben.

73 In bezug auf das Konventionskonflikt spricht *Firsching*, IPRax 1985, 125, 127, von "groteskes Beispiel für eine mittels Staatsverträgen bezweckte Vereinfachung konfliktsrechtlicher Lösungen".

74 S. Diskussionsbericht zum Symposium "Rechtsvereinheitlichung und Rechtsangleichung", RabelsZ 50 (1986), 232, 242 f: Weitergehend stimmten die Diskussionsbeiträge darin überein, daß die Wirkungsmöglichkeit eines angeglichenen Privatrechts von den politischen und wirtschaftlichen Rahmenbedingungen abhänge.

75 *Zweigert*, RabelsZ (1951), 387, 388: "Nicht die in den beteiligten Rechtsordnungen beste Lösung setzte sich durch, sondern entweder ein Mischmasch aus vielen oder die Lösung der wirtschaftlich überlegenen Nation. Hier war das Wesen der Rechtsvereinheitlichung verkannt."

76 RabelsZ 45 (1981), 73.

77 *Matscher*, aaO., S. 41.

78 Statt vieler *Staudinger/Kropholler*, Vorbem. zu Art. 18 BGB, Rn. 437.

unterschiedlichen Anknüpfung in Art. 2 und in Art. 3 MSA handelt es sich nicht nur um einen Kompromiß zwischen Aufenthalts- und Staatsangehörigkeitsprinzip im Interesse der Kontinuität und Einfachheit des Minderjährigenschutzes einerseits, sondern auch um den Kompromiß zwischen verschiedenen Rechtsordnungen, der nur zu der "Opferung von Systemeinheit und traditioneller Anknüpfung" führen kann.[79] Lange trügte der "Schein der Internationalität", bis höchstrichterlich entschieden wurde,[80] daß Art. 3 MSA auch im räumlichen und persönlichen Anwendungsbereich des Übereinkommens Art. 20 II EGBGB nicht verdrängt, sondern sich nur auf Schutzmaßnahmen i.S. von Artt. 1, 2 MSA bezieht.

Bei Unterhaltssachverhalten mit Verbindung zum Recht eines ausländischen Staates rangieren die Bestimmungen des Haager Unterhaltsübereinkommens vom 2. 10. 1973 gemäß Art. 3 I 1 und II 1 EGBGB vor den Regeln des Art. 18 EGBGB. Nach wie vor der Inkorporation gilt das Übereinkommen auch noch selbständig. Anders als bei dem Haager Kinder-Unterhaltsübereinkommen vom 24. 10. 1956 ist das Übereinkommen von 1973 nach Art. 2 Abs. 3 unter Verzicht auf das Gegenseitigkeitserfordernis für alle Personen unabhängig von ihrer Staatsangehörigkeit und ihrem gewöhnlichen Aufenthalt, d. h. auch bei gewöhnlichem Aufenthalt des Unterhaltsberechtigten in einem Nichtvertragsstaat, anwendbar.[81] Es ersetzt demgemäß die autonomen deutschen Kollisionsnormen im Verhältnis zu allen Staaten, nicht nur im Verhältnis zu den Vertragsstaaten. Kann daraus geschlossen werden, daß dies gegen eine Umsetzung solcher Übereinkommen ins innerstaatliche Recht spricht?

Ganz umgekehrt - das Verhältnis des Haager Unterhaltsabkommens zum autonomen deutschen Kollisionsrecht läßt m.E. erneut erkennen, daß als Grundlage für die Rechtsvereinheitlichung eine internationalisierungsfähige nationale Rechtsordnung unentbehrlich ist. Gerade nach den bisherigen Erfahrungen wird die Rechtvereinheitlichung nicht allein durch die internationalen Tätigkeiten, Veranstaltungen oder Institutionen erreicht. Vielmehr muß die Internationalisierungsbereitschaft in jeder einzelnen Rechtsordnung vorhanden sein, um die Rechtsvereinheitlichung tatsächlich verwirklichen zu können. Erst wenn sie sich auf die einzelstaatliche Annahmebereitschaft stützt, hat eine Rechtsvereinheitlichung eine so starke Stellung, daß sie in der Lage ist, wirksam und nachhaltig auf "ein Privatrecht auf internationaler Ebene"

---

79 *Lüderitz*, RabelsZ 46 (1982), S. 481.

80 BGH, Beschluß v. 2.5.1990, IPRax 1991, 254.

81 Zu den Streitfragen über die Reichweite des Unterhaltsabkommens 1956 s. *Müller*, NJW 1967, 141; *Jacobs*, NJW 1967, 1065; ferner BGH NJW 1973, 950.

hinzuarbeiten, insbesondere sich bei Verhandlung und Abschluß einer "loi uniforme" zu behaupten. In der Übernahme des Haager Unterhaltsübereinkommens ins deutsche Recht ist eine Bestätigung der umfassenden Internationalisierungs-bereitschaft zum Tragen gekommen. Dabei entsteht weder die Frustration, daß die Nabelschnur zum internationalen Instrumentarium durchgetrennt werden könnte[82], noch Bedenken aus Überflüssigkeit[83]. "Nationale Kodifikationen sollen", wie *Matscher* mit Recht in der Berichterstattung ausgeführt hat, " vielmehr die in internationalen Instrumenten enthaltenen, bewährten oder fortschrittlichen Gedanken autonom zu verwirklichen suchen."[84] Da kein sachlicher Unterschied entsteht, weil die Bestimmungen des Übereinkommens in Art. 18 EGBGB inhaltlich vollständig übernommen worden sind, kann man vielmehr von einem "Vereinfachungseffekt" sprechen. In der Praxis dürfte daher allein der vertrautere und leichter zugängliche Art. 18 EGBGB für die Bestimmung des Unterhaltsstatuts herangezogen werden. Insoweit folgt daraus, daß das Abkommen nur im Zweifel vorgeht, was wiederum nahezu ausgeschlossen ist.[85] Eine Rechtfertigung solcher Parallelentwicklungen kann man im Mottowechsel der Haager Konferenz ersehen: von le besoin de regles precises et uniformes pour la solution des conflits de lois (1893)[86], zu de travailler a l'unification progressive de regles de droit international privé (Art. 1 der Satzung der Haager Konferenz am 31. 10. 1951). Ein typisches Bild hierfür ist das Übereinkommen vom 15. 4. 1958 über die Zuständigkeit des vertraglich vereinbarten Gerichts bei internationalen Käufen, das trotz seiner Konzeption als "convention double" nur "ein Minimum an Wirkungen" erzielt hat und nicht in Kraft getreten ist. Hieraus kann man schließen, daß es sich bei der Rechtsvereinheitlichung durch Staatsverträge um eine Fehlentwicklung handelt, die weder mit der zu erwartenden Rechtsvereinheitlichung noch mit den Anforderungen an gesetzliche Lösungen vereinbar ist.

2. Grenze der autonomen Angleichung durch die " Internationale Zuständigkeit"

---

82 S. Tagungsbericht von *Schurig*, JZ 1987, 764.

83 So aber die Stellungnahme des Hamburger Max-Planck-Instituts für ausländisches und internationales Privatrecht, RabelsZ 47 (1983), 595, 603; *Rauscher*, StAZ 1987, 121, 130.

84 *Matscher*, aaO., S. 41.

85 So *Palandt/Heldrich*, Art. 3 EGBGB Anm. 3 C, Art. 18 Anm. 1 a; *Schurig*, JZ 1987, 764; *Böhmer*, JA 1986, 238; *Matscher*, aaO., S. 32; *v. Bar*, IPR 1. Bd. Rn. 203; *Meyer-Sparenberg*, Staatsvertragliche Kollisionsnormen, 72 ff; a.A. *Basedow*, NJW 1986, 2975; *Jayme*, IPRax 1986, 266; *Rauscher*, StAZ 1987, 130; *Siehr*, IPRax 1987, 6.

86 Memorandum, Actes La Haye 1. Sess. 15.

Auf der anderen Seite erfolgte der erste rechtstheoretische Versuch, die "Gerichtsbarkeit" der Gerichte eines Staates vernünftig zu bestimmen, schon 1929 in Deutschland. Auf dem Weg zu einer international rationalen Abgrenzung der Entscheidungsbefugnis unter internationalen Aspekten wurde das von *Neuner*[87] initiierte und von *Schwab*[88] bestätigte Rechtsinstitut "Internationale Zuständigkeit" herangezogen. Mit dieser Rechtsfigur als eigener Prozeßvoraussetzung[89] konnte, losgelöst von der territorialen inländischen Gerichtsbarkeit, die Entscheidungsbefugnis eines Staates zu Streitsachen mit internationalen Beziehungen in dem Sinne rational verteilt werden, daß sie zwar selbst übernommen, wohl aber "nur unter Rücksichtsnahme auf fremde Staaten vorzunehmen ist"[90]. Dann würde vor allem die Gerichtsbarkeit oder Gerichtsgewalt als Ausfluß staatlicher Souveränität übrigbleiben.[91] Diese schöne "juristische Entdeckung" könnte zu einer Neubelebung der internationalen Rechtsgemeinschaft motivieren, wenn sie zur Richtschnur internationalen Handelns führen würde. Denn bisher ist ein internationales Konzept der internationalen Zuständigkeit immer wieder an der nationalen "policy" gescheitert. Der gegenteilige Schein trügt. An dem Souveränitätsgedanken für die Bestimmung der Zuständigkeit hat sich nach wie vor wenig geändert. Der zunehmende Ansatz öffentlichrechtlicher Bewertungskriterien zumal pflegt zu einer verstärkten Nationalisierung zu führen. Im Zuge der rechtspolitischen Tendenz in der allgemeinen Rechtswissenschaft und im Zuge der wachsenden Betonung des öffentlichen Interesses insbesondere an Eingriffsnormen wird auch die Festlegung der Gerichtsbarkeit zu einer Alternative für Staats- und wirtschaftliche Realitäten, die den jeweiligen Kurs bestimmen.

Die internationale Zuständigkeit versteht sich als Gegenpol zu diesem Souveränitätsgedanken. Denn nach ihr soll die staatliche Gerichtsbarkeit zwischen den verschiedenen Staaten vernünftig verteilt werden. Die Schwache der internationalen Zuständigkeit wird aber dadurch verursacht, daß ihre Rechtfertigung immer noch bei der Konstruktion der Doppelfunktion der örtlichen Zuständigkeitsnormen stehen bleibt, was dem Staat ermöglicht, sie zugunsten eigener Interessen auszunutzen.

---

87 Internationale Zuständigkeit.

88 *Rosenberg/Schwab*, Zivilprozeßrecht, 11. Aufl., S. 87 Fn. 1.

89 Statt aller *Rosenberg/Schwab*, 14. Aufl., S. 98 mit Fn. 2, 102.

90 S. beide vorletzte Fn.

91 *Hoyer*, ZZP 95 (1982), 151, 155 f.

Soweit die internationale Zuständigkeit eine selbständige Prozeßvoraussetzung darstellt, ist es folgerichtig, dieser einen entsprechenden, eigenen Tatbestand zuzuschreiben. Zwar ist bereits auf die besondere Interessenlage der internationalen Zuständigkeit gegenüber der örtlichen und damit auf die bloße Indizfunktion der örtlichen Zuständigkeit hingewiesen worden. Daß die internationale Zuständigkeit funktional zu einer internationalen Entscheidungsharmonie beitragen soll, wurde jedoch weder vom Gesetzgeber noch von der Rechtsprechung zur Kenntnis genommen, und falls doch, dann nur vereinzelt und punktuell: Die Regelung der internationalen Zuständigkeit in der ZPO beruht keineswegs auf allgemeinen Kriterien, etwa "hinreichender Nahebeziehung zum Inland" wie nach der österreichischen Konzeption[92] oder nach der forum-non-conveniens-Lehre des angelsächsischen Rechtskreises. Die Entscheidung[93] vom 2. 7. 1991, in der der BGH für die Begründung der internationalen Zuständigkeit gemäß § 23 ZPO neben der Vermögensbelegenheit als zusätzliche Voraussetzung "einen hinreichenden Inlandsbezug des Rechtsstreits" gefordert hat, verdient in diesem Zusammenhang größere Aufmerksamkeit. Die tatbestandlichen Besonderheiten der internationalen Zuständigkeit haben durch diese Entscheidung neuen Auftrieb erlangt. Man muß zunächst davon ausgehen, daß dem Institut "internationaler Zuständigkeit" das Merkmal "Inlandsbezug" inhärent ist. Denn sonst wäre es im Verhältnis zur örtlichen Zuständigkeit überflüssig.[94] Demzufolge müßte sich der Gegenstand der heftigen Kritik[95] an der Entscheidung nicht auf die völkerrechtskonforme Auslegung durch den Richter, noch auf die Einführung der forum-non-conveniens-Lehre in die Zuständigkeitsordnung der ZPO richten. Sie hätte vielmehr an dem Mangel der

---

92 Der herkömmliche und nach wie vor - d.h. auch nach der Zivilverfahrensnovelle 1983 - heftige Theorienstreit über die inländische Gerichtsbarkeit in 28 JN als "ein echter Zankapfel des österreichischen Verfahrensrechts" (*Rechberger*, FS Nagel 1987, 294, 295) scheint derzeit dadurch entschärft zu werden, daß die höchstrichterliche Rechtsprechung sich zunehmend der sog. Indikationentheorie anschließt. S. OGH SZ 55/95 = JBl 1983, 541 (mit zust. Besprechung *Schwimann*, JBl 1984, 9); OGH SZ 56/162; OGH SZ 59/205; OGH EvBl 1987/25 = ÖJB 1987, 116; OGH JBl 1988, 386 (mit zust. Anm. *Böhm*); OGH JBl 1989, 48 (mit zust. Anm. *Schwimann*); OGH JBl 1992, 330 (m. zust. Anm. *Pfersmann*); OGH JBl 1992, 339 (mit zust. Anm. *Pfersmann*). "Die ausreichende Inlandsbeziehung (und nichts sonst!)", konstatiert *Schwimann*, der Leitvertreter der Theorie, "ja, den einzig tragenden Grund für die Bejahung der inländischen Jurisdiktion": JBl 1989, 50, 51. Und der OGH fügte hinzu: "Er ist nicht der Auffassung gefolgt, daß jeder Gerichtsstand schlechthin die inländische Gerichtsbarkeit begründe (so *Loewe*, ZfRV 1983, 180; *Matscher*, JBl 1983, 516; OGH SZ 57/143, abgelehnt von *Pfersmann*, ÖJZ 1987, 107)"; JBl 1989, 48, 49.

93 BGHZ 115, 90.

94 Vgl. *Matscher*, FS *Schwind* 1978, 173, 176.

95 *Geimer*, NJW 1991, 3072; *Schütze*, DWiR 1991, 239; *Schack*, JZ 1992, 54; *Fischer*, RIW 1992, 57; *Lüke*, ZZP 105 (1992), 321.

eigenständigen Regelung der internationalen Zuständigkeit ansetzen müssen. Denn der Inlandsbezug ist mit dem Tatbestandsmerkmal der internationalen Zuständigkeit als Einheit zu sehen, während die forum-non-conveniens-Lehre die Bejahung der damit begründeten internationalen Zuständigkeit voraussetzt: Nur in jenem Rahmen kann man von § 23 ZPO als einer Ausnahme vom allgemeinen Grundsatz des "actor forum rei sequitur" und in diesem Rahmen von der Korrekturfunktion der forum-non-conveniens-Lehre sprechen. Insoweit dürfte es irreführend sein, wenn man die forum -non -conveniens -Lehre dem Problem der exorbitanten Gerichtsstände zuordnet.[96] Es wäre daher nur folgerichtig, den Gesetzgeber nicht zur Änderung des § 23 ZPO,[97] sondern zur Einführung einer Sondernorm für die internationale Zuständigkeit in die ZPO[98] zu veranlassen. Die konkrete Typenbildung der Fälle von Inlandsbezug im Rahmen des § 23 ZPO könnte nunmehr der Rechtsprechung oder der Rechtswissenschaft, aber nicht der forum-non-conveniens-Lehre anvertraut sein. Da ein umfassendes System der internationalen Zuständigkeit bei der Reform des IPR im Jahre 1986 bedauerlicherweise nicht eingeführt wurde, gilt de lege lata die Prognose *Schützes*[99], daß es sich bei der deutschen internationalen Zuständigkeit um Richterrecht handelt, d.h. um die richterliche Rechtsfortbildung durch Ausfüllung von Gesetzeslücken. Von daher kann der oben erwähnten Entscheidung ein entscheidendes Gewicht für die Fortentwicklung der internationalen Zuständigkeit zukommen. Dies gilt auch für das japanische internationale Zuständigkeitssystem,[100] wo die Lücken in der Regelung der internationalen Zuständigkeit nach wie vor

96 S. aber die in der vorigen Fußnote genannten Autoren. Vgl. auch *Siehrs* Vorschlag, RabelsZ 34 (1970), 585 ff., 629, die deutsche Rechtsprechung solle sich des Instituts des "forum non conveniens" bedienen, um sich gegen den Mißbrauch "exorbitanter" Gerichtsstände zu wehren.

97 Nicht nur durch die eigentlichen Kritiker an dem exorbitanten Gerichtsstand, aber auch von Kritiker an der Rechtsprechung, *Lücke*, ZZP 105 (1992), 321, 323 Fn. 16, in Anlehnung an BVerfGE 64, 20; *Fischer*, RIW 1992, 57, 59.

98 S. *Gottwald*, IPRax 1984, 57, 58.

99 ZVgl RWiss 92 (1993), 29, 38.

100 Nach der herrschenden, von *Ikehara* zu Beginn der 70er Jahre systematisierten "Zuständigkeitsverteilungstheorie" sind die Regelungslücken entsprechend der Sachgerechtigkeit anhand des Ideals der Fairneß zwischen den Parteien sowie der Geeignetheit und Zügigkeit des Verfahrens zu schließen. Hierzu s. *Watanabe*, in: Baumgärtel (Hrsg.), Grundprobleme des Zivilprozeßrechts II, Japanisches Recht Bd. 19, 235, 253 ff; *Schack*, ZVglRWiss 91 (1992), 443. Aufgrund dieser sog. "Jori" ist dem japanischen Richter über die Entscheidung der internationalen Zuständigkeit ein breiterer Ermessensspielraum als dem deutschen Richter gewährt. Dies erklärt sich u.a. dadurch, daß hier die internationale Zuständigkeit viel weniger auf der örtlichen fußt. Es ist bedauerlich, daß das Änderungsgesetz von 1989 diesen theoretischen Ansatz gar nicht angetastet hat, so daß die Zukunft der internationalen Zuständigkeit weiterhin im Richterrecht liegt. S. *Monika*, Die Reform des japanischen Internationalen Privatrechts, S. 11, 66.

weitgehend von der Rechtsprechung ausgefüllt werden. Eine gesetzliche Regelungsbedürftigkeit besteht dennoch weiter. Denn die bisher geltende Doppelfunktion der Gerichtsstandsnormen sollte nicht zur Disposition der Gerichte stehen.[101]

In diesem Sinne kann die jetzige internationale Zuständigkeitsordnung im IPR-Neuregelungsgesetz von 1986 nur die Grundlage für weitere Reformen in diesem Bereich darstellen. Daraus erklärt sich, daß eine selbständige Parallelentwicklung der internationalen Zuständigkeit im Verhältnis zur örtlichen Zuständigkeit wünschenswert wäre. Andernfalls, etwa bei fehlendem Gerichtsstand im Inland trotz eines Bedürfnisses nach einer inländischen Entscheidung dazu, als einer Begründung der internationalen Zuständigkeit kann die Fragwürdigkeit der Anpassungsfähigkeit der betreffenden Zuständigkeitsordnung zu Tage treten. Dies zeigt sich u. a. an dem Beispiel des Übereinkommens vom 19. 5. 1956 über den Beförderungsvertrag im internationalen Straßengüterverkehr, wo eine deutsche Entscheidung[102], die die schon aus Art. 31 I CMR gegebene deutsche internationale Zuständigkeit mangels einer örtlichen Zuständigkeit leerlaufen ließ, erst durch Einfügung[103] eines Art. 1 a in das Zustimmungsgesetz zur CMR nachträglich - und zwar nach acht Jahren - korrigiert worden ist.[104] Auch für die übrigen Fälle[105] hat das deutsche Recht, das keine § 28 JN und Art. 3 IPRG entsprechende Regelung kennt, Ersatzlösungen[106] zu schaffen.

Selbstverständlich richtet sich die von der örtlichen getrennte internationale Zuständigkeit nicht auf eine grundlegende Trennung der internationalen Zuständigkeit von der örtlichen, sondern auf die internationalisierungsfähige innerstaatliche Zuständigkeitsordnung durch Eliminierung dabei störender Souveränitätsgedanken. Das bedeutet aber nicht, daß die internationale Zuständigkeit in einer "Kreislaufrelation mit dem IPR" stehen soll. Entgegen *v. Bars* Erwartung[107] wird die Verknüpfung der internationalen Zuständigkeit mit dem Kollisionsrecht der

---

101 So *Basedow*, StAZ 1983, 233, 235; *Gottwald*, IPRax 1984, 57, 58.

102 BGHZ 79, 332 = NJW 1981, 1902 mit abl. Anm. *Kropholler*.

103 BGBl 1989 II 586.

104 Vgl. *Gottwald*, aaO., S. 57, der seine Befürwortung für Trennung von örtlicher und internationaler Zuständigkeit zu Recht auch auf die Reparatur dieser "Fehlentwicklung" stützt.

105 Nur vereinzelte Hilfsgerichtsstände sind in der ZPO vorgesehen (z.B. § 642a IV S. 2 ZPO).

106 Dazu s. *Matthies*, Die deutsche internationale Zuständigkeit, S. 50 ff; *Walchshöfer*, ZZP 80 (1967), 165, 203 ff; *Schack*, IZVR, Rn. 398.

107 *v. Bar*, IPR I. Rn. 386, der dem deutschen Anerkennungsrecht eine materiellrechtliche Gerechtigkeit zuerkennt, die sich erst mit dem Kollisionsrecht erschließen könne.

internationalen Entscheidungsharmonie nicht gerecht. Die gemeinsamen Anknüpfungen zwischen Zuständigkeit, anwendbarem Recht und Anerkennung fordern zwar zunächst einen breiteren Anerkennungsraum für die ausländische Entscheidung als im Fall der Aufspaltung. Die noch weitgehend bestehende Abweichung von Anknüpfungsmomenten in unterschiedlichen Zuständigkeits-ordnungen führt aber beim Vorliegen einer von mehreren Anknüpfungen zwangsläufig zu einer grundsätzlichen Einführung der Anknüpfungsweise "Sowohl-Als-Auch", was umgekehrt die Internationalisierung der Zuständigkeitsordnung stören muß. Dies läßt sich am schweizerischen IPR-Gesetz von 1987 zeigen, das die Kreislaufrelation betonen soll.[108] Bei dem schweizerischen IPR-Gesetz handelt es sich um eine umfassende und abschließende Kodifikation. Jedes Rechtsanwendungskapitel enthält jeweils auch besondere Regeln über die internationale Zuständigkeit und die Voraussetzungen der Anerkennung und Vollstreckung ausländischer Urteile. Nur aufgrund dieser Regeln kann die internationale Zuständigkeit der schweizerischen Gerichte und Behörden für die internationalen Sachverhalte begründet werden.[109] Als Grund dafür wird angegeben, daß die einheitliche Anwendung des schweizerischen Kollisionsrechts und als Folge davon des von diesem als anwendbar bezeichneten materiellen Privatrechts wesensnotwendig voraussetzt, daß im ganzen Land einheitliche Vorstellungen über die Bejahung oder die Verneinung der internationalen Zuständigkeit gelten.[110] Diese eigenständige, in sich geschlossene Zuständigkeitsordnung bildet ein für die Praxis leicht zugängliches Regelwerk. Im Vergleich zur innerschweizerischen Zuständigkeitsordnung enthält es markante Fortschritte.[111] Darüber hinaus hat es zugunsten des Wohnsitzes und des gewöhnlichen Aufenthaltes - jedenfalls innerhalb des Personen- und Familienrechts - auf den "so oft hemmenden und mühsamen Nachweis der Anerkennung schweizerischer Zuständigkeit durch den ausländischen Heimatstaat" verzichtet.[112] Dabei wurde bei mehrfacher Anknüpfung das Sowohl-Als-Auch eingeführt.[113] Dies war unentbehrlich, um die Freizügigkeit der Entscheidung zu erhalten. Jedoch war es nicht angebracht, daß bei der Anerkennung

---

108 *Vischer*, FS Overbeck 1990, 349; *Siehr*, RIW 1979, 729, 730. weist die Methode und damit die "Dreiklang-Gliederung" verfahrensrechtlicher Fragen in ein IPR-Gesetz und damit die Eingliederung auf schweizerische Tendenzen zurück.

109 Vgl. Art. 1 Abs. 1 Nr. a IPRG.

110 Zitiert bei *Volken*, FS Moser 1987, 235, 248.

111 S. vorige Fn. S. 243 mit Fn. 35.

112 *Heini*, SJZ 1978, 249, 253.

113 S. vorige Fn., S. 258.

ausländischer Zuständigkeiten nach dem angewandten Recht gefragt wird,[114] weil es nicht folgerichtig wäre, mit Bedrohung der Nichtanerkennung ein beliebiges anwendbares Recht zu erzwingen. Der Preis dafür ist aber hoch. Solche Großzügigkeit in der Anerkennung ausländischer Zuständigkeiten führt zu "einer breiten Durchbrechung des schweizerischen Wohnsitzgerichtsstandes des Beklagten" und zu "der Ausschaltung der eigenen Kollisionsnormen".[115] Von daher wäre es sachgerecht, davon auszugehen, daß die Selbständigkeit der internationalen Zuständigkeit auch deren Trennung von den Kollisionsnormen umfaßt.[116] Die Frage bleibt, wie die hintereinander gestaffelten Gerichtsstände voneinander abzugrenzen sind, die ja nur sicherstellen wollen, daß für jeden Fall eine internationale Zuständigkeit feststellbar ist. Eine solche Lösung keinesfalls mit der "gutschweizerischen" Tradition, sich von der begriffs- und systemfreudigen deutschen Jurisprudenz durch betont pragmatische Lösungen abzugrenzen, in Einklang stehen.[117] Im übrigen bestehen Bedenken gegen die fehlende Trennung der Zuständigkeitsregelung vom Kollisionsrecht deshalb, weil dadurch eventuell die kollisionsrechtlichen Bemühungen um die Suche nach der engsten Beziehung[118] zunichte gemacht werden. Mit der Geltung des Lugano-Übereinkommens für die Schweiz ist das IPRG inzwischen im Verhältnis zur Europäischen Union und den EFTA-Staaten teilweise derogiert.

3. Das EuGVÜ als ein Entwicklungsmodell für die internationale Zuständigkeit

Aus den bisherigen Ausführungen ergibt sich, daß in der immer kleiner werdenden Welt einerseits eine autonome Rechtsangleichung nicht in allen Fällen praktischen Bedürfnissen entspricht. Mit diesen Bedürfnissen ist es unvereinbar, eine echte internationale Zuständigkeit, in der jeder Staat seine Gerichte nur für enggezogene Sachverhaltsgruppen zuständig erklärt, abzuwarten. Andererseits muß man sich darum bemühen, einen solche zu fördern. Für die Schaffung einer einheitlichen Zuständigkeitsordnung ist jedenfalls die völkerrechtliche Bindung eine wichtige Sache. Dafür ist der traditionelle Staatsvertrag aufzugreifen. Dann stellt sich die

---

114 So aber *Neuhaus*, RabelsZ 43 (1979), 276, 280 f.

115 S. *Heini*, aaO., S. 255; *Neuhaus*, aaO., S. 280.

116 Vgl. aber *Firsching*, IPRax 1985, 125, 127, der diese Tendenz, ungeachtet der Schwerfälligkeit, für zukunftreich hält; *Siehr*, RIW 1979, 729, 737.

117 Vgl. *Neuhaus*, aaO., S. 281.

118 Ob die "Abweichungsklausel" des Art. 15 IPRG erhalten werden kann, darf bezweifelt werden. Vgl. BT-Drucks. 10/504 und § 1 I IPRG.

Grundfrage, wie die bisherige fehlende Geltungskraft des Vertrags zwischen Staaten hergestellt werden und damit der Rechtsvereinheitlichung gedient werden. Die Erfahrung drängt uns einen neuen Weg zu gehen, den *Zweigert* wie folgt begründet hat: "Nationales Recht auf der einen Seite, Weltrecht auf der anderen Seite sind zwei äußerste Extreme. Zwischen ihnen sind Stufen der Rechtannäherung denkbar und heute schon wirklich, die weniger utopisch sind als der Gedanke eines Welteinheitsrechts und die doch unserer modernen Lage entschiedener entsprechen als die Muffigkeit einer totalen Rechtsabkapselung. Eine solche Zwischenstufe zwischen nationalem Recht und Weltrecht bringen übernationale Zusammenschlüsse auf bestimmten Teilgebieten des Lebens mit sich. Etwa der Europäische Markt, der in der Europäischen Wirtschaftsgemeinschaft entsteht, wird auf die Länge Vereinheitlichungen, Angleichungen, Harmonisierungen des Sozialrechts, des Wettbewerbsrechts, des Steuerrechts und noch anderer Rechtsgebiete verwirklichen müssen, um gleiche Wettbewerbschancen auf dem einheitlichen Markt zu erreichen. Die Rechtsvereinheitlichungen, die sich aus partiellen übernationalen Zusammen-schlüssen ergeben, sind räumlich begrenzt."[119] Mit der neuen Technik des unmittelbar rechtssetzenden Vertrags hat das EWG- Übereinkommen über die gerichtliche Zuständigkeit und die Vollstreckung gerichtlicher Entscheidungen in Zivil- und Handelssachen (EuGVÜ) vom 27. September 1968 solche Ansätze zur Verwirklichung einer einheitlichen Zuständigkeitsordnung verfolgt.

Dieses Übereinkommen gilt zunächst in den Vertragsstaaten als ein völkerrechtlicher Vertrag. Es ist wie jedes andere Übereinkommen als sog. convention simple geschaffen worden. In der europaweiten Freizügigkeit eines nationalen Urteils liegt seine Grundidee.[120] Dem Wunsch der Europäer nach einem einheitlichen Wirtschaftsraum, in dem Vertrauen und Sicherheit im europäischen Wirtschaftsverkehr und so dem Einzelnen ein vollkommenerer Rechtsschutz gewährleistet wird, könnte nicht entsprochen werden, wenn die Schaffung erhöhter Rechtssicherheit in der Gemeinschaft durch die Nichtanerkennung ausländischer Urteile und durch Parallelprozesse bei der Vollstreckung unterlaufen würde. So stand am Anfang der Entwicklung die Verpflichtung der Vertragsstaaten zur Verhandlung über die "Vereinfachung der

---

119 *Zweigert*, FS *Schäffer* 1966, 333, 336f.

120 *Jayme*, Gesamteneuropa: Möglichkeiten und Modelle einer Vereinheitlichung des Internationalen Zivilverfahrens, in: Ein internationales Zivilprozeßrecht für Gesamteuropa, herausgegeben von *Jayme*, S. 6.

Förmlichkeiten für die gegenseitige Anerkennung und Vollstreckung richterlicher Entscheidungen und Schiedssprüche".[121]

Über die bloße Erfüllung dieser Pflicht geht das EuGVÜ weit hinaus, indem es die internationale Entscheidungszuständigkeit vereinheitlicht (vgl. Art. 2 bis 20 EuGVÜ). Damit hat es die mit der großen Mehrzahl der Staatsverträge bis jetzt angestrebte "convention double" verwirklicht. Als Folge der Einführung einer vertraglichen und autonomen Regelung über die direkte Zuständigkeit wurde der Rechtsverkehr innerhalb deren Anwendungsbereichs erheblich vereinfacht und beschleunigt: Die Anerkennung tritt ex lege ein; die Vollstreckbarerklärung erfolgt in einem einseitigen Klauselerteilungsverfahren.[122] In Verbindung mit Rechtshängigkeitsvorschriften vermag die convention double ferner Parallelverfahren vor Gerichten verschiedener Vertragsstaaten und daraus möglicherweise resultierende widerspechende Entscheidungen zu verhindern. Auch bei der autonomen Rechtsangleichung kommt dem EuGVÜ eine besondere Bedeutung zu. Es hat das Staatsangehörigkeitsprinzip als Anknüpfung ganz aufgegeben (Art. 2 I) und die in einzelnen Vertragsstaaten vorgesehenen exorbitanten Gerichtsstände beseitigt (Art. 3, 4). In Spanien wurde seine Beispielswirkung Wirklichkeit: Das EuGVÜ hat diesen Vertragsstaat dazu motiviert, die exorbitanten Gerichtsstände generell zu streichen. Insoweit trägt das Übereinkommen zur Internationalisierung des internationalen Zuständigkeitsrechts bei.

Der Charakter des EuGVÜ als eines völkerrechtlichen Vertrags verstärkt sich mit der räumlichen Ausdehnung des EuGVÜ-Systems. Übersieht man die Entwicklung des EuGVÜ, so fällt ein Domino-Effekt auf: Aus dem ursprünglichen Übereinkommen der Sechs wird etappenweise und zwar jeweilis in der letzten Fassung und mit den erforderlichen Anpassungen[123] ein Übereinkommen der Neun (Dänemark, Irland und das Vereinigte Königreich), der Zehn (Griechenland) und schließlich der Zwölf (Spanien, Portugal). In diesem Zusammenhang verdient hervorgehoben zu werden, daß sich die immer wieder beschworene Kluft zwischen common law und civil law durch dem Beitritt von Großbritannien zu diesem auf Rechtssicherheit angelegten Zuständigkeitssystem hat überwinden lassen. Durch die Schaffung eines Parallel-Übereinkommen,[124] welches das Brüsseler Übereinkommen weitgehend auf die

---

121 Art. 220 des EWG-Vertrages zur Gründung der EWG vom 25. 3. 1957 (BGBl. II 753).

122 MünchKomm/ *Gottwald*, IZPR, Art. 1 EuGVÜ, Rn. 2.

123 Zum Stand Ende 1993 siehe *Jayme/ Kohler*, IPRax 1993, 357.

124 ABl-EG 1988 Nr. L 319, 9ff.

EFTA-Staaten ausdehnt, wird der Anwendungsbereich des EuGVÜ beträchtlich erweitert. Die Grundsätze des EuGVÜ sind zu einer für ganz Westeuropa geltenden einheitlichen Gerichtsstands- und Vollstreckungsordnung zwischen siebzehn Staaten herangewachsen. Weiter führt das EuGVÜ zur Heranbildung eines europäischen Zivilprozeßrechts. So spricht man heute von einer einheitlichen Zuständigkeitsordnung für Gesamteuropa.[125] Dabei hat man die Forderung nach einem einheitlichen europäischen Zivilprozeßrecht mit "mythischen Ursprung und praktischen Notwendigkeit" zu begründen versucht[126] und das EuGVÜ als "Kern eines europäischen Zivilprozeßrechts" bezeichnet.[127] Diesem Ansatz liegt die geschichtliche Vorstellung von einer gemeinsamen europäischen Rechtskultur zugrunde, deren Besonderheit etwa gegenüber der islamischen Rechtskultur und den Rechtskulturen Ostasiens in der Tradition des römisch-kanonischen ius commune besteht.[128]

Gegen diese angenommene Kulturemanation lassen sich freilich berechtigte Zweifel anmelden. Einer der Zweifel ist mit den zivilprozeßrechtlichen Eigenheiten verbunden. Sofern man der Meinung ist, daß es für die Rechtsvereinheitlichung geeignete Teilbereiche gibt, erscheint jeder Ruf nach der kulturellen Identität als ungerechfertigt. Praktische Notwendigkeiten der Weltrechtspflege kennen keine Grenze. In diesem Zusammenhang brachte *Gottwald* seine Bedenken gegenüber dem Verhältnis des EuGVÜ zu den Drittstaaten auf einen Diskussionsbeitrag: "Soll man nicht dem Gesetzgeber empfehlen, einen der vorhandenen multilateralen Verträge zumindest als ein Modelgesetz anzusehen, von dem man jedenfalls ohne Not nicht abweichen sollte? Denn trotz aller Angleichungsbemühungen haben wir immer noch unendliche Detaildivergenzen zwischen unseren zehn bilateralen. Das ist bereits für die Praxis eine derartige Fülle, daß sie im Detail gar nicht zu bewältigen ist und dauernd zu Fehlern führt. Wenn man als etwas Neues macht, so muß man sich deshalb meines Erachtens unbedingt auf ein Modell einigen. ...., so führt ein solches Konsensmodell doch jedenfalls in der Praxis zu einfacheren Lösungen, weil man sich dann auf ein bestimmtes Regelungssystem für die Zukunft einstellen kann."[129] Auf der anderen Seite wäre die Verbindlichkeit des EuGVÜ als gewöhnlicher völkerrechtlicher

---

125 Ein internationales Zivilverfahrensrecht für Gesamteuropa, (hrsg.) *Jayme* 1992.

126 *Jayme*, aaO., S. 3.

127 *Spellenberg*, EuR 1980, 329, 347.

128 S. *Zimmermann*, JZ 1992, 8, 10.

129 *Gottwald*, in: Ein internationales Zivilprozeßrecht für Gesamteuropa, E. Jayme (Hersg.), 1992, Abschlußdiskussion, S. 475.

Vertrag ohne seinen Charakter als Gemeinschaftsrecht nicht erreichbar.[130] Denn dieser Charakter rettet das EuGVÜ aus dem üblichen Schicksal internationalen Zuständigkeitsrechts. Die Erfahrung zeigt, daß fehlende vertragsunabhängige Auslegungsinstanzen eines Staatsvertrags für dessen einheitliche Anwendung und Auslegung zu dessen Re-Nationalisierung führen muß. So verfügt die EU mit dem Europäischen Gerichtshof in Luxemburg über ein mit zentralen Auslegungsbefugnissen ausgestattetes Gericht. Da die neuen Mitgliedstaaten der EU verpflichtet sind, dem Übereinkommen beizutreten, besteht bei diesem System kein Raum für eine modizierende Übernahme des Vertrags in das autonome Recht oder für inhaltliche Abweichungen zwischen den Beteiligten. Konsequent wäre es daher, den Vorrang des EuGVÜ aus dessen Charakter als Gemeinschaftsrecht zu entnehmen.[131] Das Auslegungsprotokoll zum EuGVÜ vom 3. Juni 1971[132] sieht zwar vor, daß alle obersten Gerichte der Vertragsstaaten verpflichtet sind, dem EuGH entscheidungsrelevante Auslegungsfragen vorzulegen und daß alle Rechtsmittelgerichte solche Frage vorlegen können (Art. 2, 3 Auslegungsprotokoll). Nicht erst durch dieses Auslegungsprotokoll, sondern schon mit dem Beitritt zu der Gemeinschaft ist jedoch die einheitliche Auslegung durch den EuGH gewährleistet. Denn sie kann schon aus dem Ziel der Übertragung von Zuständigkeiten auf den EuGH im EWGV, den vereinheitlichenden Effekt des EuGVÜ auf Dauer zu sichern,[133] abgeleitet werden. Daran ändert nichts, daß für die Auslegung des Luganer Übereinkommens dem EuGH keine Auslegungszuständigkeit übertragen ist. Mag auch für die Auslegung des Parallel-Übereinkommens eine vom EuGH unabhängige Zentralinstanz zuständig sein,[134] würde dies aber faktisch zu einer Parallel-Auslegung zum EuGVÜ und zu der Rechtsprechung des EuGH dadurch gelangen, daß die Gerichte jedes Vertragsstaates die einer Zentralinstanz mitgeteilten Entscheidungen zu dem Übereinkommen bei der weiteren Auslegung des Übereinkommens gebührend beachten.[135] Insofern spricht *Kohler* zu recht von der Doppelfunktion des EuGH, nämlich seiner institutionellen

---

130 Ausführlich zu der Frage, ob und inwieweit das EuGVÜ dem Gemeinschaftsrecht zuzurechnen is, statt anderer *Schwartz*, in *Goeben/ Boeck/ Thiesing/ Ehlermann*, Kommentar zur EWG-Vertrag Bd. 2, 3 Aufl. 1982, Rn. 75 ff. zu Art. 220.

131 Vgl. aber MünchKommZPO/ *Gottwald*, IZPR, Art. 1 EuGVÜ, Rn. 14.

132 Zur Fassung nach dem 3. Beitrittsübereinkommen von Donestia-San Sebastian in ABl. EG Nr. C 189/ 25 vom 28. 7. 1990.

133 *Schlosser*, RIW/ AWD 1975, 535.

134 Das Luganer Übereinkommen sieht für dessen einheitliche Auslegung keine zentrale Auslegungsinstanz vor.

135 So auch *Gottwald*, Die Freizügigkeit von Entscheidungen in Zivil- und Handelssachen in Westeuropa, in: Ein internationales Zivilprozeßrecht für Gesamteuropa, E. Jayme (hrsg.), 1992, 155, 169f.

und seiner völkerrechtlichen Funktion.[136] Für die Weltrechtspflege sollte man jedenfalls das EuGVÜ nicht auf das Stichwort "Kulturidentität" beschränken. Der "Regionalisierungssympathie" kann, gerade im Bereich der internationalen Zuständigkeit, nur beschränkte Bedeutung zukommen; Bereits heute infiziert sich die ganze Welt mit dem "EuGVÜ- Bazillus", von dessen großen Beispiels- und Signalwirkung jeder Staat wenig abweichen könne[137]. Noch kann von keiner Rechtshegemonie die Rede sein, vielmehr sollte man sich freiwillig am EuGVÜ orientieren und diesen schönen "Motor" des einheitlichen Zuständigkeitsrechts beschleunigen.

---

136 *Kohler*, Integration und Auslegung,: in: Ein internationale Zivilprozeßrecht für Gesamteuropa, 11ff.

137 S. *Gottwald*, aaO., S. 171.

§ 2. Bedeutung und Notwendigkeit der Begrenzung der internationalen Gerichtsstandsvereinbarungen

I. Parteiinteressen, Internationalisierung und Gerichtsstandsvereinbarung

Die für den Ausgang des Rechtsstreits ganz entscheidende Bedeutung der internationalen Zuständigkeit führt naturgemäß zum "Kampf ums Forum" zwischen den Parteien. Diesem Kampf liegen handfeste und durchaus gegensätzliche Parteiinteressen zugrunde, welche im Vergleich zur örtlichen Zuständigkeit ein selbständiges Gewicht haben. In bezug auf das Beklagteninteresse hat schon die deutsche Rechtsprechung[138] die Besonderheit dieser Interessenlage analysiert und dabei das Heimwärtsstreben der beklagten Partei als das "natürliche Interesse" bezeichnet:

"Die beklagte Partei hat an einer Entscheidung durch ihr Heimatgericht das natürliche Interesse jedes Staatsangehörigen, daß sein Staat, dessen Organisation und Funktionsweise er kennt, dessen Sprache er spricht und dem er auf mannigfache Weise verbunden ist, auch seiner Rechtssache sich annimmt, und nicht ein fremder Staat. Das Gewicht dieses Interesses ist mit dem Interesse eines Beklagten, der seine Rechtssache stattt von dem einen von einem anderen gleichgeordneten Gericht seines Heimatstaates entschieden wissen will, nicht zu vergleichen."[139]

In diesem Zusammenhang ist ganz besonders bei der internationalen Zuständigkeit dem allgemeinen Satz "actor sequitur forum rei" weitgehend eine Rechtfertigung zuzuerkennen. Denn der Beklagte darf weithin nicht dazu gezwungen werden, sich vor einem beliebigen Gericht einer ihm vielleicht fremden Rechtsordnung verteidigen zu müssen.

Dieses natürliche Interesse verwandelt sich freilich mitunter in Verbindung mit dem Anknüpfungspunkt der Staatsangehörigkeit in eine "gerichtliche Heimatzuflucht".[140] Allen voran zu nennen ist die an die Staatsangehörigkeit anknüpfende passive

---

[138] BGHZ 44, 46; BGHZ 60, 85; BGH NJW 1981, 2642 und 2644.

[139] BGHZ 44, 50.

[140] S. *Heldrich*, FS Ficker 1967, 209, der unter Behauptung des Bedeutungswandels der Staatsangehörigkeitszuständigkeit dem Parteieninteresse, Gerichtsschutz zu erhalten, diesem den Vorrang vor dem staatlichen Interesse zu gewähren versucht.

Heimatzuständigkeit der Art. 15 c.c..[141] Danach kann ein Franzose für eine im Ausland eingegangene Verpflichtung verlangen, vor ein französisches Gericht geladen zu werden und zwar selbst dann, wenn er sie gegenüber einem Ausländer eingegangen ist. Dies führt dazu, daß ein stattgebendes Urteil eines ausländischen Gerichts gegen eine französische Partei in Frankreich überhaupt nicht anerkannt und damit nicht in das dort befindliche Vermögen des Beklagten vollstreckt werden kann. Die Folge dieses "Jurisdiktionsprivilegs" ist wiederum eine reziproke Nichtanerkennung des französischen Urteils in anderen Staaten.[142] Recht besehen läßt sich daher nicht ohne weiteres von einem Privileg des Franzosen sprechen: bei dem Beklagten, der ein obsiegendes Urteil erstritten hat, besteht die Gefahr, sich in anderen Staaten immer wieder von neuem einlassen zu müssen. Auch das deutsche Recht kennt für die internationale -freilich meistens nicht ausschließliche- Zuständigkeit, insbesondere im Ehe- und Kindschaftsrecht eine Reihe von Sondernormen, die den deutschen Bürgern eine solche Heimatzuflucht gewähren (§§ 606a I 1 Nr. 1, 640a II 1 Nr. 1 ZPO). Bei diesen Fällen handelt es sich um eine Trennung von örtlicher und internationaler Zuständigkeit. Dem damit in diesem Bereiche erwirkten Verzicht auf die Doppelfunktion der örtlichen Gerichtsstandsnormen liegt ihre unterschiedliche Interessenlage zur internationalen zugrunde. Darum läßt sich einer Personalhoheit das Wort reden.[143] Für eine im Ausland lebende oder in einem Rechtsstreit mit Ausländern verwickelte deutsche Partei begründen die Vorschriften einen nach sonstigen Regeln nicht gegebenen Gerichtsstand im Inland und dadurch die Zuständigkeit der einheimischen Gerichte. Eine solche Heimatzuflucht führt zudem zur Anwendung des deutschen materiellen Rechts, wenn dieses nach den Normen des IPR auch für die Sachentscheidung maßgeblich ist.

Bei den Klägerinteressen an der internationalen Zuständigkeit zeichnet sich, vor allem im Vergleich zur örtlichen, der Zugang zu den Gerichten bzw. der effektive Rechtsschutz ab: Dem Rechtssuchenden wird der Zugang zu den Gerichten nicht ohne weiteres gewährt; bei fehlender Zuständigkeit besteht keine Zuweisungsmöglichkeit. Während sich der Beklagte um Schutz davor bemüht, sich im Ausland verteidigen zu müssen, liegt der Schwerpunkt der Klägerinteressen dabei, gerichtlichen Rechtsschutz zu erlangen. In unserer Zeit der großen Bevölkerungsbewegungen gewinnt die Rechtsverfolgung im Ausland an Bedeutung. Dabei muß sichergestellt sein, daß der

---

141 Entsprechende Regeln gelten auch in den zum romanischen System gehörenden Staaten Belgien und Luxemburg.

142 Vgl. BGHZ 50, 100; Art. 28 I i.V.m. Art. 3 II EuGVÜ.

143 So *Rosenberg/Schwab/Gottwald*, ZPR, § 20 II 4.

Kläger überhaupt ein Gericht anrufen kann, das in der Sache entscheidet. Nicht selten ist jedoch dem Rechtssuchenden der Zugang zum Gericht versagt, und die Gefahr droht damit, daß ihm zu wenig an Rechtsschutz gewährt wird.

Innerhalb derselben Rechtsordnung kann man von einer Widerspruchsfreiheit der Zuständigkeitsordnung ausgehen. Im internationalen Rahmen ist dies jedoch nicht sichergestellt. Vor allem ordnet jeder Staat die Gerichtsstände unter Berücksichtigung der eigenen Rechtsordnung: Die Folge davon sind Zuständigkeitswidersprüche in der Gestalt von negativem und positivem Kompetenzkonflikt. Bei einem internationalen negativen Kompetenzkonflikt hat der Kläger keine Möglichkeit, sein Recht gerichtlich durchzusetzen, und ihm droht damit Rechtsverweigerung. Hier ist die für die örtliche Unzuständigkeit vorgesehene Verweisung an das zuständige Gericht[144] nicht möglich. Kein Staat ist bei fehlender internationaler Zuständigkeit zur Verweisung an die (möglicherweise) zuständigen Gerichte eines anderen Staats verpflichtet und zugleich ist kein Staat bereit, eine von dem Gericht eines anderen Staates ausgesprochene Verweisung zu akzeptieren.[145] Umgekehrt resultiert aus der Vielfalt der Zuständigkeitsordnungen der sog. positive Kompetenzkonflikt.[146] Eine internationale Zuständigkeitskonkurrenz ist natürliche Folge der jedem Staat zustehenden umfassenden Gerichtsbarkeit. Als Folge der konkurrierenden internationalen Zuständigkeiten wird dem Kläger das Recht zur Wahl des Gerichtsstandes gewährt. Es handelt sich dabei nicht um Rechtsschutz in derselben Rechtsordnung, sondern um einen grenzüberschreitenden Rechtsschutz. Der Kläger kann unter mehreren zuständigen Gerichten dasjenige berechnend auswählen, bei dem er sich die besten Erfolgschancen verspricht. Soweit man der Auffassung folgt, daß konkurrierende internationale Zuständigkeiten der angemessenen Rechtsverfolgung dienen sollen,[147] kann man in einem solchen "forum shopping" kaum ein unzulässiges, illegitimes

---

[144] Etwa § 281 Abs. 1 S. 1 ZPO.

[145] *Grunsky*, Internationales Prozeßrecht, in: Storme/Casman, Towards a Justice with a Human face, 1978, 67, 77.

[146] Dabei ist es häufig darauf hingewiesen, daß der einzelnen Zuständigkeitsordnung die mannigfaltigen Anknüpfungsmomente zur Verfügung gestellt sind: zu den zum Zuständigkeitskonflikt führenden unterschiedlichen Anknüpfungspunkten zwischen den Zuständigkeitsordnungen des romanischen System (die französische, italienische und griechische Zuständigkeitsregelung), deutsche und österreichische Zuständigkeitsnormen, anglo-amerikanisches System und schweizerisches Recht s. *Breuleux*,Internationales Zuständigkeit und anwendbares Recht, S. 26.

[147] *Breuleux*, aaO, S. 106 f; *Kropholler*, Handbuch IZVR I Kap. III, Rn. 27; *Gottwald*, FS Firsching 1985, 89, 109.

Rechtsphänomen sehen.[148] Ohne alternativ zur Verfügung stehende Gerichte würde sich die internationale Rechtsverfolgung an gewissen Schwierigkeiten stoßen. Es nimmt daher nicht Wunder, daß die Meinung vertreten wird, der Anwalt des Klägers habe nicht nur das Recht, sondern sogar die Pflicht, das für seine Mandanten günstigste Gericht auszusuchen.[149]

Über eine rechtspolitische Bewertung als "unerwünscht" hinaus besteht beim forum shopping der grundsätzliche Zweifel, wann sich die einseitige Begünstigung des Klägers in ein Problem der materiellen Billigkeit verwandelt.[150] Dafür spricht die Chancengleichheit der Parteien.[151] Im übrigen kann einem Angst und Bange werden bei dem Gedanken daran, daß das forum shopping den Bemühungen um die internationale Entscheidungsharmonie durch die Vereinheitlichung des Kollisionsrechts den Wind aus den Segeln nehmen könne.[152]

Angesichts dieser gegensätzlichen Parteiinteressen an der internationalen Zuständigkeit konzentrieren sich daher alle Bestrebungen, die internationale Zuständigkeitsordnung zu reformieren, auf die Suche nach einem gerechten Mittelweg zwischen Effektivität des Rechtsschutzes für den Kläger und Beklagtenschutz. Einschränkung der internationalen Zuständigkeitskonkurrenz und Vorbeugung gegen Rechtsverweigerung sind zwei Grundüberlegungen, die bei der Regelung der internationalen Zuständigkeit eine Rolle spielen. Dabei ist es primäres Interesse jeder Partei nicht den Rechtsstreit zu verlieren. Das Heimwärtsstreben des Beklagten ist zu rechtfertigen, es sei denn, daß die strengen Voraussetzungen der internationalen Zuständigkeit den Bedürfnissen des internationalen Handels und Verkehrs entgegenstehen. Auch die internationale Zuständigkeitskonkurrenz dürfte insoweit in Kauf zu nehmen sein, soweit sie erforderlich ist, um dem Kläger um des effektiven Rechtsschutzes willen freien Zugang zu Gerichten zu gewähren. Eine ausgewogene Interessen-vermittlung ist aber in den nationalen Zuständigkeitsordnungen schwer zu finden. Die Heimatzuständigkeit wird im Bereich des deutschen Eherechts in bezug

---

148 So die h. M.: *Schröder*, S. 238 f; *Siehr*, ZfRV 1984, 124, 133 ff (142); *Zöller/Geimer*, IZPR, Rn. 58 ff; *Kropholler*, IPR, S. 501; *Schack*, IZVR, Rn. 222.

149 *Juenger*, RabelsZ 46 (1982), 708, 716; *Siehr*, ZfRV 1984, 141; *Zöller/ Geimer*, IZPR, Rn. 58; *Kropholler*, IPR, S. 501, auch BGH NJW 1985, 552, 553.

150 *Roth*, IPRax 1984, 183.

151 *Kropholler*, FS Firsching 1985, 165.

152 *Juenger*, RabelsZ 46 (1982), 708, 709; *Neuhaus*, RabelsZ 46 (1982), 4. 24; siehe ferner *Gottwald*, ZZP 95 (1982) 3, 6.

auf die Anerkennungszuständigkeit in § 606 a II ZPO gemildert. Da die deutschen Gerichte in diesen Fällen nur konkurrierend neben den ausländischen Gerichten zuständig sind (§ 606 a I 2 ZPO),[153] steht es der Anerkennung eines ausländischen Urteils nicht entgegen, daß auch deutsche Gerichte zuständig gewesen wären. Außerdem setzt Art. 7 FamRÄndG, nach dem sich die Anerkennung ausländischer Entscheidungen in Ehesachen richtet, keine Verbürgung der Gegenseitigkeit voraus (Art. 7 S.1 I 2 FamRÄndG). Darüberhinaus wurde § 328 I Nr. 2 ZPO mit der IZPR-Reform 1986 vom Deutschenprivileg zur allgemeinen Beklagtenschutzvorschrift erweitert. Auf der anderen Seite tritt der negative Kompetenzkonflikt zurück, weil diesem durch die von *Neuhaus*[154] vorgeschlagene und heute weltweit anerkannte Notzuständigkeit[155] abgeholfen werden kann. Trotz aller Hoffnungen bleiben aber die Probleme despositiven Kompetenzkonflikts im internationalen Rechtsverkehr ungelöst. Die Notwendigkeit von Beschränkungen der konkurrierenden internationalen Zuständigkeiten ist demzufolge in aller Munde. Dabei bedarf es keineswegs der Abschaffung von konkurrierenden internationalen Zuständigkeiten. Denn man kann schwer erwarten, daß jede internationale Streitsache eine eindeutige Beziehung zu nur einem bestimmten Staat aufweist. Eine gewisse Reduzierung der konkurrierenden internationalen Zuständigkeiten hat das EuGVÜ mit der Vereinheitlichung der Entscheidungs- und Anerkennungszuständigkeiten erfolgreich herbeigeführt. In den Spezialfora der Art. 5 ff. EuGVÜ sieht es aber auch selbst konkurrierende Zuständigkeiten vor. Als die wichtigsten davon sind zu nennen die Gerichtsstände des Erfüllungsortes nach Art. 5 Nr. 1 EuGVÜ, der unerlaubten Handlung nach Art. 5 Nr. 3 EuGVÜ und der Zweigniederlassung nach Art. 5 Nr. 5 EuGVÜ. In diesen Fällen bleibt es dem Kläger unbenommen, seine Klage entweder im Wohnsitzstaat des Beklagten (Art. 2 EuGVÜ) oder z. B. aufgrund von Art. 5 Nr. 1 EuGVÜ am forum des Erfüllungsortes der streitigen Verpflichtung[156] zu erheben. In diesem Rahmen ist ein europäisches forum shopping unausweichlich, sofern zwischen den Vertragsstaaten weiterhin materiell-rechtliche Unterschiede bestehen. Damit das forum shopping vorbeugend bekämpft werden kann, genügt schlechthin eine Vereinheitlichung des Zivilprozeßrechts nicht. Ihm kann letztlich nur mit Hilfe einer

---

153 Vgl. §§ 606, 621 ZPO.

154 *Neuhaus*, RabelsZ 20 (1955), 265:" Wo sonst kein Land zuständig ist, soll jedes Land zuständig sein."

155 In Schweiz hat sie sogar einen gesetzlichen Niederschlag gefunden (Art. 3 IPRG).

156 Diese Vorschrift wurde indessen durch das am 1. 4. 1991 in kraft getretene römische EWG-Übereinkommen über das auf vertragliche Schuldverhältnisse anzuwendende Recht vom 19. Juni 1980 materiellrechtlich ergänzt, das dafür ein einheitliches Vertragsstatut geschaffen hat. Hierzu *Giuliano/ Lagarde*- Bericht: ABl-EG 1980. Nr. C 282/ 5.

Vereinheitlichung der IPR-Regeln bzw. des anwendbaren Sachrechts abgeholfen werden[157] und das ist heute sicher noch nicht der Fall. Im übrigen ist es nicht immer deutlich, wie das für eine internationale Rechtsstreitigkeit am engsten mit der Streitigkeit verbundene forum zu bestimmen ist.[158] Hierin liegt die Grenze eines prozessualen Einheitsrechts bei der Interessenvermittlung zwischen den widerstrebenden Parteien und darin liegt der Grund und die Notwendigkeit für die Anerkennung der Parteiautonomie über die internationale Zuständigkeit. Die Nachteile einer Konkurrenz von internationalen Zuständigkeiten und eines daraus resutierenden Wahlrechts des Klägers lassen sich nämlich effektiv vermeiden, wenn konkurrierende Zuständigkeiten durch eine internationale Gerichtsstandsvereinbarung auf eine ausschließliche Zuständigkeit reduziert werden. Die Bedeutung der Parteiautonomie über die internationale Zuständigkeit ist auch ein Garant für die Rechtssicherheit im internationalen Handelsverkehr, nämlich dann, wenn die Parteien selbst bei der Abwägung ihrer jeweiligen Interessen Träger der daraus folgenden Rechte und Pflichten sind. Je mehr man nämlich die besondere Interessenlage bei der internationalen Zuständigkeit im Vergleich zur örtlichen und die Bedeutung der lex fori für den Ausgang des Prozesses betont, desto wichtiger wird es, die Findung des Kompromisses der widerstrebenden Parteiinteressen auf die Parteien zu übertragen.

Der Hauptgrund für den Abschluß von internationalen Gerichtsstandsvereinbarungen liegt daher zunächst in den Parteiinteressen begründet. Mit dem Abschluß einer solchen Vereinbarung kann man für die Möglichkeit vorsorgen, daß es wegen irgendeiner Störung der vertraglichen Beziehungen zum Rechtsstreit kommt. Zu dieser Notwendigkeit der Vorsorge gelangen insbesondere diejenigen, die angesichts der Bedeutung der internationalen Zuständigkeit für einen künftigen und ungewissen Rechtsstreit in Übersee hierauf von vornherein Einfluß nehmen wollen.[159] So versucht man in der Regel, den Schwierigkeiten der internationalen Rechtsverfolgung dadurch beizukommen, daß die Rechtsverfolgung durch die Gerichtsstandsvereinbarung voraussehbar und kalkulierbar wird und damit das Problem des forum shopping durch ein "forum fixing" ausgeschaltet wird.[160] Die internationale Gerichtsstandsvereinbarung dient somit der Risikoplanung und Risikobegrenzung. Zudem können die Parteien mit Hilfe einer internationalen Gerichtsstandsvereinbarung auch für die

---

157 *Gottwald*, ZZP 95 (1982), 3, 6; *Kropholler*, Handbuch IZVR I Kap. III, Rn. 164-166; *Schack*, IZVR, Rn. 108.

158 S. *Schack*, IZVR, Rn. 194.

159 S. *Behrens*, RabelsZ 38 (1974), 590.

160 S. *Samtleben*, RabelsZ 46 (1982), 716 ff.

Vollstreckbarkeit der Entscheidung dadurch Rechnung tragen, daß sie einen Gerichtsstand dort festlegen, wo Vermögen des unterliegenden Teils belegen ist.

Die internationale Gerichtsstandsvereinbarung schwächt damit den natürlichen Interessengegensatz zwischen den Vertragsparteien ab, der sich sonst durch das Vorhandensein konkurrierender internationaler Zuständigkeiten im forum shopping zuspitzt. Diese erweiterte Funktion der internationalen Gerichtsstandsvereinbarung im Sinne einer Annäherung der beiderseitigen Interessen zeigt etwa der Fall *Piscator*[161], bei dem eine koreanische Baugesellschaft, die Hyundai Construction Co., und eine maltesische Schleppgesellschaft die ausschließliche Zuständigkeit der Rechtbank Rotterdam vereinbarten. Dadurch konnten sie ihre unterschiedlichen Interessen überbrücken. Sie bestimmten ein neutrales Forum und ersetzten auf diese Weise die vielfach erhobene Forderung nach einem hinreichenden Bezug des Falles zur Rechtsordnung des Gerichtsstaates durch das Interesse an einer ausgewogenen internationalen Entscheidungspraxis.

Darüber hinaus üben internationale Gerichtsstandsvereinbarungen in bezug auf die Kompetenzkonflikte die Funktion einer zentralen Rechtsschutzinstanz aus, die den Parteien über die Territorialitätsgrenze hinweg "den Sprung in die Weltrechtspflege" verspricht. Es liegt auf der Hand, daß den Parteien ein souveränitätsunabhängiger Rechtsschutz zugänglich ist, wenn eine unerwünschte Zuständigkeit eines Staates im konkreten Fall durch Anerkennung einer dahingehenden Privatabrede verdrängt bzw. durch eine neue ersetzt wird. Ein konkretes Beispiel dafür: Nach Art. 14 und 15 Code civil kann eine französische Partei stets vor einem französischen Gericht klagen und braucht sich auch nur vor einem solchen als Beklagte einzulassen. Auf dieses Privileg verzichtet sie, wenn die Parteien die Zuständigkeit ausländischer Gerichte vereinbaren.[162] Daraufhin hat der BGH[163] auf Antrag eines französischen Klägers hin Exequatur für ein zugesprechendes französisches Urteil gegen einen deutschen Beklagten erteilt. Im Ergebnis erleichtern und beschleunigen derartige Vereinbarungen die internationale Rechtsverfolgung, indem sie das Haupthindernis für die Anerkennung der französischen Urteile im Ausland bzw. fremder Urteile in Frankreich beiseite schieben.

---

161 Rechtbank Rotterdam, 18. 12. 1981, Schip en Schade 1982, Nr. 70.

162 *Mezger*, FS Nagel 1987, 246, 248; *Schack*, IZVR, Rn. 479.

163 BGHZ 50, 100.

Das Bedürfnis nach internationalen Gerichtsstandsvereinbarungen steigt insbesondere mit dem ins Riesige wachsenden Welthandel, der den freien Handelsverkehr weithin erfordert. Durch die Doppelfunktion internationaler Gerichtsstandsvereinbarungen, nämlich die Interessenvermittlung zwischen den Parteien einerseits und die Erleichterung der internationalen Rechtsverfolgung andererseits, kann gewissermaßen der Herausforderung des freien Welthandels begegnet werden. Die internationale Gerichtsstandsvereinbarung ist daher ein unverzichtbares Element des nationalen Rechtsverkehrs. Dementsprechend ist internationale Zuständigkeit zunehmend in den nationalen Jurisdiktionsordnungen verankert. Der auffallendste Einbruch in das auf Staatsinteresse angelegte Zuständigkeitssystem erfolgte mit der Entscheidung des Federal Supreme Court der Vereinigten Staaten vom 12. 6. 1972[164]. Damals ging es um die Gültigkeit der Prorogation englischer Gerichte in einem Schleppvertrag.[165] Als sich nach einem Sturm vor Florida an der nach Bahrain zu schleppende Bohrinsel erhebliche Schäden zeigten, machte die Houstoner Gesellschaft (Zapata) diese gegenüber der beklagten deutschen Reederei geltend. Der U. S. Supreme Court lehnte die Zuständigkeit der amerikanischen Gerichte jedoch ab und wies die abredewidrig erhobene Klage als unzulässig ab. Dies hatte zur Folge, daß sich Zapata vor einem englischen Gericht, dessen Recht anders als das der USA eine Haftungsfreizeichung erlaubte, verteidigen mußte.[166] Damit wurde das traditionelle Verbot bzw. die Erschwerung der Derogation amerikanischer Gerichte ("non -ouster"-Regel) für den internationalen Rechtsverkehr grundsätzlich zurückgenommen. In der Begründung der Entscheidung heißt es ausdrücklich, internationale Gerichtsstandsvereinbarungen seien "zur Erleichterung des internationalen Handels" grundsätzlich anzuerkennen.:"The expansion of American business und industry will hardly be encouraged if, notwithstanding solemn contracts, we insist on a parochial concept that all disputes must be resolved under our laws and in our courts."[167] Ferner heißt es: " It accords with ancient concepts of freedom of contract and reflects an appreciation of the expanding horizons of American contractors who seek business in all parts of the world. Not surprisingly, foreign businessmen prefer, as do we, to have disputes resolved in their own courts, but if that choice is not available, then in a neutral forum with expertise in the subject matter."[168] Ein solches "natural forum" ist, wie schon

---

164 M/S Bremen v. Zapata Off-Shore Co., 407 U. S. 1 (1972), 32 L. Ed. 2d 513.

165 " Any dispute must be treated before the London Court of Justice."

166 Der Vertrag sah Freizeichungsklauseln vor (s. Fn. 166): "... (Unterweser und its) masters and crews are not responsible for defaults and/ or errors in the navigation of the tow." " Damages suffered by the towed object are in any case for account of its Owners."

167 407 U. S. 9, S. 519f.

erörtert, eine Grundlage für den Kompromiß zwischen den widerstrebenden Parteiinteressen. Dementsprechend hat der Hoge Raad in seiner Entscheidung vom 1. 2. 1985 nur aufgrund des Interesses der Parteien, ein neutrales Forum zu bestimmen, eine Gerichtsstandsvereinbarung als zuständigkeitsbegründend erklärt.[169]

II. Grundlage der Begrenzung der internationalen Gerichtsstandsvereinbarungen

Trotz oben ausgeführten vielfältigen Vorteile gibt es tatsächlich Schwierigkeiten bei der rechtspolitischen Beurteilung internationaler Gerichtsstandsvereinbarungen. Probleme entstehen zunächst aus der beim forum fixing gegebenen einseitigen Ausnutzung des Gerichtsstands durch eine überlegene Partei. Dabei besteht die Gefahr einer unangemessenen Benachteiligung der Gegenseite. Angesichts der Tatsache, daß die Gerichtswahl häufig in Allgemeinen Geschäftsbedingungen enthalten ist, kümmert sich die Wissenschaft um den Schutz der schwächeren Partei. Dieser Schutz war das Hauptanliegen des Reformgesetzgebers des Gerichtsstands-änderungsgesetzes von 1974.[170]

Die Berücksichtigung dieses Schutzgedankens ist indes nur ein Aspekt bei der Beurteilung internationaler Gerichtsstandsvereinbarungen. Wenn man ihn allein in der Vordergrund stellt, wird man der internationalen Rechtspraxis nicht gerecht. Der internationale Rechtsverkehr fordert schnelle Feststellung der Zuständigkeit. In dem *Jenard*-Bericht zum EuGVÜ ist diese Vorsorge knapp und klar zum Ausdruck gekommen: "... Ließ sich auch der Ausschuß in erster Linie von dem Bestreben leiten, einerseits den Handelsbräuchen Rechnung zu tragen, andererseits aber solchen Gerichtsstandsklauseln die Wirkung zu nehmen, die unbemerkt in das Vertragsverhältnis eingeführt werden könnten."[171] Dieses Problem ist in den letzten Jahren in der Wissenschaft und Rechtsprechung eingehend dargestellt und dazu verschiedene Lösungen vorgeschlagen worden. Soweit ersichtlich ist, besteht aber keine entscheidende Lösung als Kompromißmodell für die Lösung der Berücksichtigung der beiden Faktoren. Bei der Untersuchung dieser Ursache sind

---

168 407 U. S. 11, 12, S. 521.

169 Schip en Schade 1985, Nr. 49.

170 Siehe unten § 3 I 1.

171 ABl-EG Nr. C59/1979, S. 1, 37.

zwei Zweifelfragen zu beantworten. Zum einen fragt es sich, ob die materiellen Überlegungen über die Willenseinigung auch bei den internationalen Gerichtsstandsvereinbarungen durchgesetzt werden können, zum anderen, ob bei der Frage nach dem Zustandekommen internationaler Gerichtsstandsvereinbarungen der Einfluß der IPR-Gedanken, auf einen Sachverhalt mit Auslandsberührung solle das diesem am nächsten stehende Recht angewendet werden,[172] angemesen ist. Diese Fragen werden im zweiten Teil dieser Arbeit ausführlich beantwortet.

Parteidisposition über den internationalen Gerichtsstand ergreift den innersten Bereich einer oder mehrerer Rechtsordnungen und berührt grundlegende Fragen nationaler Souveränität. Zu den Selbstbestimmungsrechten jeder nationalen Rechtsordnung gehört, wie sie sich zu Parteivereinbarungen über ihre Zuständigkeit verhält. Häufig stimmen ihre Regelungen der internationalen Gerichtsstandsvereinbarungen und Parteiwünsche nicht überein. Die Folge dieser Divergenz haben die Parteien zu tragen. Dem wirkt freilich, wie bereits dargelegt, die heutige Gesetzgebungstendenz zur Verbesserung nationaler Rechtsordnung sowie zur Rechtsvereinheitlichung im Bereich des internationalen Zivilrozeßrechts entgegen. Diese erwünschte Tendenz geht zwar in einigen Rechtsordnungen oder zwischen Staatengruppen weiterhin voran, doch kann man mit dem erreichten Stand wohl nicht zufrieden sein. Noch in vielen Rechtsgebieten - insbesondere bei den Regeln zur Anerkennung und Vollstreckung ausländischer Entscheidungen - sind einzelne nationale rechtliche Maßnahmen für die Rechtsverfolgung und Rechtsverwirklichung grenzüberschreitender Streitigkeiten unentbehrlich. Im Hinblick hierauf betonen viele Autoren[173] den gesetzgeberischen Spielraum, anhand des Rechtsschutzbedürfnis oder der Garantie effektiven Rechtsschutzes die Vertragsfreiheit der Parteien zu beschränken. Inwieweit auf diese Weise der Schutz und die Verwirklichung subjektiver Privatrechte tatsächlich gewährleistet ist, ist im einzelnen streitig und wird im Rahmen der Voraussetzungen und Grenzen internationaler Gerichtsstandsvereinbarungen diskutiert (hierzu siehe den dritten Teil der Arbeit).

---

172 Vgl. BT-Drs. 10/504, S. 29.

173 Statt aller *Gottwald,* FS Firsching 1985, 89 ff..

Zweiter Teil:

Das Zustandekommen der internationalen Gerichtsstandsvereinbarungen

1. Abschnitt: Auswirkung der Form auf das Zustandekommen der internationalen Gerichtsstandsvereinbarung

Die Frage nach der Form internationaler Gerichtsstandsvereinbarungen wird im Vergleich zu ihrer Bedeutung nur formal behandelt. Denn sie macht den Kernpunkt des internationalen Rechtsverkehrs aus; ihre dogmatische Erfassung hingegen steckt nach wie vor in den Anfängen, und selbst diese Ansätze sind nicht von den örtlichen Vorstellungen getrennt.

Daß das Recht bestimmte formelle Anforderungen an eine internationale Gerichtsstandsvereinbarung stellt, hängt mit dem auf dem modernen sozialen Prozeßrecht beruhenden Schutzgedanken zusammen. Es läßt sich nämlich nicht leugnen, daß das Erfordernis in jeder seiner Ausdrucksformen eine Korrektur ungerechtfertigter Ungleichheit der Parteistellung darstellt. In Anlehnung an diese Ansätze behauptet man, daß es sich hierbei um eine Tendenz in Richtung der Einschränkung oder des Verbotes der Zuständigkeitsvereinbarungen handelt.[1] Daraus läßt sich unschwer folgern, daß das Formerfordernis eine prozessuale Wirksamkeitsvoraussetzung ist.

Dadurch erklärt sich aber nicht, in welchem systematischen Zusammenhang Form und Vereinbarung stehen, und welche Bedeutung dabei den liberalen Regelungen des EuGVÜ über die Gerichtsstandsvereinbarungen zukommt. Soweit man den Blick nur auf den sozialpolitischen Aspekt wirft, gelangt man unvermeidlich zu jener widersprüchlichen Aussage von "Liberalität und Rigorismus"[2], ohne über das

---

1 *Firsching*, IPR, Rn. 200.

2 *Kohler*, IPRax 1983, 265.

wechselseitige Verhältnis der beiden Faktoren nachzudenken. Aber das Formerfordernis begnügt sich nicht bloß damit, der Verwirklichung rechtspolitischer Zielrichtungen zu dienen, sondern es fügt den internationalen Gerichtsstandsvereinbarungen ein neues Moment hinzu, durch das sie erst Verbindlichkeit beanspruchen können. Denn erst diese Funktion der Form, im internationalen Rechtsverkehr in den Prozeßvertrage einzugehen, wird dem prozeßrechtlichen Charakter internationaler Gerichtsstandsvereinbarungen gerecht. Die Formerfordernisse der Vereinbarung insgesamt als Einigungserfordernisse zu betrachten, entspricht insbesondere der zunehmende Verschränkung von Einigung und Form in der internationalen Rechtspraxis.[3] Konsequenterweise ist die Formfrage mit dem Zustandekommen der Vereinbarung als Einheit zu sehen.

Ein weiteres wichtiges Problem, welches in der Dogmatik des anzuwendenden Rechts für das Zustandekommen internationaler Gerichtsstandsvereinbarungen der Klärung bedarf, ist das wechselseitige und harmonische Verhältnis zwischen der Formfrage und davon abhängigen Zustandekommen internationaler Gerichtsstandsvereinbarungen. Das Problem stellt sich in dem Augenblick, wo man die Form als Grundlage der Existenz eines internationalen Prozeßvertrages bestimmt und sich nicht, wie dies die h. L. auffaßt, damit begnügt, in der Formfrage eine der Wirksamkeitsvoraussetzungen anzusehen.

Im folgenden wird nun methodisch so verfahren, daß einerseits nach der Systemeinordnung der Formfrage gefragt wird, andererseits aber nach dem Verhältnis von Formerfordernis und anzuwendendem Recht. Dabei wird vor allem in Frage gestellt, ob noch der praktische oder dogmatische Grund dafür, das Zustandekommen der internationalen Gerichtsstandsvereinbarungen der lex causae zu unterstellen, noch besteht.

---

3 Vgl. aber insbes. *Lando*, Die Aufgabe des Gerichtshofes und das System des Brüsseler Übereinkommens, in: Internationale Zuständigkeit und Urteilsanerkennung in Europa, S. 21 ff., 30.

§ 3. Die Formfrage in internationaler Gerichtsstandsvereinbarungen

I. Zur rechtlichen Qualität des Formerfordernisses bei internationalen Gerichtsstandsvereinbarungen

1. Problemstellung- Unzulänglichkeit der sozialwissenschaftlichen Begründung

(a) Rechtsgeschichtliche Grundlage internationaler Gerichtsstandsvereinbarungen

In der Begründung des deutschen Gesetzes zur Änderung des Zivilprozeßrechts vom 21. März 1974 ist die soziale Dimension des Zivilprozesses zum Ausdruck gekommen: "Wirtschaftlich schwache und geschäftsunerfahrene Personen gehen beim Abschluß von Verträgen oft Erfüllungsort- bzw. Gerichtsstandsvereinbarungen ein, ohne deren Bedeutung zu erkennen. Im Streitfalle führt dies oft zum Versäumnisurteil am weit entfernten, aber als zuständig vereinbarten Gericht, obwohl die Sache materiell-rechtlich für die beklagte Partei nicht aussichtslos war."[4] Diese Abkehr von der früheren Haltung zugunsten einer Prorogationsfreiheit beruht auf der Anerkennung einer Aufgabe des Zivilprozeßrechts im sozialen Rechtsstaat. Dies kommt insbesondere dort zum Zuge, wo man eine direkte Motivierung durch die Expansion der typischen Massengeschäfte annehmen kann. So geht man bei der neueren Fassung vom grundsätzlichen Verbot von Gerichtsstandsvereinbarungen aus und begründet dies mit dem besonderen Schutzbedürfnis bestimmter Personenkreise.

Zugleich hat der Reformgesetzgeber mit der Einführung des neuen § 38 Abs. 2 ZPO für die internationale Zuständigkeit einen anderen Weg als bei der örtlichen Zuständigkeit eingeschlagen. Unter den dortigen Voraussetzungen können internationale Gerichtsstandsvereinbarungen auch zwischen anderen Personen als Vollkaufleuten zulässigerweise abgeschlossen werden. Auf die Schutzbedürtigkeit eines Vertragsteils kommt es dabei nicht mehr an. Der Rechtsausschuß des Deutschen Bundestages rückte das Interesse des internationalen Rechtsverkehrs in das Zentrum der Diskussion über die Einführung der internationalen Gerichtsstandsverein-

---

[4] BT-Drucks. 7/ 268, S 1 und 4.

barungen.[5] Nunmehr ist die soziale Dimension des Zivilprozesses, der das Prorogationsverbot zugrunde liegt, weitgehend hinter dem Interesse des internationalen Rechtsverkehrs zurückgetreten, daß man in § 38 Abs. 2 ZPO positiv eine eigene Grundlage für eine Prorogationsfreiheit zu sehen hat. Entgegen der Absicht des Gesetzgebers könnte man aber hieraus den Schluß ziehen, die Vorschrift sei eine wichtige Ausnahme vom Prinzip des Prorogationsverbots.

(b) Die Bedeutung des Formgebotes innerhalb der Besonderheiten internationaler Gerichtsstandsvereinbarungen

Vergleicht man den Regelungszweck des § 38 Abs. 2 ZPO und der übrigen besonderen Vorschriften der ZPO über die internationale Zuständigkeit, so fällt eine gegenläufige gesetzgeberische Stoßrichtung auf. Auf den ersten Blick richten sich zwar die Regelungen gemeinsam auf die Erleichterung der internationalen Rechtsverfolgung, in ihrem Schutzzweck besteht jedoch ein wesentlicher Unterschied zwischen § 38 Abs. 2 ZPO und den anderen Vorschriften. Während es in diesen Bestimmungen um das Bedürfnis nach Erweiterung der Kompetenz der inländischen Gerichte bei einem besonderen internationalen Rechtsschutzbedürfnis geht,[6] steht bei § 38 Abs. 2 ZPO praktische Überlegungen im Vordergrund, so daß der sozialpolitische Ausgangspunkt des grundsätzlichen Prorogationsverbots im innerstaatlichen Bereich nicht auf die internationale Handelpraxis übertragen werden kann.[7] Dieser Ansatz läßt sich auch aus dem Bericht zum EuGVÜ, dessen Art. 17 in § 38 II ZPO nachgebildet wurde, ableiten: "Diese Lösung ist unerläßlich, wenn man vermeiden will, daß verschiedene Gerichte ordnungsgemäß befaßt werden und widersprechende oder mehr oder minder voneinander abweichende Urteile fällen."[8] Die hierauf aufbauende Zuständigkeitsordnung kann man mit dem Schlagwort "Liberalität" kennzeichnen.. Insoweit ist es berechtigt zu sagen, daß die internationale Gerichtsstandsvereinbarung eine Verlegenheitslösung im Sinne von *Kegel*s Rechtswahl[9] darstellt.

---

5 S. BT-Drucks. 7/ 1384, S. 4: § 38 II ZPO war nicht in dem ursprünglichen Gesetzentwurf enthalten, sondern ist erst im Verlauf der Beratungen des Rechtsausschusses des Deutschen Bundestages eingefügt worden.

6 Die Ausdehnung inländischer Zuständigkeit knüpft häufig an dem Gedanken des effektiven Rechtsschutzes (§§ 23, 606a ZPO) oder des sozialen Zivilprozesses (§ 23a ZPO) an.

7 Vgl. *Bleutge*, BB 1970, 733 f..

8 *Jenard*- Bericht, S. 37.

9 *Kegel*, IPR, § 18 Ic (S. 421).

Aus dem prozeß*vertraglichen* Charakter der internationalen Gerichtsstandsvereinbarung ergibt sich andererseits die Schwierigkeit, ihre Funktion im internationalen Rechtsverkehr zu erfüllen. Die Begründung der Zuständigkeit mit Hilfe des Parteiwillens bringt bisweilen Rechtsunsicherheit mit sich, wenn die Vereinbarung nicht eindeutig erfolgt. Dies führt dazu, daß die Gerichtsstandsvereinbarung selbst dem internationalen Rechtsverkehr im Wege steht. Zur Bewältigung dieser Schwierigkeiten hat der Gesetzgeber Formanforderungen für die Vereinbarung eingeführt. Damit folgt das Vorliegen einer Prorogation schlechthin aus der Form der Vereinbarung. Bei der örtlichen Zuständigkeitsordnung wurde der Formzwang zu einem der wichtigsten Mittel zum wirksamen Rechtsschutz gegen eine unter Mißbrauch der wirtschaftlichen Machtstellung aufgedrängte Gerichtsstandsvereinbarung benutzt. Unter diesen Umständen ist es fast selbstverständlich, das Formproblem auf die Frage, nach welchen Kriterien die schon zustande gekommenen Rechtsgeschäfte geprüft werden sollen, und ob diese wirksam sind, zu beschränken. Und diese Vorstellung ist unbesehen auf die internationale Gerichtsstandsverein-barungen übertragen worden.

Dies müßte sich ändern, soweit dem Formgebot eine weitreichende Garantenstellung für den internationalen Rechtsverkehr zugewachsen wäre, aus der heraus die Funktion der Form immer mehr zu differenzieren sind. Die Ansätze zur Überprüfung der Formfrage in internationalen Gerichtsstandsvereinbarungen liegen darin, hinsichtlich der beschränkten Funktion der Rechtsgeschäftsform von der herkömmlichen Sichtweise abzugehen und im Hinblick auf den Vorteil des Formgebotes in internationalen Rechtsgeschäften den internationalen Gerichtsstandsvereinbarungen den höchsten Formgrad, nämlich ein Tatbestandsmerkmal der Willenserklärung, das diese insoweit ersetzt, zuzusprechen. In diesem Sinne kann von dem "Rigorismus" internationaler Gerichtsstandsvereinbarungen die Rede sein.

2. Theorien der Formfrage in internationaler Gerichtsstandsvereinbarungen -eine Wirksamkeitsvoraussetzung-

Wer glaubt, daß die Form nicht mehr in einer unreflektiven Einheit mit einzelnen Geschäftstypen steht,[10] sondern davon ausgeht, sie werde als äußeres Moment den Willenserklärungen als der eigentlichen Wirkungsgrund für den Eintritt des gewollten

---

10 *Dulckeit*, FS *Schulz* I, 1951, 148, 161 spricht von einer "Wirkungsform" des römischen Privatrechts.

rechtlichen Erfolges zugeordnet,[11] muß sich mit dieser Umschreibung zur Bestimmung eines Formbegriffs der internationalen Gerichtsstandsvereinbarungen begnügen. Dabei befreit man die Form von dem gegenüber der Form selbständig gedachten Rechtsgeschäft und verwandelt sie in eine "Schutzform". Da die frühere Prorogationsfreiheit durch den Grundsatz der Formfreiheit weitgehend gefördert worden war, stand am Anfang einer jeden Reformbestrebung, die Gerichtsstandsvereinbarung gesetzlich einzuschränken, auch die Regulierung über die Form im Vordergrund. Nachdem ein bayerischer Vorstoß zugunsten der Aufnahme einer besonderen Schriftform erfolglos geblieben war,[12] hat die vom Bundesjustizministerium zur Vorbereitung einer Reform der ZPO eingesetzte Kommission diesen Ansatz erneut aufgegriffen. Nach ihrer Meinung sollte die Vereinbarung über den Gerichtsstand zur Warnung der im Streitfall benachteiligten Partei in einer besonderen Urkunde abgeschlossen werden, die andere Erklärungen als diese Vereinbarung nicht enthalten durfte.[13] Während dieser Vorschlag hinter dem Grundsatz des Prorogationsverbots zurückgeblieben war, konnte jene Zielsetzung in der Gestalt von strenger Form bei den zugelassenen Gerichtstandsvereinbarungen und damit bei der internationalen Gerichtsstandsvereinbarung verankert werden. Obwohl § 38 II ZPO vom Grundsatz der Prorogationsfreiheit ausgeht, ist es allgemein anerkannt, daß das Formerfordernis bei internationalen Gerichtsstandsvereinbarungen der heute üblichen Korrektur des Prinzips der Parteiautonomie durch den Formzwang entspricht. Denn nach modernem Denken wird die Beobachtung der Formerfordernisse als Mittel der Erleichterung bestimmter rechtspolitischer Zwecke angesehen.

Liest man bei der Lehre über die Formfrage in dem Bereich internationaler Gerichtsstandsvereinbarungen nach, so ist genau das hier der Fall. Die Beobachtung der Formvorschriften soll insoweit als Wirksamkeitsvoraussetzung angesehen werden, als sie sich in ihrer Wirkungsweise auf das Zustandekommen internationaler Gerichtsstandsvereinbarungen bezieht.[14] Zuständigkeitsbegründend kann danach nur eine Vereinbarung wirken, die in allen Punkten der Formvorschrift entspricht. Die

---

11 *Flume*, AT/BGB II, S. 244 ff; *Häsemeyer*, JuS 1980, 1.

12 Entwurf des Reichsjustizministerium zur Änderung der ZPO von 1931.

13 Vgl. BR-Drs. 7/268; BT-Drs. 7/1384.

14 *Bülow*, RabelsZ 1965, 463; *Bülow/ Böckstiegel/ Müller*, Art. 17 EuGVÜ, S. 606- 146f; *Kropholler*, Handbuch IZVR I Kap. III Rn. 836; *Kropholler*, EZPR, Art. 17 Rn. 25; *Sandrock/ Jung/ Sandrock*, E Rn. 126 Fn. 165; MünchKommZPO/ *Gottwald*, IZPR, Art. 17 EuGVÜ Rn. 16.

Form hat dabei nicht nur eine beweistechnische Funktion,[15] vielmehr schreibt die Lehre der Form Warnfunktion zu und bezieht sie auf die Vereinbarung als solche. Insoweit wird der Form eine konstitutive Bedeutung für die Willenseinigung der Parteien beigemessen. Dafür spricht die Lehre von dem tatsächlichen Wechselspiel von Willenseinigung und Form und lehnt sich an die Ausführung des EuGVÜ an, wonach der Sinn der Formerfordernisse darin liegt, daß die Einigung zwischen den Parteien tatsächlich feststeht.[16]

Hieraus könnte man zwar den Eindruck gewinnen, die " Mediatisierung der Form " gehe weithin in ihre "Materialisierung" über, daran jedoch kein Zweifel besteht, daß die Lehre auf der Zweckform besteht. Bei einer Vereinbarung richte sich dieser Zweck auf die materielle Gewährleistung einer tatsächlichen Einigung. Deutlich erkennbar ist dies bei der Interpretation der Lehre von der Wirksamkeitsvoraussetzung über die im Schrifttum immer wieder beschworenen beiden ersten Entscheidungen des EuGH zur Auslegung des Art. 17 EuGVÜ. Diese beiden Entscheidungen haben sich mit Gerichtsstandsklauseln in allgemeinen Geschäftsbedingungen befaßt und dabei deren Einbeziehungskontrolle im Wege eines Formgebotes zu erreichen versucht. Im Verfahren *Colzani v. Rüwa*[17] wurde festgestellt, daß bei einer Vereinbarung in erster Linie geprüft werden müsse, ob die Gerichtsstandsklausel tatsächlich Gegenstand einer Willenseinigung zwischen den Parteien ist, und daß zu dieser Beurteilung die Formerfordernisse des Art. 17 EuGVÜ maßgeblich heranzuziehen sind. Von hier aus antwortete der EuGH auf die vom BGH vorgelegte Frage[18]: Zum einen genüge es dem Erfordernis der Schriftlichkeit nach Art. 17 EuGVÜ nicht, wenn eine Gerichtsstandsvereinbarung in AGB enthalten ist, die lediglich auf der Rückseite einer von beiden Parteien unterzeichneten Vertragsurkunde abgedruckt sind, weil in diesem Fall nicht gewährleistet sei, daß die andere Partei der Gerichtsstandsklausel tatsächlich zugestimmt habe; auch eine mittelbare oder stillschweigende Verweisung auf vorangegangenen Schriftwechsel soll zum anderen nicht ausreichen, da sonst keine Gewißheit darüber bestehe, daß sich die

15 So aber *Hoffmann*, AWD 1973, 57, 62f. allerdings hinsichtltich der sog. halben Schriftform.

16 EuGHE 1976, 1831, 1841 Rn. 7; *Kropholler*, EZPR, Art. 17 Rn. 20f; *Lando*, aaO., S. 30; vgl. auch *Schockweiler*, Gerichtsstandsvereinbarungen im Brüsseler Übereinkommen, in: Internationales Zuständigkeit und Urteilsanerkennung in Europa, S. 107 ff., 110.

17 EuGH vom 14. 12. 1976 Rs. 24/ 76 Slg. 1831 = RIW/ AWD 1977, 104 m. Anm. *Müller* (S. 163) = NJW 1977, 494.

18 BGH, Vorlagebeschluß vom 18. 2. 1976 - VIII ZR 14/ 75, Köln = RIW/ AWD 1976, 295 = WM 1976, 401 = IPRspr. 1976, Nr. 132.

Einigung über den Vertragsinhalt tatsächlich auf die Gerichtsstandsklausel erstreckt habe. Das Verhältnis von Vereinbarung und Form lasse insbesondere die zweite Formvariante "mündliche Vereinbarung mit schriftlicher Bestätigung" deutlicher erkennen. Nach den Materialien soll nicht aus der schriftlichen Bestätigung eine konkludente mündliche Gerichtsstandsvereinbarung zu entnehmen sein.[19] Vielmehr ist man sich in der Rechtslehre einig, daß sich die Erleichterung des internationalen Handelsverkehrs auf das Element der mündliche Vereinbarung erstreckt.[20] Auf die mündliche Vereinbarung hat auch der EuGH in seiner an demselben Tag erfolgten Entscheidung *Segoura v. Bonakdarian* wie folgt abgestellt: "Den Formerfordernissen des Art. 17 Abs. 1 EuGVÜ ist im Fall eines mündlich geschlossenen Vertrages nur dann genügt, wenn die schriftliche Bestätigung durch den Verkäufer, der dessen allgemeine Geschäftsbedingungen beigefügt sind, vom Käufer schriftlich angenommen worden ist."[21] Der vom BGH vorgelegten zweiten Frage lag eine Fallkonstellation zugrunde, in der ein Verkäufer nach dem mündlichen Abschluß eines Kaufvertrages ohne Gerichtsstandsvereinbarung dem Käufer schriftlich den Vertragsschluß zu seinen allgemeinen Geschäftsbedingungen bestätigt und seine eine Gerichtsstandsklausel enthaltenden Geschäftsbedingungen diesem Schreiben beifügt, und der Käufer diesem Bestätigungsschreiben nicht widersprochen hatte. In diesem Fall sei nach der Ansicht des EuGH die Gerichtsstandsklausel nicht Gegenstand des von den Parteien mündlich geschlossenen Vertrages gewesen. Hinsichtlich der Gerichtstandsvereinbarung sei aber auch der Umstand, daß der Käufer einer einseitigen Bestätigung durch die andere Vertragspartei nicht widerspricht, nicht als Annahme anzusehen. Vielmehr hält die Lehre die nachträgliche Übersendung des kaufmännischen Bestätigungsschreibens, das erstmals einen Hinweis auf eine Gerichtstsandsvereinbarung gibt, für einen Antrag auf Abschluß einer Gerichtsstandsvereinbarung, der für eine Vereinbarung von der anderen Seite angenommen werden muß.[22]

---

19 *Jenard*-Bericht, S. 37:"Da Gerichtsstandsvereinbarungen eine echte Willensübereinstimmung zwischen den Parteien voraussetzen, kann der Richter aus einem Schriftstück, das von der sich darauf berufenden Partei stammt, allein nicht unbedingt schließen, daß eine mündliche Vereinbarung zustande gekommen ist."

20 *Geimer/ Schütze*, I/1, S. 486ff; *Rauscher*, ZZP 104 (1991), 271, 285f, der auf Grund dieser Erwägungen statt von Halbschriftlichkeit die Terminologie von "schriftlich bestätigter Mündlichkeit" vorzieht.

21 EuGH vom 14. 12. 1976, Rs. 25/ 76 = RIW/ AWD 1977, 105 m. Anm. *Müller* (S. 163) = NJW 1977, 495.

22 *Geimer/ Schütze*, I/1, S. 489.

Da es in den beiden Fällen an der mündlichen Einigung fehlt, dürfe dies nicht dadurch umgegangen werden, die Gerichtsstandsklausel, wie im deutschen Recht, durch ein kaufmännisches Bestätigungsschreiben zum Vertragsinhalt zu machen. Insofern gehe es auch bei der schriftlichen Bestätigung nicht um Formerfordernisse, sondern um den materiellen Vertragsschluß.[23] In diesem Zusammenhang wird noch die Ansicht vertreten, der Sinn der schriftlichen Bestätigung sei vor allem darin zu sehen, daß sie den Belangen der zu schützenden Vertragspartei dienen soll.[24] Von dieser Charakterisierung der Formvorschriften als Zweckform ausgehend grenzt die Lehre zunächst, jedenfalls systematisch, die Vereinbarung von der Formfrage ab und versteht darunter eine echte Willensübereinstimmung zwischen den Parteien.

Daß die Lehre alle Formalternative von der materiellen Willenseinigung abhängig macht, läßt sich mit ihrer Auslegung des Art. 17 Abs. 1 S. 2 EuGVÜ bestätigen. Zwar geht die Lehre, sich auf die kritische gesetzgeberische Nachprüfung vor allem über die Entscheidung vom 14. 12. 1976 Rs. 25/76 stützend[25], sachlich in der Tat so vor, daß im internationalen Handelsverkehr auch durch Schweigen auf ein kaufmännisches Bestätigungsschreiben eine Gerichtsstandsvereinbarung zustande kommen kann.[26] Jedoch erstreckt sie die materiellen Voraussetzungen der Vereinbarung auch auf diese Formalternative. Die Berücksichtigung der internationalen Handelsbräuche sei in gewissem Umfang auch auf die materielle Willenserklärung zu beziehen.[27] Möge man diese dritte Möglichkeit als bloße Formregelung verstehen, so müsse auch dort die vorhergehende Willenseinigung über die Gerichtsstandsklausel nachgewiesen werden.[28] Diese in der rechtswissenschaftlichen Literatur vertretenen Meinungen decken sich weitgehend mit den der herkömmlichen Willenseinigungstheorie sowie den der Zweckfunktion der Form zugrunde liegende Auffassungen.

---

23 *Roth*, ZZP 93 (1980), 156, 162.

24 *Schlosser*, RIW 1984, 911, 912.

25 Dazu *Kropholler*, EZPR, Art. 17 Rn. 40.

26 *Geimer/ Schütze*, I/1, S. 480; *Kropholler*, EZPR, Art. 17 Rn. 42; MünchKommZPO/ *Gottwald*, IZPR, Art. 17 EuGVÜ Rn. 30; *Jung*, S. 171; *Sandrock/ Jung/ Sandrock*, E S. 162; *Schütze*, DIZPR, S. 56; *Schack*, IZVR, Rn. 470.

27 *Kropholler*, Handbuch IZVR I Kap. III, Rn. 831 spricht in diesem Zusammenhang von keiner inhaltlichen Modifizierung (Rn. 835).

28 *Rauscher*, ZZP 104 (1991), 271, 289.

3. Würdigung und Ablehnung der Lehre von der Wirksamkeitsvoraussetzung

(a) Das Verhältnis von Vereinbarung und Formerfordernissen

§ 38 II ZPO und Art. 17 EuGVÜ bestimmen gemeinsam, daß eine zuständigkeitsbegründende Vereinbarung in bestimmter Form getroffen werden muß. Der Umstand, daß der Wortlaut als Maßstab für ein wirksames Zustandekommen der Gerichtsstandsvereinbarungen nur Formerfordernisse enthält, hat die rechtswissenschaftlichen Literatur mit der Bewertung internationaler Gerichtsstandsvereinbarungen unter erleichteten Voraussetzungen zugelassen.

Die Kennzeichnung der Form als Wirksamkeitsvoraussetzung beruht auf der Trennung von Vereinbarung und Formerfordernissen. Die Form ist demzufolge nur das reine Spiegelbild, das sich voll inhaltlich mit der schon bestehenden oder gesondert zu treffenden Willenseinigung decken muß. Trotz der Bewertung des engen Zusammenspiels von Formerfordernissen und Einigungsvoraussetzungen ist die Form in diesem Sinne nicht auf die Willenserklärung bezogen, sie wird vielmehr als eine selbständige Form-Vorschrift qualifiziert. Die Frage, ob eine Gerichtsstandsvereinbarung formwirksam getroffen worden ist, scheidet aus dem Zusammenhang des Vereinbarungsbegriffs aus. Für die Feststellung, daß eine Vereinbarung vorliegt und damit zustande gekommen ist, genügt die Gewißheit, daß eine wirkliche Willenseinigung über die Gerichtswahl besteht. Erst recht wird danach dieser Liberalisierung wiederum mit der Formstrenge entgegengewirkt. Die Formstrenge soll hier das Vorhandensein einer tatsächlichen Willensübereinstimmung gewährleisten und insofern soll von der Wahrung der Form auf das tatsächliche Vorliegen einer Einigung geschlossen werden können. Schließlich wird die Form zu einem bloßen Garanten der Einigung.[29]

Als Fazit der bisherigen Überlegungen bleibt festzuhalten, daß die Lehre von der Wirksamkeitsvoraussetzung dafür spricht, für das Zustandekommen einer Gerichtsstandsvereinbarung die herkömmliche Vorstellung der rechtsgeschäftlichen Willenserklärung beizubehalten sowie die Form von dem ausschließlich auf die Willenserklärungen bezogenen Zustandekommen der internationalen Gerichtsstandsvereinbarungen abzutrennen. Die grundlegende Vorstellung der Lehre von der Wirksamkeitsvoraussetzung weicht daher von der allgemeinen Lehre über die

---

[29] *Rauscher*, aaO., S. 291.

Formfrage ab, die diese auf die Willenserklärung bezieht.[30] Dabei muß zunächst die Frage interessieren, welche praktischen Gründe aus dem Bereich der internationalen Gerichtsstandsvereinbarung dem Ausschluß der Bezogenheit der Form auf die Willenserklärung zugrunde liegen. Die Untersuchung dieser Frage soll uns im folgenden kritisch beschäftigen.

(b) Internationaler Rechtsverkehr und überspritzter Formalismus

Mit der weitgehenden Verdrängung von Formerfordernissen aus der Vereinbarung glaubt die Lehre zum einen die mehrfach heraufbeschworene Gefahr vermeiden zu können, die Vereinbarung einem überspitzten Formalismus zu unterwerfen. Dies wäre der Fall, wenn die Vereinbarung neben der Willenseinigung wechselbezüglich oder gleichberechtigt das Element des Formerfordernisses umfassen würde. Denn in diesem Fall würde die Grenze der im Interesse der Rechtssicherheit unerläßlichen Form der Gerichtsstandsvereinbarungen überschritten und die Qualität der Vereinbarung einigermaßen bedingt oder eingeschränkt sein. Die sachliche Berechtigung einer Aufspaltung von Vereinbarung und Formerfordernissen würde nach dieser Betrachtungsweise darin liegen, daß hierdurch der Spielraum der Vertragsfreiheit unberührt bleibt. Schwere Bedenken sprechen jedoch gegen die Trennung von Vereinbarung und Formerfordernis:

(aa) Diese Trennung wird bereits dem aus der Entstehungsgeschichte abzuleitenden Sinn und Zweck der Formvorschrift nicht gerecht, da sie die Funktion der Form innerhalb der Vereinbarung über die internationale Gerichtsstandsklausel weitgehend aushöhlt und diese zu einem bloßen Garanten der Einigung herabdrückt. Sie wird vor allem der Funktion der Form in ihrer Bedeutung der Herbeiführung der Willenseinigung nicht gerecht.

Vereinbarung und Form werden damit so voneinander entfernt, daß der gesetzgeberischen Zielsetzung, mit den Formerfordernissen dem Interesse des internationalen Rechtsverkehr[31] und der Rechtssicherheit[32] zu dienen, nicht begegnet werden kann. Damit die Form eine solche Funktion erhalten kann, sollte das Element der Willenseinigung lediglich durch die Formmöglichkeiten generalisiert und typisiert

---

30 *Flume*, AT/ BGB, § 15 I 4; *Gutzwiller*, IPR, S. 1590; *Bassermann*, 77.

31 BT-Drs. 7/1384, S. 4.

32 *Jenard*-Bericht, S. 37.

werden. Dafür sollte die Form nicht das sekundäre Spiegelbild der Einigung bleiben. Sie ist vielmehr im Sinne von Art und Weise des Parteiwillens nicht als Wirksamkeitsvoraussetzung, sondern als Tatbestandsmerkmal der Vereinbarung anzusehen.

(bb) Auf der Grundlage der Trennung von Vereinbarung und Formerfordernissen wird im Schrifttum teilweise die Ansicht vertreten, der Sinn dieser Trennung sei rechtspolitisch mit dem Schutz der schwächeren Vertragspartei zu verknüpfen.[33] Die Vertreter dieser Auffassung berufen sich darauf, daß etwa die halbe Schriftlichkeit, womit der Gesetzgeber einerseits den Handelsbräuchen Rechnung tragen, andererseits die unbemerkte Einführung von Gerichtsstandsklauseln in das Vertragsverhältnis vermeiden wollte, nicht dem Interesse der Rechtssicherheit gerecht wird.[34] Daraufhin wird in dieser Auffassung auf den Kompromiß verzichtet, indem sie das individuelle Schutzanliegen in das Zentrum rückt. Dabei wird aber übersehen, daß sich das Ziel, Vertragsklauseln nicht unbemerkt in den Vertrag eingehen zu lassen, nicht auf den Schutz der schwächeren Partei richtet, sondern darauf, daß die Vereinbarung tatsächlich vorliegt.

Die Vereinbarung ist daher als Tatbestandsmerkmal des Zustandekommens internationaler Gerichtsstandsvereinbarungen eine Frage der Tatsache, nicht des Werturteils. Es kommt nicht darauf an, ob die Vereinbarung das Ergebnis einer tatsächlichen Gleichstellung der Parteien ist. Ist die Vereinbarung die direkte Folge der wirtschaftlichen oder gesellschaftlichen Überlegenheit einer Partei, die ihre Stellung dazu nützt, um den künftigen Prozeß im Inland unter wesentlich günstigeren Bedingungen zu führen, dann dürfte dieses Problem im Rahmen der Zulässigkeit von Gerichtsstandsvereinbarungen geprüft werden.[35] Gegenüber der sozialpolitischen Betrachtungsweise, die bereits unmittelbar aus der Vereinbarung den Schutz der schwächeren Vertragspartei ableitet, ist darüber hinaus zu betonen, daß jedenfalls der Hauptzweck dieser Gesetzesbestimmungen fordert, die Grenze der Relevanz der Parteiautonomie über den internationalen Gerichtsstand nicht auf die Gewährleistung der Gleichstellung beider Parteien auszudehnen. Diese Auslegung stützt sich auf eine gesetzliche Grundlage. Was die autonome deutsche ZPO anbelangt, geht die Vorschrift von dem eindeutig differenzierenden Standpunkt in dem Regelungssinn zwischen der örtlichen und internationalen Zuständigkeit aus. Die Gerichts-

---

33 Statt aller *Schlosser*, RIW 1984, 911.

34 ebenda.

35 Dazu siehe *Kropholler*, EZPR, Art. 17 Rn. 72.

standsnovelle hat in § 38 I ZPO die Unterscheidung zwischen dem grundsätzlichen Prorogationsverbot und der Prorogationsfreiheit als Ausnahmetatbestand von Schutzbedürftigkeit der Vertragsparteien abhängig gemacht. Bei der internationalen Gerichtsstandsvereinbarung nach § 38 II ZPO kommt es dagegen nicht darauf an, welche Personen eine internationale Gerichtsstandsvereinbarung abschließen. § 38 II ZPO betrifft daher Kaufleute und Nichtkaufleute in gleicher Weise, was zur Folge hat, daß die Vorschrift des § 38 I ZPO auf den innerstaatlichen Rechtsverkehr zu beschränken ist.[36] Dies gilt auch für die besonderen arbeitsrechtlichen Anforderungen an Abreden über die internationale Zuständigkeit. Nach der neuen Gerichtsstands-novelle rechtfertigt sich die vom BAG entwickelte Anforderung nicht mehr, daß die Schutzbedürftigkeit des Arbeitnehmers die Vereinbarungsbefugnis der Prozeßparteien im Einzelfall verdrängen kann.[37]

Daraus kann man schließen, daß der innerstaatliche rechtspolitische Schutzgedanke nicht in den Bereich der internationalen Gerichtsstandsvereinbarung aufgenommen und dadurch die internationalen Gerichtsstandsvereinbarung der örtlichen gegenübergestellt wurde. Dies wird deutlicher bei Art. 17 EuGVÜ, der für die internationalen Gerichtsstandsvereinbarunge die Einhaltung der Formerfordernisse verlangt, unabhängig davon, ob die Parteien Vollkaufleute sind oder nicht, um im Interesse des internationalen Rechtsverkehrs eine einheitliche Formvorschrift für internationale Gerichtsstandsvereinbarung aufzustellen. Von der Besonderheit der internationalen Gerichtsstandsvereinbarung gegenüber der örtlichen her ist es geboten, die Stellungnahme des EuGH mit dem Interesse des internationalen Rechtsverkehrs zu verknüpfen, wenn er im Fall *Berghoefer/ASA*[38] der schriftlichen Bestätigung die

---

36 So OLG Nürnberg, NJW 1985, 1296f; OLG München NJW 1982, 1951; AG Berlin-Charlottenberg NJW 1975, 502 m. abl. Anm. *Putzo* und *Samtleben* S. 1606; *Lindacher*, FS Habscheid 1989, 167, 169 Fn. 13; *Zöller/ Vollkommer*, § 38 Rn. 25; *Wieczorek*, § 38 Anm. C I d 1; *Diederichsen*, BB 1974, 379 und 380; *Sandrock/ Jung/ Sandrock*, E Rn. 30; *Jung*, S. 99 ff.. Die im Schrifttum überwiegend vertretene andere Ansicht versteht dagegen unter § 38 II ZPO keine abschließende Sonderregelung für die internationale Gerichtsstands-vereinbarung und geht daher von der Maßgeblichkeit von § 38 I ZPO für die internationale Gerichtsstandsvereinbarung aus: *Katholnigg*, BB 1974, 395; *Löwe*, NJW 1974, 475; *Samtleben*, NJW 1974, 1595; *Geimer*, IZPR, Rn. 1606; *Zöller/ Geimer*, IZPR, Rn. 25; *Schütze*, DIZPR, S. 51; *Kropholler*, Handbuch IZVR I Kap. III, Rn. 497f; *Reithmann/ Martiny/ Hausmann*, Rn. 1238; *Thomas/ Putzo*, § 38, Anm. 2a; *Röhl*, Alternativkommentar zur ZPO, § 38 Rn. 10; *Linke*, IZPR Rn. 186; *Prinzing*; IPRax 1990, 83, 84; *Stein/ Jonas/ Bork*, § 38 Rn. 11; MüchKomm/ *Martiny*, IPR, Rn. 79 Fn. 161 vor Art. 27 EGBGB; *Rosenberg/ Schwab/ Gottwald*, ZPR, § 37 I 2 (S. 183).

37 So *Stein /Jonas/ Bork*, § 38 Rn. 75; BAG AP Nr. zu § 38 ZPO; BAG AP Nr. 8 zu § 38 ZPO.

38 EuGH, RIW 1984. 909.

Schutzfunktion für diejenige Partei, der die Gerichtsstandsvereinbarung entgegengehalten werden soll, verweigerte und entschied, daß es gleichgültig sei, welche Partei die mündliche Vereinbarung schriftlich bestätigt hat.

(cc) Die Lehre von der Wirksamkeitsvoraussetzung erfordert darüber hinaus komplizierte Konstruktionen, um eine Einführung von unangemessenen Gerichtsstandsklauseln in den Vertrag abzulehnen. Betrachten wir dafür die halbe Schriftlichkeit : Ist etwa eine mündliche Vereinbarung getroffen worden, so stellt sich zunächst die Frage, ob sie überhaupt als Willenseinigung anzusehen ist und diese durch die zusätzliche schriftliche Bestätigung erfaßbar ist. Dabei macht die Lehre die schriftliche Bestätigung vom materiellen Vorliegen einer Einigung über die Gerichtsstandsklausel abhängig. An die schriftliche Bestätigung wird andererseits die zusätzliche Anforderung gestellt, daß eine inhaltliche Identität mit der mündlichen Vereinbarung besteht, ohne daran eine Vermutung anzuknüpfen. Diese Konstellation erfordert damit ein kumulatives Prüfungsverfahren, eine Kumulation, wie sie im Zusammenhang mit dem Verlangen nach Austausch von Bestätigungsschreiben im Fall *Segoura v. Bonakdarian* sicher überflüssig ist. Folgert man aus dem Erfordernis der Gegenbestätigung, daß eine schriftliche Bestätigung auf den mündlichen Vertragsschluß Bezug nehmen und dabei ausdrücklich[39] auf die Gerichtsstandsklausel hinweisen müsse, so könnte man zum gleichen Ergebnis durch die Prüfung des Vorliegens einer schriftlichen Bestätigung gelangen.

---

39 Nach h. M. braucht auf die Gerichtsstandsklausel sowohl beim mündlichen Vertragsschluß als auch beim wechselseitig schriftlichen nicht notwendigerweise ausdrücklich hingewiesen zu werden. Sie beruft sich dafür auf einen Gegenschluß aus Art. I Abs. 2 des Protokolls zum EuGVÜ vom 27. 9. 1968 i.d. F. von 7. 10. 1978. und 25. 10. 1982 (*Hoffmann*, AWD 1973, 57, 62; *Jung*, S. 158), oder auf den Entscheidungsgrund des EuGH in der Rechtssache 25/76 (*Sandrock / Jung/ Sandrock*, E Rn. 138 Fn. 185; *Geimer/ Schütze*, I/1, S. 487 Fn. 62 ; *Kropholler*, EZPR, Rn. 32 Fn. 199 zu § 17 EuGVÜ). Diese Argumentationen überzeugen jedoch nicht. Für eine Erstreckung des Umkehrschlusses auf die mündliche Vereinbarung bestehen keine Anhaltspunkte. Denn bei einer mündlichen Vereinbarung kaum anders als bei der schriftlichen keine Grundlage für die Willenseinigung über einen Prozeßvertrag vorhanden sein, wenn dabei nicht direkt mindestens darauf hingewiesen worden ist, daß die AGB eine Gerichtsstandsklausel enthalten. Sachgerechter erscheint es m. E. daher, aus dem gesetzlichen Ausdruck " Bestätigung " zu folgern, daß damit der Gesetzgeber die Besonderheit der Mündlichkeit zu berücksichtigen versuchte. (so im Ergebnis H. *Schmidt* ZZP 103 (1990) 91, 98). Dieses Prinzip der Ausdrücklichkeit der Bestätigung gilt allerdings nicht, wenn der mündliche Vertragsschluß im Rahmen laufender Geschäftsbeziehungen erfolgt, die zwischen den Parteien auf der Grundlage der eine Gerechtsstandsklausel enthaltenden allgemeinen Geschäftsbedingungen einer Partei bestehen. Das oben erwähnte Urteil des EuGH, auf das die h. M. weitgehend zurückgeht, betrifft schlechthin diese Ausnahme (vgl. *Jung*, S.166).

Dieser Umweg stützt sich ebensowenig auf einen praktischen Grund. Angesichts der Tatsache, daß die mündliche Einigung auf eine Gerichtsstandsklausel in AGB in der Praxis nur schwer zu beweisen sein dürfte, wird man die praktische Brauchbarkeit der materiellen Prüfung über die mündlichen Vereinbarung schwer begründen können.

(c) Kritik des kollisionsrechtlichen Anknüpfungsmoments

Da die Vereinbarung über den internationalen Gerichtsstand nach der Lehre von der Wirksamkeitsvoraussetzung materielle Voraussetzung für deren Zustandekommen ist, sei sie nach der lex causae, d. h. nach dem auf den Vertrag anwendbaren materiellen Recht zu beurteilen, während ihre Zulässigkeit und Wirkungen sich ausschließlich nach der lex fori richten. Was das Formerfordernis angeht, gehe es um eine in dem Gesetz ausdrücklich geregelte Formvorschrift. Überwiegend gelangt die Lehre zu dem mit der streng materiellrechtlichen Theorie über die Rechtsnatur der Gerichtsstandsvereinbarung übereinstimmenden Ergebnis, für die Formerfordernisse gelte das lex fori- Prinzip, weil das Gesetz, anders als hinsichtlich des Zustandekommens der Gerichtsstandsvereinbarung, eine ausdrückliche Bestimmung enthalte.[40] Auch diesem Ansatz liegt die Vorstellung einer Trennung von Vereinbarung und Formerfordernis zugrunde. Das zeigt sich deutlich an dem Vergleich der materiellen Form der Vereinbarung gemäß Art. 11 EGBGB mit der Form als prozessualer Wirksamkeitsvoraussetzung bei der internationalen Gerichtsstandsvereinbarung.[41] Möglicherweise wollte die Lehre unter Hinweis auf die Ausnahme von der Konstruktion einer stillschweigenden Verweisung des Prozeßrechts auf das materielle Recht die prozeßrechtlich geregelte Formvorschrift mit dem lex fori -Grundsatz des internationalen Zivilprozeßrechts reimen lassen, die sonst als Standard für die Vereinbarung mit dieser der lex causae unterläge. Dagegen besteht im Ergebnis kein Bedenken. Problematisch sind aber die Aufspaltung der einheitlichen Vorgänge des Vertragsschlusses und damit die gelegentlich separate Verweisung der Vereinbarung und Form auf unterschiedliche Rechtsordnungen. Dies würde weder dem Interesse der Parteien noch dem des internationalen Rechtsverkehrs gerecht. Es liegt nahe, daß dadurch der Vertragsschluß kompliziert wird. Insbesondere wäre es lebensfremd anzunehmen, die Parteien wollten das wirksamen Zustandekommen einer Gerichtsstandsvereinbarung verschiedenen Rechtsordnungen unterstellen. Auch das

---

40 S. BGHZ 59, 23 29; BGH NJW 1986, 1438 m. Anm. *Geimer*; BGH IPRax 1990, 41 m. Anm. *Schack* (19).

41 S. *Schack,* IPRax 1990, 19, 20.

zunehmende Wechselspiel von Vereinbarung und Form spricht gegen das Trennungskonzept.

Es erscheint deshalb sachgerecht, den gesamten Vertragskomplex einheitlich zu beurteilen. Dafür ist konsequenterweise auf die Rechtsnatur der Vereinbarung zurückzugreifen, weil die differenzierende Anknüpfungskonstruktion innerhalb des Zustandekommens einer Gerichtsstandsvereinbarung an der Verbindung mit der Rechtsnatur der Vereinbarung, wo jeweils eine einheitliche Anknüpfung erfordert ist,[42] scheitert. Damit ergeben sich für die einheitliche Anknüpfung für das Zustandekommen der Gerichtsstandsvereinbarung zwei Alternativen: Entweder eine Anknüpfung mit Blick auf den Prozeßvertrag, oder die andere mit Blick auf die materiellrechtliche Qualifikation. Auch das Zustandekommen der Gerichtsstandsvereinbarung sollte, wie unten erörtert wird, der lex fori unterliegen, indem die Vereinbarung in ihrer Verquickung mit der Form prozeßrechtlich konzipiert wird.

II. Die Möglichkeit der rechtlichen Einordnung des Formerfordernisses als positiven Tatbestandsmerkmals des Zustandekommens der Vereinbarung

1. Auf dem Weg zur Abstraktheit der internationalen Vereinbarung von materiellen Willenserklärungen

Läßt sich das Zustandekommen einer internationalen Gerichtsstandsvereinbarung mit den herkömmlichen Formkategorien demnach nur unzulänglich erfassen, so liegt es nahe, die Funktion bzw. Bedeutung des Formgebots im internationalen Rechtsverkehr erneut zu überprüfen. Dieser Gedanke liegt der Lehre von der Wirksamkeitsvoraussetzung nicht fern. Man erinnerte sich an die vielfach erwähnten "unlösbaren Zusammenhänge zwischen Form und Willeneinigung", aufgrund derer das Einigungsstatut ohne Rückgriff auf das nationale IPR einheitlich für alle Vertragsstaaten bestimmt werden konnte,[43] an die von *Ebenroth* zugesprochene Vermutungskraft des kaufmännischen Bestätigungsschreibens für eine mündliche Vereinbarung.[44] Und auch die Ergänzung von Art. 17 Abs. 1 EuGVÜ durch das Beitrittsübereinkommen von

---

[42] Vgl. aber *Geimer*, IZPR, Rn. 1677.

[43] *Kropholler*, EZPR, Art. 17 Rn. 16; *Bülow/ Böckstiegel/ Müller*, Art. 17 EuGVÜ Anm. III 1, S. 606- 145.

[44] *Ebenroth*, ZVglRWiss 1978, 161, 181.

1978 läßt sich als ein erneuter Versuch interpretieren, die Vereinbarung in der Form einheitlich zu begreifen.

Deuten diese innerhalb des EuGVÜ aufgestellten Denkanstöße die allgemeinen Eigenheiten an, die dem Institut der internationalen Gerichtsstandsvereinbarung gebühren? Weisen diese weitgehend von einer Materialisierung der Form geprägten Ansätze nämlich darauf hin, daß die internationale Vereinbarung von der materiellen Willenserklärung um so mehr abstrahiert wird, als sie in einer weltweit generalisierten und typisierten Form allein wahrhaft die rechtliche Relevanz für sich in Anspruch nehmen könne? Kommt daher der Form die Rechtstellung eines Tatbestandsmerkmals des Vertragsschlusses zu?

Bei der Entscheidung der hier aufgeworfenen Fragen sollen die folgenden Überlegungen den engen Zusammenhang zwischen Vereinbarung und Form ein Stück weiter vorantreiben. Dabei sollen vor allem zwei Aspekte, die eine den internationalen Gerichtsstandsvereinbarungen entsprechende "Entwicklungshöhe" aufweisen, näher betrachtet werden: zunächst einmal die Frage, ob wirklich der Formzwang dem internationalen Rechtsverkehr im Wege steht; sodann die andere, inwieweit die Problematik des Verhältnisses von Vereinbarung und Form im Licht von Wandlungen der Willenserklärungstheorie erklärt werden kann.

2. Der Formzwang bei internationalen Vereinbarungen

In den Motiven zu dem Entwurf des BGB haben die Verfasser des BGB das Unbehagen an dem Formzwang wie folgt begründet: "Die Gründe für und wider bedürfen einer um so ernsteren Prüfung, als es sich um eine Lebensfrage für den Verkehr handelt.[45] ...Der Hauptgrund, der gegen den Formzwang spricht, ist die mit demselben verbundene Verkehrserschwerung. Der Verkehr erfordert gegenwärtig mehr denn je Bewegungsfreiheit. Der Verkehr läßt sich auch nicht meistern."[46] Andererseits finden sich darin auch die Worte; "Die Verwerfung des Formzwangs als Regel schließt nicht aus, daß für einzelne Rechtsgeschäfte oder einzelne Akte derselben eine Form vorgeschrieben und deren Beobachtung zur Bedingung der Gültigkeit gemacht wird."[47] Einer solchen Nützlichkeit der privaten Schutzform hat

45 BGB- Mot. I, 179.

46 BGB- Mot. I, 180.

47 ebenda.

der von Massenproduktion und Massenumsatz geführte Geschäftsverkehr einen neuen Aufschwung gegeben, was im Verhältnis zur Gerichtsstandsvereinbarung im Grundsatz zu einem Prorogationsverbot führte. Dazu wurde die Schutzfunktion des Formzwangs herangezogen. Diese gilt jedoch, wie schon gezeigt, nicht unmittelbar bei der internationalen Gerichtsstandsvereinbarung. Bei dem internationalen Rechtsverkehr muß es sich vielmehr um eine Form handeln, anhand der das internationale Rechtsgeschäft ohne Rücksicht auf die unterschiedlichen Rechtsordnungen einheitlich ausgestaltet bzw. ausgelegt werden kann. Damit die internationale Gerichtsstandsvereinbarung eines der zuverlässigsten Mittel für den internationalen Rechtsverkehr, eine einheitliche Zuständigkeitsordnung für alle Staaten zu schaffen, sein und bleiben kann, ist es geboten, sich die internationale Gerichtsstandsvereinbarung von dem nationalen autoritären Zuständigkeitsrecht absichern zu lassen. Dieses Ziel bliebe unerreicht, wenn die Beurteilung der Vereinbarung durch den Rekurs auf das autonome materielle Recht relativiert würde. An diesem Punkte schaltet sich die Form ein, indem sie die materielle Willenserklärung prozeßrechtlich typisiert. Die Gefahr divergiernder kollisionsrechtlicher Anknüpfung der Vereinbarung wird dort erst ausgeschaltet, wo eine Willensübereinstimmung durch ihre Formgemäßigkeit prozeßrechtlich relevant ist. In diesem Sinne ist die Wahrung der Formerfordernisse eine tatbestandliche Voraussetzung für eine prozeßrechtliche Vereinbarung. Formerfordernisse, deren Beobachtung auf das Zustandekommen eines Prozeßvertrags gerichtet ist, fördern insoweit den internationalen Austausch durch Abbau verkehrshemmender Rechtsunterschiede, als die Vereinbarung mit Hilfe der Formmäßigkeit von dem materiellen Bereich in den prozeßrechtlichen übergeht. Die dadurch bewirkte Verkehrserleichterung wird um so auffälliger, wenn man sich daran erinnert, daß der inzwischen heftig kritisierte "überspitzte Formalismus" hauptsächlich aus der materiellen Überprüfung der Vereinbarung stammt.

Eine solche Interpretation, die durch die Wahrung der Formerfordernisse zur Fiktion einer prozeßrechtlichen Vereinbarung gelangt, ist auch im Hinblick auf den aus der Entstehungsgeschichte abzuleitenden Sinn und Zweck der Formvorschrift geboten. Dieser ist -worauf *Kropholler* zutreffend hinweist- zunehmend davon geprägt, Willenseinigung und Form durch Erweiterung dieser Funktion weitgehendst zu identifizieren. Am Anfang der Gesetzgebung wurde die Frage der rechtlichen Bedeutung der Schriftform offengelassen, die in einigen Ländern lediglich zu Beweiszwecken erforderlich, in anderen hingegen für die Gültigkeit der Vereinbarung unerläßlich ist.[48] Hätte man in einer dieser Bewertungen oder in beiden eine berechtigte Darstellung der Rechtsnatur der Form gesehen, dann hätte man sich dafür ausdrücklich aussprechen müssen, um die einheitliche Auslegung der Vorschrift in den Vertragsstaaten nicht an einem derartigen rechtlichen Unterschied scheitern zu lassen. Aus diesem Unterlassen darf man daher schließen, daß der Gesetzgeber davon absieht, die Einhaltung der Formerfordernisse als eine Wirksamkeitsbedingung und damit als Beweis für das Zustandekommen zu verlangen. Erforderlich ist dann konsequenterweise eine Korrektur der Formfunktion gemäß dem Sinn der internationalen Gerichtsstandsvereinbarung. Dabei ist vor allem von dem Wortlaut der gesetzlichen Bestimmung auszugehen.

Da § 38 II ZPO und Art. 17 I EuGVÜ zur Bestimmung der Willenseinigung lediglich Formerfordernisse vorsehen, wird deren Einhaltung rechtlich als ein unentbehrlicher Faktor für den Vertragsschluß konzipiert. Die Form ist hier das einzige Moment für das Vorliegen der Vereinbarung im Sinne des Prozeßvertrages; ihre Bedeutung ist allein darin zu sehe, daß sie tatsächlich vorliegt. Sie ist daher als solche wertindifferent, d. h. sie kann nicht mehr etwa zum Schutz der schwächeren Partei verwendet werden. Darin kann man einen wesentlichen Unterschied der Formfunktion zwischen der internationalen Gerichtsstandsvereinbarung und der örtlichen erblicken, in dem bei letzterer die Formerfordernisse etwa in § 38 Abs. 1 und 2 ZPO bezüglich der innerstaatlichen Rechtspolitik gar nicht oder nur indirekt in den Vertragsschluß einbezogen sind. Hierin liegt ein Grund, die Funktion der Form dahingehend auszulegen, daß dem nationalen Zuständigkeitsrecht verwehrt, in das Institut der internationalen Gerichtsstandsvereinbarung einzugreifen. Auch darin liegt die Rechtfertigung dafür, daß § 38 Abs. 2 ZPO durch seine Nachbildung des § 17 EuGVÜ von der Doppelfunktion der örtlichen Zuständigkeit abgewichen ist.

3. Das Verhältnis von Einigung und Form im Licht von Wandlungen der Willenserklärungstheorie

Mit der Einfügung des Art. 17 I 2 durch das 1. Beitrittsübereinkommen 1978 wurde die Einigung weitgehend mit der Form verquickt. Denn bei der neugefaßten dritten Möglichkeit "··· Einigung in einer Form, die den internationalen Handelsbräuchen entspricht ···" ist das untrennbare Geflecht von Einigung und Form leicht zu erkennen. Im Hinblick darauf hat ein Teil in Schrifttum[49] gefordert, daß Satz 1 und 2 des Art.

---

48 *Jenard*-Bericht, S. 37.

49 *Kropholler*, EZPR, Art. 17 Rn. 21; *Roth*, ZZP 93 (1980), 162; *Schmidt,* RIW 1992, 175

17 Abs. 1 EuGVÜ als eine Einheit zu begreifen seien und diese sich auf die materielle Willenseinigung bezögen. Für eine effektive Korrektur einer restriktiven Linie der Rechtsprechung des EuGH zum Tatbestandsmerkmal "Vereinbarung" hätte die Lehre von der Wirksamkeitsvoraussetzung, die von der Trennung von Einigung und Form ausgeht, unter der neueingefügten Variante mehr als eine bloße Formregelung verstehen müssen.

Für den Kernbereich des wechselseitigen Verhältnisses von Einigung und Form trifft dieser Ansatz zu. Gegen die Beschränkung der Einheit von Satz 1 und Satz 2 auf die materielle Einigung spricht jedoch die Neufassung des EuGVÜ 1978. Wie schon oben ausgeführt, verwandelt sich die materielle Willenseinigung mit ihrer Formmäßigkeit in eine prozeßrechtliche Vereinbarung. Und in diesem Sinne kann man von einem Wechselspiel von Einigung und Form sprechen. Erst recht bei der dritten Alternative des Abs. 1 S. 2 ist die Vereinbarung weitgehend hinter die Form zurückgetreten. Vom Aspekt des Vertragsschlusses kommen die internationalen Handelsbräuche in ihren Auswirkungen der Willensübereinstimmung gleich. Denn für das Vorliegen der Voraussetzungen für das Zustandekommen einer internationalen Gerichtsstandsvereinbarung ist die Vereinbarung durch den Handelsbrauch als eine Form ersetzt worden. Insoweit kommt der Form mehr als bloße Vermutungskraft zu. Die Form ist hier nämlich eine Fiktion für das Vorliegen der Vereinbarung. Hinsichtlich des Kennenmüssens ist das Zustandekommen einer internationalen Gerichtsstandsvereinbarung von der Vereinbarung noch weiter abstrahiert. Dies beruht auf der zunehmenden Bedeutung der Form, der die internationale Gerichtsstandsvereinbarung nur mit größerer Funktionsdifferenzierung gerecht werden kann. Dabei scheint mir die zunehmende Komplexität des grenzüberschreitenden Austauschs von Waren und Personen in einer modernen Industriegesellschaft entscheidend zu sein. Darüber hinaus hängt die Form als Surrogat der Vereinbarung mit dem auf die Willenserklärungstheorie bezogenen Wandlungsprozeß einer fortschreitenden Loslösung der Willenserklärung von eher subjektiv - psychologischen Elementen und der zunehmenden Hinwendung zu sozialtypisierenden objektiven Elementen zusammen. Nach einer kritischen Betrachtung der Grundlage der Willenserklärungstheorie wird diese um objektive Elemente erweitert und darum folgen einige Überlegungen zur Typisierung im heutigen Vertragsrecht, die die traditionellen Vertragstypen überlagern.[50] Dabei wird sich die Willenserklärungstheorie weitgehend von der klassischen Subjektbindung entfernen; stattdessen stehen die auf die

[50] Statt aller AKBGB / *Hart*, vor § 116 BGB Rn. 113 ff..

verschiedenen Erklärungssituationen ausgerichteten Typisierungen von Erwartungshaltungen im Vordergrund. Mag diese Tendenz auch regelmäßig bereichsspezifisch erfolgen und damit dieser Bereich unter ein rechtsgeschäftliches Sonderprivatrecht gestellt werden können,[51] werden daraus Folgerungen für die Auslegung der formbedürftigen Erklärungen gezogen, weil die Willenserklärung durch den Formzwang aufs Effektivste typisiert werden kann. So geht die von der Rechtsprechung praktizierte und im Schrifttum überwiegend gebilligte Andeutungstheorie zur Auslegung von (öffentlichen oder eigenhändigen) Testamenten und (notariell beurkundeten) Grundstückskaufverträgen von einer objektiven Betrachtungsweise aus, d. h. setzt der Auslegung, also der Ermittlung des vom Erklärenden Gewollten, eine Grenze durch das formgerecht Erklärte.[52] Da die Lehre bei formbedürftigen Willenserklärungen indes weitgehend vom Hauptzweck der betreffenden Formvorschrift differenziert ausgeht,[53] ist die Frage, ob und inwieweit die Auslegung der Vereinbarung über den Gerichtsstand von der Form abhängig ist, nach dem Formzweck zu entscheiden. Bei der internationalen Gerichtsstandsvereinbarung richtet sich der Formzweck vornehmlich oder zumindest gleichwertig mit den Parteiinteressen, wie mehrmals ausgeführt, auf das Interesse an der Leichtigkeit des internationalen Rechtsverkehrs. Dieser kann durch die Typisierung der Willenserklärung oder des Vertragsschlusses mittels Formzwang entgegen dessen negativer Bewertung beträchtlich gewährleistet werden. Eine solche Typisierungstendenz in der Willenserklärung bzw. der Willensübereinstimmung bietet die Verbreitung Allgemeiner Geschäftsbedingungen, eine andere die Handelsbräuche im Sinne der dritten Formvariante. Im übrigen hat die Unterteilung der subjektiven Elemente sowie die Folgen des Fehlens einzelner Tatbestandselemente ("Gültigkeit"), worauf die Lehre von der Wirksamkeitsvoraussetzung trotz ihres Ausgangspunkts von Trennung der Form und Einigung beruht, dadurch ihre Grundlage verloren, daß die Rechtsprechung tendenziell das Erklärungsbewußtsein aus den Erklärungstatbeständen und damit aus dem Zustandekommen der rechtlichen Bindungswirkung zum zugerechneten Erklärungsinhalt ausschließt.[54] Es ist daher eine die verkehrstypisierende

---

[51] Dazu *Damm*, JZ 1978, 173; *Schmidt*, JZ 1980, 153; *Rebe*, JA 1978, 391; *Dauner-Lieb*, DB 1985, 1063.

[52] Vgl. aber BGHZ 86, 41, 45; BGHZ 87, 150, 153, wo unter Berufung auf Trennung zwischen Auslegung und Form die Auslegung für alle Willenserklärungen, sei es formgebunden oder nicht, einheitlich durchgeführt wird.

[53] *Larenz*, AT/ BGB, §19 II c; *Medicus*, AT/ BGB, Rn. 331; *Köhler*, AT/ BGB, §16 IV 4.

[54] BGHZ 91, 524 = NJW 1984, 2279 m. Anm. *Canaris* = JZ 1984, 984 m. Anm. *Ahrens* = JR 1985, 12 m. Anm. *Schubert*; *Emmerich*, JuS 1984, 971; *Brehmer*, JuS 1986, 440.

Willenseinigung repräsentierende Formkonstruktion zu entwickeln, die international rechtsverkehrschützenden Konzeptionen zur Durchsetzung verhilft.

Aus jener Typisierung ergeben sich praktische Folgerungen. Insbesondere hat die Verwendung elektronischer Medien wie namentlich Telex, Telefax und Datenfernübertragung mittels Computer eine sehr ambivalente Entwicklung der Beurteilung eines Vertragsschlusses zur Folge. Bei der Anwendung der neuen Kommunikationstechniken erfolgen regelmäßig mündliche Vereinbarungen als Folge einer Verhandlung, in welcher die Parteien oder ihre Vertreter die technischen Hilfsmittel verwenden. Die mündliche Vereinbarung hat insoweit im internationalen Rechtsverkehr an Bedeutung verloren. Augenfällig wird dies freilich in der dritten Alternative des Abs. 1. S. 2 des § 17 EuGVÜ. Die praktische Bedeutung dieser Vorschrift liegt nicht schlechthin bei ihrer Anwendung auf das kaufmännische Bestätigungsschreiben. Der typisierte Handelsbrauch ersetzt hier kraft Form die Willenseinigung zwischen den Parteien; das Verkehrsinteresse siegt dann über das Parteiinteresse. Dafür bleibt eine Fiktion: Der Handelsbrauch muß als bekannt anzusehen sein. Gleichwohl kann es daher keinen Zweifel geben, daß die Vereinbarung über den Gerichtsstand der Form selbst und nur dieser entnommen werden muß. Schließlich kann man somit von einer Materialisierung der Form sprechen. *Insoweit ist davon auszugehen, daß die herrschende Ansicht, es komme bei Gerichtsstandsklauseln neben der Einhaltung der Formerfordernisse, wesentlich auf das Zustandekommen einer Einigung zwischen den Parteien an, durch die Änderung des Art. 17 Abs. 1 EuGVÜ überholt ist.*

§. 4. Die Anknüpfung des Zustandekommens einer internationalen Gerichtsstandsvereinbarung an die lex causae

I. Überblick des Anknüpfungsstreits

Das Bedürfnis nach einer solchen Materialisierung der Form ergibt sich auch aus dem kollisionsrechtlichen Aspekt der internationalen Gerichtsstandsvereinbarung, bei dem nach dem auf den Vertragsabschluß anwendbaren Recht gefragt wird. Bei Streit vor einem angerufenen Gericht darüber, ob dessen internationale Zuständigkeit aufgrund einer Prorogation gegeben ist, oder ob die an sich bestehende internationale Zuständigkeit durch eine Derogation ausgeschlossen wurde, hat das angerufene Gericht selbst das Zustandekommen,[55] die Zulässigkeit und die Wirkungen solcher Verträge zu prüfen. Dabei befaßt es sich auch mit der Frage, welche Rechtsordnung für den konkreten Fall heranzuziehen ist.

Was das Zustandekommen internationaler Gerichtsstandsvereinbarungen betrifft, stehen sich im wesentlichen drei Meinungen gegenüber. Nach der lex fori-Theorie ist eine internationale Gerichtsstandsvereinbarung sowohl hinsichtlich ihrer Voraussetzungen als auch ihrer Wirkungen ausschließlich nach der lex fori des angerufenen Gerichts zu beurteilen.[56] Die Gegenmeinung will dagegen ausgehend von der Anknüpfungsspaltung bei internationalen Gerichtsstandsvereinbarungen deren Zustandekommen dem Vertragsstatut, d. h. in der Regel der lex causae des Hauptvertrages unterstellen.[57] Eine andere vermittelnde Auffassung für ein besonderes Prorogationsstatut geht zunächst vom lex fori-Prinzip aus, will es aber

---

55 *Rosenberg/ Schwab/ Gottwald*, ZPR, § 20 II 2; BGH NJW 1986, 1438.

56 *Staudinger/ Firsching*, vor Art. 12 EGBGB Rn. 184 ; *Matscher*, S. 68; *Habscheid*, FS Schima 1969, 175, 188; *Kornblum*, FamRZ 1973, 423; *Schiedermair*, S. 136 ff.. u. S. 163f; OLG Saarbrücken NJW - RR 1989, 828 = IPRspr. 1988 Nr. 162.

57 *Kropholler*, Handbuch IZVR I Kap. III, Rn. 477, 482ff; ders, IPR, S. 497 ; *Soergel/ Kegel*, vor Art. 7 EGBGB, Rn. 614; *Stein/ Jonas/ Bork*, § 38 Rn. 13 ; *Schack*, IZVR, Rn. 444 ; *Baumbach/ Lauterbach/ Albers/ Hartmann*, § 38 Anm. 2A; *Thomas/ Putzo*, Vorbem. 46 zu § 38; *Palandt/ Heldrich*, BGB vorbem. 6V vor Art. 12 EGBGB; *Nagel*, IZPR, IV Rn. 123; *Mezger*, FS Wengler II 1973, 541, 558f; *Sandrock/ Jung/ Sandrock*, E Rn. 17, 18; *Roth*, ZZP 93 (1980), 156, 166; *Schütze*, DIZPR, S. 47; MünchK/ *Martiny*, IPR, Rn. 74 vor Art. 27 EGBGB; *Zöller/ Vollkommer*, Art. 38 Rn. 5; *Rosenberg/ Schwab/ Gottwald*, ZPR, § 20 II 2; *Lando*, aaO., S. 31 ff..

hinsichtlich der Abschlußvoraussetzungen in bestimmten Fällen zugunsten der Anwendung ausländi-schen Rechts aufweichen.[58]

Die lex causae Anknüpfung für den Vertragsschluß entspricht zwar allgemeiner Meinung, doch überzeugt die übliche Begründung dieser Anknüpfung, die Fragen des Zustandekommens der Prorogation seien nicht in dem Zivilprozeßrecht geregelt, wenig, zumal in bezug auf die Rechtsnatur der internationalen Gerichtsstandsvereinbarung und angesichts der Notwendigkeit einer einheitlichen, autonomen Auslegung einer internationalen Gerichtsstandsvereinbarung. Ebensowenig ist das Argument überzeugend, daß sich praktische Folgen aus der Meinungsverschiedenheit nicht ergeben, weil auch die Vertreter der lex fori-Theorie überwiegend zu einem mit der lex causae-Theorie übereinstimmenden Ergebnis gelangen, da das deutsche Verfahrensrecht keine Regeln über das Zustandekommen von Vereinbarungen enthält und man deshalb ohnehin auf die Regeln des materiellen Rechts zurückgreifen müsse.[59] Insoweit könnte man sagen, daß der Streit über das maßgebliche Statut für das Zustandekommen einer internationalen Gerichtsstandsvereinbarung an Bedeutung verliert. Für die Rechtsnatur internationaler Gerichtsstandsvereinbarungen trifft dies sicher zu,[60] die Gerichtsstandsvereinbarung hat sich als eine prozessuale Vereinbarung erwiesen. Im Zusammenhang mit der Bedeutung der Form von internationalen Gerichtsstandsvereinbarungen hat die Streitfrage nach der Anknüpfung auch heute noch einige Berechtigung. Erst wenn man die Frage der Bedeutung der Form als tatbestandliches Merkmal für den Vertragsabschluß ernst nehmen würde, würde man zu einer sachgerechten und widerspruchsfreien Lösung für die Anknüpfung der internationalen Gerichtsstandsvereinbarung gelangen.

---

58 *Geimer*, NJW 1971, 324, NJW 1972, 391; *Geimer*, IZPR, Rn. 1677.

59 So aber *Hausmann*, FS W. Lorenz 1991, 359, 364; *Roth*, S.164 ; BAG IPRax 1985, 276, 279.

60 So *Roth*, S. 164 aus der Sicht der Interessenjurisprudenz; W. *Lorenz*, IPRax 1989, 22, 23 spricht bezüglich der Auslegung einer Vereinbarung über den Gerichtsstand von einer " übertreibenden dogmatischen Zuspitzung " der Anknüpfungsmomente.

II. Bedenken gegen die lex causae-Anknüpfung des Zustandekommens internationaler Gerichtsstandsvereinbarungen

1. Abweichende Lehre: die kollisionsrechtliche Betrachtungsweise

Unter Berufung auf die Zwitterstellung der Gerichtsstandsvereinbarungen herrscht in der Zivilprozeßrechtswissenschaft eine Lehre vor, die internationale Gerichtsstandsvereinbarungen an zwei unterschiedliche Rechtsordnungen anknüpft: an die lex causae auf der einen Seite und an die lex fori auf der anderen. Für das Zustandekommen internationaler Gerichtsstandsvereinbarungen leitet sie aus ihrem privatautonomen Ursprung die Maßgeblichkeit der für internationale Schuldverträge geltenden Anknüpfungsregeln ab. Sie sieht -zumindest in der vorprozessualen- Gerichtsstandsvereinbarung eine rein materiellrechtliche Vereinbarung, die allein nach bürgerlichem Recht zu beurteilen ist. Obwohl die Gerichtsstandsvereinbarung prozessrechtliche Wirkungen hat, sollen sich die Voraussetzungen für die Wirksamkeit der Vereinbarung daher nach materiellem Recht richten. Welches materielle Recht bei einem Vertrag mit Auslandsberührung heranzuziehen ist, bestimmt sich nach den Grundsätzen des Internationalen Privatrechts. "Das Zustandekommen einer vor dem Prozeß getroffenen Gerichtsstandsvereinbarung richtet sich dagegen nach bürgerlichem Recht und damit gemäß den Regeln des Internationalen Privatrechts gegebenenfalls auch nach ausländischem bürgerlichen Recht. Dieser Standpunkt beruht auf der Erkenntnis, daß das deutsche Prozeßrecht keine Vorschriften über das Zustandekommen von Verträgen enthält. Damit verweist das Prozeßrecht hinsichtlich des Zustandekommens einer Gerichtsstandsvereinbarung stillschweigend auf die Bestimmungen des bürgerlichen Rechts über den Abschluß von Verträgen." (BGHZ 59, 23, 27. im Anschluß an BGHZ 49, 384).

Das Schuldstatut bestimmt sich in erster Linie nach dem ausdrücklichen Parteiwillen, somit nach der Vereinbarung der Parteien. Auch das Internationale Privatrecht macht diesen zum Ausgangspunkt für das Schuldstatut (Art. 27 EGBGB). Es geht dann um die Frage, nach welchem Recht die Wirksamkeit der Rechtswahl- und Gerichtsstandsklausel beurteilt werden soll. Nach dem von der Rechtsprechung entwickelten allgemeinen Grundsatz des Internationalen Privatrechts ist das Recht, dessen Anwendung nach der Rechts- und Gerichtswahlklausel gelten soll, maßgebend.[61] Für das Schuldstatut läßt sich daher auf die Rechtswahl- und Gerichtswahlklausel zurückgreifen. "Wenn die Gerichtsstandsvereinbarung vor dem Prozeß als Teil eines materiellrechtlichen Vertrages getroffen wird, dann erscheint es sachgerecht, die Frage, ob eine solche Vereinbarung zustande gekommen ist, nach dem allgemeinen Vertragsrecht *der* Rechtsordnung zu beurteilen, nach der sich auch das zugehörige, den Inhalt des gesamten Vertrages bildende materielle Rechtsverhältnis der Parteien richtet. Dies wird vor allem dann bedeutsam, wenn die für das materielle Rechtsverhältnis maßgebliche ausländische Rechtsordnung hinsichtlich der widerspruchslosen Entgegennahme von Auftragsbestätigungen und allgemeinen Geschäftsbedingungen strengere Anforderungen stellt als das deutsche Recht."(BGHZ 59,23, 27. im Anschluß an BGHZ 57, 72.) Diese Stellungnahme der Rechtsprechung hat ihre gesetzliche Bestätigung in dem durch das Gesetz zur Neuregelung des Internationalen Privatrechts vom 25. Juli 1986 neugefaßten Art. 31 EGBGB gefunden. Dieser sieht für vertragliche Schuldverhältnisse vor, daß das Zustandekommen und die Wirksamkeit des Vertrages oder einer seiner Bestimmungen sich nach dem Recht beurteilen, das anzuwenden wäre, wenn der Vertrag oder Bestimmung wirksam wäre,[62] d. h. nach dem Recht des gewählten Forums.

Eine wichtige Ausnahme vom Grundsatz der Maßgeblichkeit des Vertragsstatuts für das Zustandekommen einer Gerichtsstandsvereinbarung betrifft nach der lex causae-Theorie den Formbereich, da das Prorogationsstatut ausschließlich vom IZPR des berufenen Gerichts festgelegt wird und dieses, etwa das deutsche Verfahrensrecht oder das EuGVÜ, zur Form einer internationalen Gerichtsstandsvereinbarung eine Vorschrift enthält.[63] Obwohl die Form als eine Wirksamkeitsvoraussetzung sich auf den Vertragsschluß bezieht und als eine kollisionsrechtliche Norm qualifiziert werden kann, ist dazu nicht die lex causae des Hauptvertrages heranzuziehen. Denn die Form

---

61 Letzlich BGH U. v. 24. 11. 1988, NJW 1989, 1431 = IPRax 1990, 41 m. Anm. *Schack* (S. 19) = RIW 1989, 136 = LM § 38 ZPO Nr. 28 = MDR 1985, 911.

62 Insoweit wurde indessen die abweichende Entscheidung des BGH vom 30. 5. 1983 (NJW 1983, 2772, hierzu krit. *Mann*, NJW 1984, 2740; IPRax 1985. 27. m. Anm. *Trappe* (S. 15) = WM 1983, 1083 = VersR 1983, 1077), die die Anknüpfung an das Recht der Rechts- und Gerichtswahl außer Betracht gelassen hatte, völlig aufgehoben. Dazu BGHZ 99, 207 = WM 1987, 273 = IPRax 1988, 26 m. Anm. *Basedow* (S. 15) = EWiR 1987, 405 (*Geimer*) = WuB VII A. § 38 ZPO 1. 87 m. Anm. *Abraham*; *Hausmann*, FS W. Lorenz 1991, 358, 365.

63 *Geimer*, IZPR, Rn. 1624; *Reithmann / Martiny / Hausmann*, Rn. 1237; *Schack*, IPRax 1990, 19, 20; *Rosenberg / Schwab / Gottwald*, ZPO, § 20 II 2; BGHZ 59, 23, 29/30; BAG 27. 1. 1983, NJW 1984, 1320 = IPRax 1985, 276 m. Anm. E. *Lorenz* (S. 256) = RIW 1984, 316 = IPRspr. 1983, Nr. 131.

internationaler Gerichtsstandsvereinbarungen ist im Zivilprozeßrecht abschließend geregelt und insoweit kann nicht ergänzend auf das IPR, etwa auf Art. 11 EGBGB, zurückgegriffen zu werden.[64] Diesem Ansatz liegt aber bei näherem Hinsehen wiederum die Vorstellung der Trennung von Vereinbarung und Form zugrunde. Wenn man die Einigung -anders als die h. M.- von der Einhaltung einer Form abhängig macht, dann müßte man mit Argumentationsschwierigkeiten rechnen, die sich bei der Spaltung der Tatbestände für das Zustandekommen internationaler Gerichtsstandsvereinbarungen ergeben könnten. Darum empfiehlt es sich, um Mißverständnisse zu vermeiden, statt von der Wirksamkeitsvoraussetzung besser von einer Trennungstheorie zu sprechen.

2. Rechtsnatur internationaler Gerichtsstandsvereinbarung und das anzuwendende Recht

Schon in der Entscheidung BGHZ 59, 23, wo im Gegensatz zu der früheren Entscheidung BGHZ 49, 384 nicht mehr ausdrücklich von einem materiellrechtlichen Vertrag, sondern nur noch von einem Vertrag über prozeßrechtliche Beziehungen die Rede ist, haben die Rechtswissenschaftler mit Recht eine Korrektur der Rechtsprechung zur materiellrechtlichen Qualifikation der Gerichtsstandsvereinbarung erblickt.[65] Trotz der nachhaltigen Schwankungen in der Rechtsprechung[66] und im Schrifttum[67] ist sich die Lehre weitgehend darüber einig, daß die Gerichtsstandsvereinbarung eine prozessuale Vereinbarung darstellt, also nicht als materiellrechtlicher Vertrag qualifiziert werden darf.[68] Dies resultiert vor allem daraus, daß ihre unmittelbare Hauptwirkung auf prozessualem Gebiet liegt. Es bedeutet zunächst, daß

---

64 Dazu näher E. *Lorenz,* aaO., S. 259 f..

65 *Geimer*, NJW 1972, 1622; *Hoffmann*, AWD 1972, 416, 417; *Kornblum,* FamRZ 1973, 416 mwN..

66 Vgl. OLG Müchen v. 11. 8. 1981, IPRspr. 1981, Nr. 210; OLG Hamburg U. v. 30. 12. 1985, RIW 1986, 462.

67 *Wirth,* NJW 1978, 460; *Sandrock/ Jung/ Sandrock*, E Rn. 18; *Baumbach/ Lauterbach/ Albers/ Hartmann*, § 38 Anm. 2 A; *Mezger*, FS Wengler II 1973, 541, 542ff; *Schütze*, Rechtsverfolgung im Ausland, S. 84f; MüchKomm/ *Martiny*, IPR, Rn. 50 und 74 vor Art. 27 EGBGB; vgl. auch *Rauscher* ZZP 104 (199) 277 ff..

68 *Habscheid*, NJW 1965, 2370; *Geimer*, NJW 1971, 323; ders, IZPR, Rn. 1169; *Reithmann/ Martiny/ Hausmann*, Rn. 1677; *Vollkommer*, NJW 1974,196; *Zöller/Vollkommer,* § 38 Rn. 4; *Staudinger/ Firsching*, BGB vor Art. 12 EGBGB, Rn. 184; *Roth*, S. 163; *Stein/ Jonas/ Bork*, § 38 Rn. 44; *Rosenberg/ Schwab/ Gottwald,* ZPR, § 37 I 1.

die Auffassung überholt ist, die vor dem Prozeß vereinbarte Gerichtsstandsvereinbarung als Teil eines materiellrechtlichen Vertrages anzusehen.[69]

Daraus ergibt sich aber die Frage, wie sich die prozessuale Rechtsnatur einer Gerichtsstandsvereinbarung mit der Anwendung der Regeln über bürgerlichrechtliche Verträge verträgt. Denn die Einordnung der Gerichtsstandsvereinbarung als Prozeßvertrag fordert zwingend die Anwendung des Prozeßrechts der lex fori. Hierfür wird zum einen auf den Gleichlauf von Gerichtsstandsklausel und Hauptvertragsstatut hingewiesen. Man hat die Forderung nach der lex causae-Anknüpfung für das Zustandekommen internationaler Gerichtsstandsvereinbarung mit einer "Vereinbarung der Rechtsanwendung durch die einheitliche Rechtsanwendung für den Hauptvertrag und die Gerichtsstandsvereinbarung" zu begründen versucht[70] und die Anwendung verschiedener Rechtsordnungen als "unsachgerecht und gekünstelt" bezeichnet[71]. Diesem Ansatz liegt zwar die rechtspolitische Vorstellung zugrunde, daß die Gerichtsstandsvereinbarung typischerweise als nur ein Teil des Hauptvertrages vereinbart wird. In der Praxis soll demnach das Verhältnis von Rechtswahl und Gerichtswahl eng verbunden sein: Oft liegt in der bloßen Rechtswahlklausel eine stillschweigende Gerichtsstandsvereinbarung; eine ausdrückliche Gerichtsstandsvereinbarung ist ihrerseits wiederum ein bedeutendes Indiz für eine stillschweigende Rechtswahl[72] im Sinne des Art. 27 Abs. 1 S. 1 var. 2 EGBGB. Diese recht pragmatische Lösung geht aber wohl zu weit. Eine solche Lösung führt - trotz des strengen Maßstabs für eine Fiktion der stillschweigenden Vereinbarung - praktisch dazu, auch in einer isolierten Rechtswahl für die Gerichtsstandsvereinbarung bereits die Rechtswahl des Hauptvertragsstatuts oder zumindest daneben eine kumulative Heranziehung jener Rechtsordnung zu sehen.

Es bleibt im Gegenteil der allgemeine Gedanke der Selbständigkeit beider Verträge übrig. Dabei übersieht diese von der lex causae-Theorie vertretene Lösung, daß in solchen Fällen Rechtswahl für den Hauptvertrag und Rechtswahl im Rahmen der

---

69 Vgl. aber BGHZ 49, 384, 386, der die Qualifikation der Gerichtsstandsvereinbarung als materiell aus "natürlicher Betrachtungsweise" folgert.

70 Vgl. *Sandrock/ Jung/ Sandrock*, E Rn. 18.

71 Vgl. *Kropholler*, IPR, § 58 III 4.

72 *Stein/ Jonas/ Bork*, § 38 Rn. 19a; *Kropholler*, Handbuch IZVR I Kap. III, Rn. 487f; ders. IPR, S. 392; *Reithmann/ Martiny/ Hausmann*, Rn. 1166/67; *Kegel*, IPR, S. 425; *Palandt/ Heldrich*, Art. 27 EGBGB Rn. 6; BGHZ 99, 207, 209f; OLG Köln MDR 1993, 31 ff.; OLG Hamburg TransR 1993, 111, 112; vgl. aber LG Köln IPRax 1989, 290, 291.

Gerichtsstandsvereinbarung auf unterschiedlicher Interessenlage beruhen.[73] Gerichtsstands- und Rechtswahlvereinbarung dürfen vielmehr unabhängig voneinander verschiedenen Rechtsordnungen unterstellt werden.[74] Eine isolierte Gerichtsstandsvereinbarung ist demnach zuzulassen. Denn zum einen ist dies vom Postulat der Parteiautonomie her gesehen selbstverständlich. Insbesondere wird dadurch das Institut der internationalen Gerichtsstandsvereinbarung befestigt. Ebensosehr entspricht dies dem Parteiinteresse, ein neutrales Gericht auszusuchen. Nach deutschem Recht sind jedenfalls konkurrierende Zuständigkeiten möglich.[75] Zum anderen ist es mißlich, die Wirksamkeit oder den Fortbestand einer Gerichtsstandsvereinbarung von der Weitergeltung des Hauptvertrages abhängig zu machen. Der Rechtsunsicherheit im Sinne der Gefahr eines Zirkels durch eine starke Indizwirkung der Gerichtsstandsvereinbarung für die Rechtswahl stehen Klarheit und Sicherheit des anzuwendenden Rechts sowie Vereinfachung und Bequemlichkeit der Rechtslage entgegen.[76] Eine gewisse liberale Privatautonomie im Bereich der internationalen Gerichtsstandsvereinbarung, wo eine beziehungsarme oder beziehungslose Rechtsordnung eines unbeteiligten dritten Staates gewählt werden darf, sollte auf eigene Gefahr der Parteien gewährleistet werden. Nach Ansicht des Hanseatischen OLG Hamburg soll eine isolierte Gerichtsstandsvereinbarung im internationalen Handelsverkehr keineswegs unüblich sein.[77] Angesichts des "Problems der gegenseitigen Abhängigkeit von Klausel und Vertragsstatut" lassen auch die Vertreter der lex causae- Theorie für die Gerichtsstandsvereinbarung eine eigene isolierte Rechtswahl zu.[78] Die dem Gleichlauf von Gerichtsklausel und Hauptvertragsstatut zugrundeliegende Argumentation für die lex causae- Anküpfung ist daher abzulehnen. Zutreffend bemerkt *Geimer*, jedenfalls entfiele bei isolierter Rechtswahl das Hauptargument der h. M., durch das Schuldstatut würden Disharmonie und Spannungen vermieden.[79]

---

73 S. *Geimer*, IPRax 1991, 31, 35 Fn. 52.

74 MüchKomm/ *Martiny*, IPR Art. 27 EGBGB Rn. 42; *Geimer*, IPRax 1991, 31, 35 Fn. 52.

75 Zur Auslegungsfrage s. unten § 12 I, II.

76 Vgl. aber *Mezger*, FS Wengler II 1973, 541, 543/59; *Martiny*, AWD 1972, 165, 166 f..

77 OLG Hamburg MDR 1973, 1025.

78 *Stein/ Jonas/ Bork*, § 38 Rn. 19a; *Kropholler*, Handbuch IZVR I Kap. III, Rn 487; *Roth*, ZZP 93 (1980), 156, 165;*Reithmann/ Martiny/ Hausmann*, Rn. 1229; MüchKomm/ *Martiny*, IPR, Art. 27 EGBGB Rn. 42; s. ferner *Kegel*, IPR, § 18 I a; *Zöller/ Vollkommer*, § 38 Rn. 4 f..

79 *Geimer*, IPRax 1991, 31, 35, Fn. 52; vgl. die Gegenmeinung bei *Wirth*, NJW 1978, 460, 461 allerdings ohne Begründung.

Zum anderen beruft sich die h. M. für die Verträglichkeit der prozessualen Rechtsnatur mit der lex causae-Anknüpfung auf die Lückenfüllung. Ein solches Argument ist aber Ergebnis einer dogmatischen Verlegenheit. Das Zustandekommen einer Gerichtsstandsvereinbarung kann nach dieser Ansicht trotz deren prozessualer Rechtsnatur über die Lückenfüllung dem materiellen Recht unterstellt werden. Bedenken ergeben sich daher zunächst aus dieser dogmatischen Inkongruenz. Es ist nicht einzusehen, aus welchem Grund die h. L. sich der Einheit eines Vertrages verschließt und seine Gesamtheit in verschiedene (und zwar kollisionsrechtliche!) Anknüpfungsmomente zerlegt. Bei einem -zumindest bei einem kollisionsrechtlichen- Vertrag besteht kein Grund für "eine gemischte Betrachtungsweise". Dabei handelt es sich vielmehr um eine "kaum mehr zu überbietende Spitzfindigkeit". Bedenken werden deutlich bei der Formfrage, wo das Zustandekommen durch die Lückenfüllung wiederum materiell aufgeladen wird. Da die Gerichtsstandsvereinbarung ein Prozeßvertrag ist, ist die Lückenfüllung dementsprechend auf die mangelnden prozeßrechtlichen Vorschriften ausgerichtet. Die von der h. M. behauptete Ausnahme der Formfrage von der Lückenfüllung erscheint überzeugt dogmatisch nicht, wenn sie der positiven Regelung über Formerfordernisse die Bedeutung einer prozessualen Zulässigkeit beimißt.[80] Um die Einheitlichkeit des Prozeßvertrages zu erhalten, ist die zwingende Anwendung des Formerfordernisses einer Rechtsordnung -worauf zu Recht *Roth* hinweist[81]- nicht durch dessen Ansiedlung in dem Verfahrensrecht, vielmehr unter besonderer Rücksichtnahme auf internationale Rechtsverhältnisse durch dessen Auslegung zu beurteilen.

Schließlich wird im Schrifttum teilweise die Ansicht vertreten, für die Bestimmung des anwendbaren Rechts komme es nicht auf die Rechtsnatur der Gerichtsstandsverein-

---

80 Vgl.MüchKomm/ *Martiny*, IPR, Rn. 78 vor Art. 27 EGBGB; vgl. aber auch BGH v. 24. 11. 1988, NJW 1989, 1431 = RIW 1989, 136 = IPRax 1990, 41 m. Anm. Schack (S. 19) = LM § 38 ZPO Nr. 28 = MDR 1985, 911, wo die Form des Vertrages im Zusammenhang mit dessen Zustandekommen einheitlich qualifiziert wird: *Hier gilt nichts anderes als für die Formgültigkeit des Vertrages, die sich entsprechend internationale-privatrechtlichen Grundsätzen bestimmt, die für das Rechtsgeschäft selbt maßgebend sind.* Man wird dieser einheitlichen Qualifikation beizupflichten haben. Mich überzeugt der Einwand nicht, daß es sich hierbei um einen Qualifikationsirrtum handelt (s. die kritische Anmerkung von *Schack*, IPRax 1990, 19, 20). Denn die Entscheidung geht davon aus, den gesamten Vertragskomplex materiellrechtlich einheitlich zu beurteilen. Insoweit scheint die Lösung der rein materiellen Qualifikation, die auf der Ebene des Zustandekommens des Vertrages ohne Umwege zur zwingenden Anwendung des Vertragsstatuts gelangt, sachgerechter als die dogmatisch nicht konsequente h. M. zu sein.

81 *Roth*, S.167.

barung an; vielmehr versucht diese Ansicht, eine Anknüpfung an das Vertragsstatut des Hauptvertrages von dem Parteiinteresse her zu begründen.[82] Diese Auffassung geht davon aus, daß die Anwendung des lex fori-Prinzips von dem vorrangigen Interessenaspekt her beschränkungsbedürftig sei und dabei dogmatische Konsistenz kein zwingendes Argument darstelle.[83] Im Bereich der Gerichtsstandsvereinbarung könne demnach die Anwendung des Schuldstatuts interessengerechter als die unbeschränkte Unterwerfung unter die lex fori sein, weil eine Vermutung für einen auf eine einheitliche Anknüpfung gerichteten Parteiwillen spräche. Diese Ansicht ist auf die Rechtsprechung zurückzuführen, die regelmäßig die internationale Gerichtsstandsvereinbarung über den stillschweigenden oder den hypothetischen Parteiwillen nach dem auf den Hauptvertrag anwendbaren Recht beurteilt.[84] Entscheidend dafür ist daher die Frage, ob die Gerichtsstandsvereinbarung auch stillschweigend erfolgen und sie sogar aus der Rechtswahl erschlossen werden kann. Die von der h. M. bejahte[85] Zulässigkeit einer stillschweigend oder konkludent zustandekommenden Vereinbarung über den Gerichtsstand scheint mir zweifelhaft. Diese Auslegung würde gegen den Zweck der Formvorschrift, eine klare und einheitliche internationale Gerichtsstandsvereinbarung herbeizuführen, verstoßen. Entgegen der Meinung[86] *Jungs* kann man dies auch aus dem Wortlaut der Formvorschrift entnehmen, wo als Maßstab für eine wirksame Willenseinigung nur Formerfordernisse enthalten sind.[87] Hiergegen kann die h. M. jedoch einwenden, daß eine solche Auffassung nicht statthaft sei, weil § 38 III im Gegensatz zu § 38 II keine "ausdrückliche" Vereinbarung verlange. Dieser Einwand erledigt sich freilich, wenn man daran erinnert, daß die systematische Zuordnung des § 38 ZPO um des internationalen Rechtsverkehrs willen auf eine

---

82 *Roth*, S.167/68; vgl. auch *Schütze*, DIZPR, S. 47; *Prinzing*, IPRax 1990, 83, 85.

83 *Roth*, S.164.

84 BGH AWD 1970, 323 = NJW 1971, 323 m. krit. Anm. *Geimer*, wo der BGH für die Frage, ob ein die Gerichtsstandsvereinbarung beinhaltender Vertrag zustande gekommen ist, über den hypothetischen Parteiwillen zu der Maßgeblichkeit des auf dem Hauptvertrag anwendbaren Recht gelangt hat: Anhand der Selbständigkeit beider Verträge liegt es aber nahe, daß dabei das prozeßvertragliche mit dem materiell-vertraglichen Zustandekommen in unzulässiger Weise vermengt wird.

85 *Baumgärtel*, FS Kegel 1977, 301; *Grunsky*, RIW 1977, 6; *Hoffmann*, AWD 1973, 62; *Müller*,RIW 1977, 164; *Samtleben*, NJW 1974, 1592; *Jung*, S. 157; *Sandrock/ Jung/ Sandrock*, E Rn.125; *Geimer/ Schütze*, I/1, § 96 XXV. 7. 8.(S. 932); *Reithmann/ Martiny/ Hausmann*, Rn. 1185; MüchKomm/ *Martiny*, IPR, Rn. 56 vor Art. 27 EGBGB; *Kropholler*, EZPR, Art. 17 Rn. 20; *Stein/ Jonas/ Bork*, § 38, Rn. 19a, 28; MünchKommZPO/ *Gottwald*, IZPR, Art. 17 EuGVÜ Rn. 14; *Rosenberg/ Schwab/ Gottwald*, ZPR, § 37 I 2.

86 *Jung*, S. 152.

87 Vgl. *Kropholler*, EZPR, Art. 17 Rn. 21; MünchKommZPO/ *Gottwald*, IZPR, Art. 17 EuGVÜ Rn. 14; *Kohler*, IPRax 1983, 268.

strenge Trennung der örtlichen und internationalen Zuständigkeit zugeschnitten ist. Absatz 3 des § 38 ZPO steht daher schlechthin dem Absatz I der Vorschrift gegenüber. Und in den Formerfordernissen der eigenständigen Vorschrift des § 38 Abs. 2 ZPO liegt - vorbehaltlich der laufenden Geschäftsbeziehung - aus der Natur der Sache heraus die Ausdrücklichkeit der Vereinbarung.[88] Eine solche Argumentationsweise würde außerdem der durch die Gerichtsstandsnovelle 1974 geänderten Rechtslage entsprechen. Dafür darf darauf hingewiesen werden, daß die noch aus der Zeit vor Inkrafttreten der Novelle stammende Entscheidung BGHZ 59, 23, 29 aus der alten Bestimmung, daß eine Gerichtsstandsvereinbarung ausdrücklich oder stillschweigend getroffen werden könne, auf keine Formerfordernisse geschlossen hatte. Der Rückschluß dieser zutreffenden Aussage spricht dafür, daß die stillschweigende Gerichtsstandsvereinbarung nicht mehr mit dem geltenden Recht, das zwingend die Einhaltung einer bestimmten Form vorsieht, vereinbar ist. Daran ändert nichts Art. 1 Abs. 2 des Protokolls zum EuGVÜ bzw. Lugano-Überein-kommen, nach dem bei Personen mit Wohnsitz in Luxemburg die Vereinbarung stets "ausdrücklich und besonders" angenommen werden muß.[89] Diese Privilegierung richtet sich zwar auf eine zusätzliche Einschränkung internationaler Gerichtsstandsvereinbarungen gemäß Art. 17 EuGVÜ, doch bezieht sich diese Einschränkung auf einen besonderen Fall allgemeiner Geschäftsbedingungen. Diese Ausnahme vermag keine eigene stillschweigende Gerichtsstandsvereinbarung als Fiktion einer ausdrücklichen Abrede dieser gegenüber zu bilden, eine solche Prorogation läßt sich vielmehr nur aus der Auslegung von Art. 18 EuGVÜ ableiten.[90] Folgt man der hier vertretenden Meinung, dann hat die Vermutung, bei Fehlen einer besonderen Rechtswahlklausel auch für die Gerichtsstandsvereinbarung sei der Parteiwille auf einheitliche Anknüpfung im Zusammenhang mit dem Hauptvertrag gerichtet, keinen Grund. Man sollte vielmehr von der umgekehrten Vermutung ausgehen, daß die Parteien beim Vertragsabschluß einheitliche Anknüpfung für den ganzen Prozeßvertrag gewollt haben.

---

88 So auch *Vollkommer,* Rpflger 1974, 134 Fn. 59.

89 Vgl. aber *Hoffmann*, AWD 1973, 62; *Samtleben* NJW 1974, 1592; *Jung*, S. 155f; *Geimer/ Schütze*, I/1, § 96 XXV. 5 (S. 931); MünchKommZPO/ *Gottwald*, IZPR, Art. 17 EuGVÜ Rn.14.

90 *Stauder*, GRUR Int. 1976, 473.

III. Das Verhältnis der Formvorschrift zur autonomen Auslegung und zur lex fori

1. Abgrenzung der autonomen Auslegung

Die einheitliche Auslegungsmethode innerhalb des EuGVÜ wirkt auch auf die Frage ein, welchem Recht die maßgeblichen Kriterien für das wirksame Zustandekommen internationaler Gerichtsstandsvereinbarung zu entnehmen sind. Art. 17 EuGVÜ entscheidet weitgehend selbst, wann eine wirksame Gerichtsstandsvereinbarung zustande kommt. Dies wird im allgemeinen auf drei Ebenen betrachtet: betreffend die Formfrage, die Fragen, die die Wirksamkeit der nach Art. 17 EuGVÜ erforderlichen "Vereinbarung" betreffen und der Fragen nach allen übrigen, in Art. 17 EuGVÜ nicht geregelten Wirksamkeitsvoraussetzungen, wie z. B. Abschlußfähigkeit, Fehlen allgemeiner Willensmängel, wirksame Stellvertretung etc.. Über die Form entscheidet Art. 17 EuGVÜ in seinem Anwendungsbereich ausschließlich; es ist unbestritten, daß die Form durch das Europäische Zivilprozeßrecht einheitlich geregelt ist.[91] Einigkeit besteht auch darüber, daß die nicht in der Vorschrift erwähnten Wirksamkeitsvoraussetzungen auf das nationale Recht zurückzuführen sind. Alle Bestrebungen für die einheitliche Auslegung innerhalb des Art. 17 EuGVÜ konzentrieren sich daher auf die autonome Bestimmung des Begriffs "Vereinbarung". Ein Teil der h. M. hält an dem vom IPR des Forums berufenen nationalen Recht fest.[92] Der überwiegende Teil der h. M. will hier aber zugunsten des EuGVÜ eine wichtige Ausnahme aus dem Grundsatz des auf materiellen Aspekt gerichteten nationalen Rechts gelten lassen.[93]

---

91 Vgl. die Begründung von Generalanwalt *Capotorti* in seinen Schlußanträgen in der Rechtssache 24/76: ".....offensichtlich (ist), wie wichtig es ist, daß die Parteien von Gerichtsstandsvereinbarungen in allen Vertragsstaaten gleich behandelt werden. Dies würde außer acht gelassen, wenn auf die nach den Kollisionsnormen der einzelnen Mitgliedstaaten für die Form von Verträgen geltenden Sachnormen verwiesen würde." (Slg. 1976, 1844, 1845).

92 MüchKomm/ *Martiny*, IPR, Rn. 56 vor Art. 27 EGBGB; *Otto*, AGB und IPR, S. 130f; OLG Düsseldorf NJW-RR 1989, 1331; OLG Saarbrücken RIW 1992, 670 = IPRax 1992, 165 m. Anm. *Rauscher* (S. 143).

93 *Roth*, S.162; *Kropholler*, EZPR, Art. 17 Rn. 20; *Reithmann/ Martiny/ Hausmann,* Rn. 1185; *Geimer/ Schütze*, I/1, S. 930 ff; *Sandrock/ Jung/ Sandrock*, E Rn. 124; *Bülow/ Böckstiegel/ Müller*, Art. 17 EuGVÜ, S. 606-145/46; *Samtleben*, NJW 1974, 1592; *Grunsky*, RIW/ AWD 1977, 6; MünchKommZPO/ *Gottwald*, IZPR, Art. 17 EuGVÜ Rn. 14; im Ergebnis auch *Geimer*, EuZW 1993, 518.

Diese Frage ist auch im Anwendungsbereich des EuGVÜ ausdrücklich offengelassen: "...ohne daß hier ein Kommentar dazu veranlaßt wäre, ob andere Willenseinigungsprobleme als die Formfrage nach anwendbarem nationalen Recht oder nach einheitlichen EWG-Grundsätzen zu beurteilen sind....."[94] Die folgende Untersuchung beschäftigt sich mit solchen Problemen, die unterdessen viel behandelt worden sind. Dabei wird zunächst die Frage, aus welcher Grundlage die weitgehende autonome Auslegung des Begriffs "Vereinbarung" entspringen kann, im Zusammenhang mit der Formfrage untersucht. Danach wird gefragt, welches nationale Recht für die Prüfung der sonstigen Wirksamkeitsvoraussetzungen maßgeblich ist.

2. Grundlage der autonomen Bestimmung der Vereinbarung

In seiner ersten Entscheidung[95] zur Auslegung des EuGVÜ hat der EuGH festgestellt, daß im Verhältnis der Auslegungsmethoden der autonomen Bestimmung und der Verweisung auf das nationale Recht keiner von beiden unter Ausschluß der anderen der Vorzug gebühre. Denn eine sachgerechte Entscheidung könne *nur für jede einzelne Bestimmung des Übereinkommens* getroffen werden.[96] Bei der Klassifizierung der Auslegung des Art. 17 EuGVÜ hat der EuGH den autonomen Weg eingeschlagen. In seiner ersten zu Art.17 EuGVÜ ergangenen Entscheidung Rs. 24/76 hat er hinsichtlich der allgemeinen Geschäftsbedingungen den Grundsatz aufgestellt, daß die Willenseinigung klar und deutlich zum Ausdruck gekommen sein müsse, um eine tatsächliche Willenseinigung zu werden. Daraus haben die Rechtswissenschaftler den Schluß gezogen, daß Art. 17 Abs. 1 EuGVÜ gewisse Mindestanforderungen in materieller Hinsicht impliziert.[97] Eine solche autonome Auslegung der Bestimmung der Vereinbarung ist aber in der Rechtssache 313/ 85, *Iveco Fiat/ Van Hool*[98] nicht erfolgt. Dagegen wurde dieser Grundsatz aber vom EuGH[99] wiederum aufgegriffen: "In Anbetracht der Ziele und der allgemeinen Systematik des Übereinkommens und um sicherzustellen, daß sich aus dem

94 *Schlosser*-Bericht, Nr. 179 (S. 125).

95 EuGHE v. 6. 10. 1976- Rs. 12/76, *Tessili/Dunlop* - Slg. 1976, 1473, 1485 Ziff. II.

96 ebenda: Hervorhebung vom Verfasser.

97 *Roth*, S. 162; *Kropholler*, EZPR, Art. 17 Rn. 20; *Piltz*, aaO., S. 1074; *Reithmann/ Martiny/ Hausmann*, Rn. 1185; *Geimer/ Schütze*, I/1, S. 930ff; *Sandrock/ Jung/ Sandrock*, E Rn. 124; *Bülow/ Böckstiegel/ Müller*, Art. 17 EuGVÜ, S. 606 -145/ 46; MünchKommZPO/ *Gottwald*, IZPR, Art. 17 EuGVÜ Rn. 14.

98 Dazu kritisch. *Jayme*, IPRax 1989, 361, 362.

99 EuGHE v. 10. 3. 1992 - Rs. C 214/ 89, Powell Duffryn pcl./ Petereit, RIW 1992, 492 = IPRax 1993, 32 m. Anm. *Koch* (S. 19).

Übereinkommen für die Vertragsstaaten und die betroffenen Personen soweit wie möglich gleiche und einheitliche Rechte und Pflichten ergeben, ist der Begriff der "Gerichtsstandsvereinbarung" daher nicht als bloße Verweisung auf das innerstaatliche Recht des einen oder anderen beteiligten Staates zu verstehen."[100] Art. 17 EuGVÜ hat sich damit -neben Art. 5 EuGVÜ- als eine der wichtigsten Säulen für die autonome Fortentwicklung des EuGVÜ erwiesen. Zwar begründet die herrschende Meinung die Mindesterfordernisse einer Vereinbarung mit dem Wechselspiel von Formerfordernissen und Einigungsvoraussetzungen, knüpft aber erstaunlicherweise den engen Zusammenhang nur an materiellrechtliche Aspekte an und sieht darin einen autonomen Auslegungsansatz. Insoweit sei die Frage, ob eine Willenseinigung über die Zuständigkeit vorliegt, im Rahmen des Art. 17 EuGVÜ ohne Rückgriff auf das vom IPR berufene nationale Recht einheitlich für alle Vertragsstaaten nach dem Wortlaut des Art. 17 EuGVÜ selbst zu beantworten. Diese Betrachtungsweise geht davon aus, daß die wesentlichen Elemente für die materielle Wirksamkeit einer Gerichtsstandsvereinbarung, nämlich die tatsächliche Willenseinigung der Parteien, nicht dem Art. 17 EuGVÜ selbst zu entnehmen sind. Eine solche Betonung und Erweiterung der materiellen Aspekte der Vereinbarung führt aber zu einer Unverträglichkeit mit der Vorschrift selbst und mit der Fortbildung von Art. 17 EuGVÜ. Der von der h. M. betonte materielle Aspekt der Vereinbarung bewältigt zwar einen Teil der Fragen, kommt aber bei den internationalen Handelsbräuchen zu noch erheblichen, zusätzlichen Problemen. Es fragt sich die Frage, wie man den in der Vorschrift verwendeten Begriff der "Handelsbräuche" abgrenzt; unter welchen Voraussetzungen das Merkmal "Kennenmüssen" mit der "materiellen Einigung" zu vereinbaren ist. Der im Zusammenhang mit der AGB-Kontrolle in ständiger Rechtsprechung des EuGH aufgestellte Grundsatz, daß die Gültigkeitsvoraussetzungen des Art. 17 EuGVÜ in erster Linie gewährleisten sollen, den Abschluß einer Gerichtsstandsvereinbarung und seine Regelung eindeutig festzustellen, und daß die Gültigkeitsvoraussetzungen demzufolge eng auszulegen seien, wurde durch die Neufassung der Bestimmung erheblich aufgehoben. Diese Formalternative ist nicht als eine "Bereichsausnahme"[101] anzusehen, sondern als bereichsleitend. Die Auffassung, daß die Neufassung der Vorschrift über ihren Wortlaut hinaus nicht nur die Form, sondern auch die materiellen Voraussetzungen des Zustandekommens von

---

[100] EuGHE, aaO. zur ersten Frage Ziff. 13.

[101] So aber *Jayme/ Kohler*, IPRax 1991, 361, 366; *Kohler*, EuZW 1991, 303, 305.

Gerichtsstandsvereinbarungen erfaßt,[102] ist irreführend. Denn der vom EuGH aufgestellte Grundsatz ist zwar nur auf die AGB-Kontrolle bezogen, die Lehre hat jedoch die Tragweite dieser "Bereichsausnahme" als allgemein aufgefaßt. Diese Ausnahmekriterien für die AGB-Kontrolle werden obendrein im Bereich des internationalen Handelsverkehrs weitgehend verdrängt. So soll nach der überwiegenden Lehre und Rechtsprechung eine wirksame Gerichtsstandsvereinbarung grundsätzlich auch durch Schweigen auf ein kaufmännisches Bestätigungsschreiben zustande kommen können.[103] Dies ist zwar dadurch begründet, daß es sich dabei nicht nur um eine Formerleichterung, sondern auch um eine Erleichterung hinsichtlich der materiellen Wirksamkeitsvoraussetzungen handelt,[104] doch ist diese Argumentation angesichts der Bewertung eines Verhaltens als Willenseinigung zweifelhaft. Für eine solche Auslegung findet man außerdem keinen gesetzlichen Grund, da dem Wortlaut nach die dritte Alternative nur die Form der Vereinbarung betrifft. Logisch müßte dies dann zum Ende des Dogmas, zur Warnung[105] *Kohlers* vor einer leerlaufenden Vorschrift führen. Bei einer Gerichtsstandsvereinbarung im Konnossement ist das Merkmal "Kennenmüssen" leicht anzunehmen.[106] Hier kommen die Vertreter dieser Lehre in Schwierigkeit; bald wird das Regel-Ausnahme-Verhältnis nicht mehr erkennbar sein.

Eine weitere Ausnahme will die Lehre in der Entscheidung EuGH Rs. C 214/89 sehen, wonach Art. 17 EuGVÜ auch Gerichtsstandsklauseln in der Satzung einer Aktiengesellschaft erfassen soll. Bei der genannten Entscheidung ging es darum, für Gerichtsstandsklauseln in Gesellschaftssatzungen aus Praktikabilitätsgründen eine Sonderregel zu formulieren, wobei für die gesellschaftrechtliche Wirksamkeit einer Gerichtsstandsklausel in der Satzung eine Fiktion der Zustimmung[107] oder die Maßgeblichkeit des Gesellschaftsstatuts[108] herangezogen wird. Wenn man mit *Koch* aus der Formulierung des EuGH "in Übereinstimmung mit dem anwendbaren

---

102 *Jayme/ Kohler*, aaO.; *Roth*. S. 162f; *Rauscher*, ZZP 104 (1991) 271, 288ff; MünchKommZPO/ *Gottwald*, IZPR, Art. 17 EuGVÜ Rn. 28.

103 Dazu s. BGH, Vorlagebeschluß v. 26. 3. 1992, IPRax 1992, 373, 376 = EuZW 1992, 514, 517 m. Anm. *Geimer*.

104 *Roth*, S. 162; *Kropholler*, EZPR, Art. 17 Rn. 21; MünchKommZPO/ *Gottwald*, IZPR, Art. 17 EuGVÜ Rn. 28.

105 *Kohler*, EuZW 1991, 303, 305 f..

106 S. OLG Hamburg U. v. 30. 7. 1992, Trans R 1993, 25.

107 *Jayme/ Kohler*, IPRax 1992, 346, 351.

108 *Koch*, IPRax 1993, 19, 21.

nationalen Recht und der Satzung selbst zustandegekommene Gerechtsstands-klausel"[109] nur diejenigen Wirksamkeitsvoaussetzungen, die in der äußeren Form der Klausel keinen Niederschlag gefunden haben,[110] herausnimmt, kann man nicht davon ausgehen, daß der EuGH, um sein Ergebnis zu erreichen, hier von seiner bisher sehr strengen Rechtsprechung zu den Formerfordernissen abweicht.[111] Denn es geht ihm dabei nicht um die Möglichkeit der Kenntnisnahme des Aktionärs von Satzungsänderungen.[112] Stattdessen hat er zutreffend darauf hingewiesen, daß jeder, der Aktionär einer Gesellschaft wird, unabhängig von der Art und Weise des Erwerbs der Aktie weiß oder wissen muß, daß er an die Satzung dieser Gesellschaft und an deren Änderung gebunden ist, die die Organe der Gesellschaft in Übereinstimmung mit dem anwendbaren nationalen Recht und der Satzung an dieser vornehmen.[113]

Unter diesen Umständen glaubt der Verfasser, daß das Verhältnis von Vereinbarung und Form mit der Betonung der materiellen Aspekte der Vereinbarung auf den Kopf gestellt wird, was zur Folge hat, daß man von der Vorschrift als "Mißgeburt"[114], oder als "eine unglückliche Mischung"[115] sprechen muß. Eine plausible Lösung scheint jedoch sowohl de lege lata als auch de lege ferenda fast erreicht zu sein: Von Anfang an ging es bei der Willenseinigung tatbestandlich nur um ein Formmerkmal; die materiellen Aspekte der Vereinbarung sind durch Typisierung der Form weitgehend zurückgetreten bzw. ersetzt worden. Nur bei dieser materialisierenden Form lassen sich eine Reihe von Problemen, mit denen man bislang mit wiederholten Ausnahmen konfrontiert wurde, glatt lösen. Damit die internationale Gerichtsstandsvereinbarung mit der autonomen Fortbildung von Art. 17 EuGVÜ Schritt hält, genügt es nicht mehr die Betonung ihrer materiellen Aspekte zu betonen; zu vielfältig sind die Probleme, und in der Praxis zunehmend bestehen Unsicherheiten. Die einheitliche Anwendung der internationalen Gerichtsstandsvereinbarung ist dann zu erreichen, wenn der autonomen Auslegung eine einheitliche Bestimmung über Form und ihre Typisierung durch eine einheitliche Auslegungsinstanz zugrunde liegt. Kein Zweifel besteht, daß

---

109 Ziff. 21 der Entscheidungsgründe.

110 *Koch*, aaO..

111 *Jayme/ Kohler*, aaO.; *Bork*, ZHR 157 (1993), 48, 52; Vgl. aber *Geimer*, IZPR, Rn. 1781C.

112 So aber *Koch*, aaO.; *Bork*, aaO..

113 Ziff. 27 der Entscheidungsgründe.

114 *Basedow*, IPRax 1985, 133, 137.

115 *Kropholler/Pfeifer*, FS Nagel 1987, 157, 161.

dem EuGVÜ nur die Typisierungsfrage bleibt, insofern es sich um eine internationale Gerichtsstandsvereinbarung handelt.

3. Einheitliche Auslegung und lex fori-Prinzip

Die vertragsautonome Auslegung des Begriffs "Vereinbarung" bedeutet freilich nicht, daß über die oben ausgeführten Kriterien hinaus sämtliche Voraussetzungen für das wirksame Zustandekommen der Einigung dem Art. 17 EuGVÜ zu entnehmen sind; sie erstreckt sich nicht auf die in der Vorschrift nicht erwähnten Teilfragen, vor allem also Fragen der Geschäftsfähigkeit, des Fehlens von Willensmängeln, der wirksamen Stellvertretung etc. Generalanwalt *Capotorti* konnte daher schon im Jahre 1976 den Rückgriff auf das nationale Recht andeuten: "Dies alles greift freilich der nationalen Regelung anderer formeller und materieller - Aspekte nicht vor, die außerhalb des Bereichs der gemeinschaftrechtlich auszulegenden Bestimmungen des Übereinkommens liegen."[116] Daher stellt sich die Frage, welches nationale Recht für die Entscheidung über die anderen nicht durch die Formvorschriften des Art. 17 EuGVÜ geregelten Gültigkeitsfragen maßgeblich ist. Nach der h. M. hat diese Frage nach der jeweils anwendbaren lex causae, d. h. nach der vom IPR des Forums für anwendbar erklärten Rechtsordnung zu erfolgen.[117] Eine Mindermeinung will mit dem Ausgangspunkt für eine einheitliche Beurteilung stets das Recht des forum prorogatum anwenden.[118] Eine andere Meinung unterstellt diese Fragen den allgemeinen Grundsätzen der lex fori, also dem nationalen Sachrecht des Gerichts, bei dem das Verfahren anhängig gemacht worden ist.[119] Die lex causae -Anknüpfung setzt sich der Gefahr aus, daß dieselbe Gerichtsstandsvereinbarung je nach dem Forum, vor dem sie geltend gemacht wird, unterschiedlich beurteilt wird, was zur Rechtszersplitterung und der Störung der Entscheidungsharmonie führt.[120] Im Anwendungsbereich des EuGVÜ würde dies als ein nicht unerhebliches Hindernis gegen den "Grundsatz der Einheitlichkeit, den das Übereinkommen verwirklichen soll", auftreten. Daher wird von der Gegenmeinung mit beachtlichen Gründen auf das

116 *Caporti*, Schlußanträge in der Rechtssache 25/ 76, Slg. 1976, 1863, 1867.

117 *Kropholler*, EZPR Art. 17 Rn. 22; *Bülow/ Böckstiegel/ Müller*, Art. 17 EuGVÜ Anm. III 1; *Grumsky*, RIW 1977, 6; *Sandrock/ Jung/ Sandrock*, E Rn. 124; *Reithmann/ Martiny/ Hausmann*, Rn. 1186; MünchKommZPO/ *Gottwald*, IZPR, Art. 17 EuGVÜ Rn. 14.; s. auch oben Fn.90.

118 *Kohler*, IPRax 1983, 265, 268; *Slynn*, Schlußanträge in der Rechtssache 150/ 80, Slg. 1980, 1690, 1697f.

119 *Staudinger/ Firsching*, Rn. 186 vor Art. 12 EGBGB.

120 S. *Sandrock/ Jung/ Sandrock*, E Rn. 124; *Kohler*, aaO.; *Slynn*, aaO..

forum prorogatum abgestelllt. Für das EuGVÜ hat diese Lösung wegen dessen Mängeln[121] bei der Verhinderung des "europäischen forum shopping" zweifellos mehr für sich. Sie hat jedoch zur Folge, daß eine einheitliche Gerichtsstandsvereinbarung auch eine stillschweigende Rechtswahl im Sinne der lex prorogatum indiziert, was dazu führt, daß man dem prozessualen Vertrag eine materielle Bindungswirkung gibt, weil dadurch eine Klageerhebung am anderen als dem vereinbarten Gericht tatsächlich versperrt wird. Diese Ergebnisse widersprechen der Selbständigkeit beider Verträge, aber auch der Tragweite der Wirkungen eines Prozeßvertrages. Die Anknüpfung an die lex prorogatum rechtfertigt sich auch dann nicht, wenn man diesen Fall in "bestimmten Fälle" im Sinne von *Geimers* Prorogationsstatut einordnet. Denn es macht keinen Sinn, dem sich abredewidrig verhaltenden Kläger ein hinsichtlich des Zustandekommens der internationalen Gerichtsstandsvereinbarung für ihn günstigeres Gericht zu verschaffen.[122]

Ich sehe daher keinen Grund, für die Prüfung der in Art. 17 EuGVÜ nicht erwähnten Wirksamkeitsvoraussetzungen vom lex fori-Prinzip abzuweichen. Für die lex fori-Anknüpfung spricht entscheidend, daß sie für das EuGVÜ einerseits dem Parteiinteresse, vor irgendeinem Gericht innerhalb des Anwendungsbereichs des EuGVÜ -soweit die Zuständigkeit begründet ist- zu klagen oder zu rügen, andererseits für das autonome internationale Zivilprozeßrecht dem berechtigten Interesse der derogierten -aber jetzt vielleicht berufenen- fora, die Wirksamkeitsvoaussetzungen für die Derogation selbst zu regeln, gerecht wird. Diese Lösung hat andererseits auch den Praktikabilitätsvorteil, daß die internationale Gerichtsstandsvereinbarung sowohl bezüglich des Zustandekommens als auch der Zulässigkeit und Wirkungen nach ein und derselben Rechtsordnung zu beurteilen ist. Wie mit dieser Lösung der durch "Forum fixing" herbeigeführten Rechtsunsicherheit beizukommen ist, kann hier im Zusammenhang mit dem sog. europäischen "forum shopping" offenbleiben. Denn es geht hierbei um ein Wirkungsproblem der internationalen Gerichtsstandsvereinbarung nämlich um eine "prozessuale" Pflicht der Parteien, an den Zuständigkeitsvereinbarungen festzuhalten.

---

121 MünchKommZPO/ *Gottwald*, IZPR, Art. 1 EuGVÜ Rn. 5 weist zutreffend darauf hin, daß insoweit eine Schwäche der Regelung besteht.

122 Vgl. aber *Geimer*, NJW 1971, 323, 324: "Es besteht kein Grund, an das Zustandekommen einer Vereinbarung der Parteien i. S. des § 38 ZPO strengere Anforderungen zu stellen und damit den Zugang zu den deutschen Gerichten zu erschweren, wenn die Hauptsache auf Grund der Kollisionsnormen des deutschen IPR nach ausländischem Recht zu entscheiden ist." ; undeutig bzw. zurückhaltend von seiner Befürwortung für das lex fori-Prinzip, *Staudinger/ Firsching*, Rn. 186 vor Art. 12 EGBGB.

IV. Grundlage der Gerichtsstandsvereinbarung im Vergleich zur Erfüllungsortsvereinbarung

Daß die Formfrage beim Zustandekommen der internationalen Gerichtsstandsvereinbarung eine entscheidende Rolle spielt, und daß deren Anknüpfung nicht auf dem kollisionsrechtlichen Aspekt beruht, zeigt sich deutlich an dem Vergleich der Gerichtsstands- mit der Erfüllungsortsvereinbarung. Seit dem Urteil *Zelger/ Salinitri*[123] herrscht in Rechtsprechung und in Rechtswissenschaft die Auffassung, daß eine internationale Zuständigkeit sich mit der Erfüllungsortsvereinbarung formfrei begründen läßt.[124] Die Gültigkeit der Erfüllungsortsvereinbarung ist demnach von der Einhaltung der in Art. 17 EuGVÜ für Gerichtsstandsvereinbarungen vorgeschriebenen Form abhängig. Bei der differenzierenden Grundlage kommt es auf den Zusammenhang zwischen Rechtsstreit und vereinbartem Gerichtsstand an. Art. 5 EuGVÜ setzt nach der genannten Entscheidung eine unmittelbare Verknüpfung zwischen dem Rechtsstreit und dem zur Entscheidung berufenen Gericht voraus, während Art. 17 EuGVÜ auf jeden objektiven Zusammenhang zwischen Rechtsstreit und vereinbartem Gericht verzichtet.[125] Bei der Erfüllungsortsvereinbarung dient die Zuständigkeit der Durchsetzung der materiell-rechtlich geschuldeten Leistung.[126] Diesem engen Zusammenhang zwischen Rechtsstreit und vereinbartem Gericht für den Erfüllungsort liegt die kollisionsrechtliche Vorstellung der Anknüpfung an der lex causae zugrunde.[127] Eine rein "abstrakte" Vereinbarung über den Erfüllungsort, die nur den Gerichtsstand begründen soll, bildet somit keine wirksame Erfüllungsortsvereinbarung. Daß eine solche Vereinbarung vielmehr nach Art. 17 EuGVÜ zu

---

123 EuGH U. v. 17. 1. 1980- Rs. 56/ 79, Slg. 89 = NJW 1980, 1218(LS) =IPRax 1981, 89 m. Anm. *Spellenberg* (S. 75) = RIW 1980, 726 = WM 1980, 720 m. Anm. *Schütze*.

124 *Grunsky*, RIW 1977, 5f; *Baumgärtel*, FS Kegel 1977, 302f; *Piltz*, NJW 1979, 1074; *Kropholler*, EZPR, Art. 5 Rn.17; MünchKommZPO/ *Gottwald*, IZPR, Art. 5 EuGVÜ Rn. 15; s. auch BGH Abschlußentscheidung IPRax 1981, 93 m. Anm. *Spellenberg* (S. 75); BGH NJW 1985, 560. Im Hinblick auf die Gefahr einer Umgehung des Art. 17 durch formlose Erfüllungsortsvereinbarungen wird dagegen in der Literatur teilweise eine entsprechende Anwendung der Formerfordernisse dieser Vorschrift betont.: *Bülow/ Böckstiegel/ Linke*, Art. 5 EuGVÜ Anm. I 4c; *Piltz*, NJW 1979, 1074; *Schack*, IPRax 1986, 82, 84; ders. IZVR, Rn. 277.

125 Ziff. 3und 4 der Entscheidungsgründe.

126 *Reiser*, S. 42 Fn. 3.

127 H. M.: *Kropholler*, EZPR, Art. 5 Rn.17; *Reithmann/ Martiny/ Hausmann*, Rn.1190; *Reiser*, S. 42 Fn. 3; *Rauscher* ZZP 1991, 308ff; MüchKomm/ *Martiny*, IPR, Rn. 45 Vor Art.27 EGBGB

beurteilen ist, legt nahe, daß der internationalen Gerichtsstandsvereinbarungen keine kollisionsrechtlichen Aspekte unterstellt werden dürfen, weil hier die Anknüpfung zwischen dem Rechtsstreit und dem zur Entscheidung berufenen Gericht nicht mehr zwingend ist.

Bei einem national autonomen Recht bedeutet dies ohne weiteres die Anküpfung der internationalen Gerichtsstandsvereinbarungen an die lex fori, wobei sich die Formfrage eines primären Mittels zur Berücksichtigung jeder eigenen Zuständigkeitsordnung bedient. Da indessen etwa aus der Entwickung des EuGVÜ erhellt, daß bei internationalen Gerichtsstandsvereinbarungen die Formfrage nicht ein zusätzlicher Wirksamkeitsfaktor für die je nach der Zuständigkeitsordnung unterschiedlich geregelte materielle Vereinbarung darstellt, das Formerfordernis vielmehr dem Begriff "Gerichtsstandsvereinbarung" a priori immanent ist, ist die internationale Gerichtsstandsvereinbarung auf der prozessualen Ebene weiterzuentwickeln. Die beiden Vereinbarungen beruhen insoweit auf unterschiedliche Grundlage. Einerseits handelt es sich bei internationalen Gerichtsstandsvereinbarungen um eine prozessuale Rechtsentwicklung, deren Eigenschaft auf bestimmte Formerfordernisse gestützt wird. Im Zuge der Entwicklungsphase wurde diese durch das EuGVÜ weitgehend typisiert. Andererseits steht die Erfüllungsortsvereinbarung im engen Zusammenhang mit dem materiellen Recht, was zur Folge hat, daß die einheitliche Auslegung von Erfüllungsortsvereinbarungen die Vereinheitlichung des unterschiedlichen materiellen Rechts bedürfen. Konsequenterweise führt diese materiell-rechtliche Grundlage dazu, den Erfüllungsort gemäß Art. 5 Nr. 1 EuGVÜ nach vorhandenem einheitlichem Recht zu bestimmen, mag man dessen Anwendung auch als mit den Wertungen des EuGVÜ unvereinbar erachten. Die vom EuGH aufgestellte Regel, der Erfüllungsort gemäß Art. 5 Nr. 1 EuGVÜ bestimme sich nach dem vom Kollisionsrecht des Forum berufenen materiellen Recht, ist daher etwa auf das Einheitskaufgesetz, das für die Kaufpreis- und Werklohnzahlungsklage einen Klägergerichtsstand (meistens das Gerich am Sitz des Verkäufers bzw. Lieferanten) vorsieht, zu erweitern. Zutreffend hat der BGH die Bestimmung des Gerichtsstands des vertraglichen Erfüllungsortes gemäß Art. 5 Nr. 1 EuGVÜ auch bei Werklieferungsverträgen an das EKG angeknüpft und ist über Art. 59 Abs. 1 Halbsatz 1 EKG zur Bejahung eines Klägergerichtsstands gelangt.[128]

---

[128] BGH v. 13 5 1992, EuZW 1992, 518; vgl. aber und zum Meinungszustand s. BGH Vorlagebeschluß v. 26. 3. 1992, IPRax 1992, 373 = EuZW 1992, 514 m. Anm. *Geimer*.

2. Abschnitt: Zur Konkretisierung des Zustandekommens der internationalen Gerichtsstandsvereinbarung

§ 5. Das Verhältnis von § 38 I, II ZPO zu Art. 17 EuGVÜ

I. Abgrenzung des § 38 II ZPO gegenüber § 38 I ZPO

§ 38 Abs. 1 ZPO betrifft einen bestimmten Personenkreis, nämlich Vollkaufleute usw.. Diesen steht die örtliche Gerichtsstandsvereinbarung unbeschränkt, d. h. formlos frei. Für dieses Privileg heißt es im Bericht des Rechtsschusses des Bundestages: "Ein ausnahmsloses Verbot der Gerichtsstandsvereinbarungen wäre allerdings vom Grundanliegen des vorliegenden Gesetzentwurfs, den geschäftlich Ungewandten zu schützen, nicht mehr gedeckt und im Hinblick auf den Grundsatz der Vertragsfreiheit nicht gerecht. Es ist daher der Personenkreis, der über die nötige Geschäftserfahrung verfügt, von dem Verbot der Gerichtsstandsvereinbarungen auszunehmen."[129] § 38 Abs. 2 ZPO sieht andererseits eine wichtige Einschränkung für den Abschluß von Gerichtsstandsvereinbarungen mit einem im Ausland ansässigen Vertragspartner vor. Danach hat eine internationale Gerichtsstandsvereinbarung in bestimmter Form zu erfolgen. § 38 Abs. 2 ZPO macht keinen ausdrücklichen Unterschied zwischen Nichtkaufleuten und Vollkaufleuten. Ebensowenig enthält § 38 Abs. 1 ZPO gewisse Anhaltspunkte für die Zulässigkeit der internationalen Gerichtsstandsvereinbarung. Gleichwohl ergibt sich daraus die Frage, ob auch die schon innerstaatlich privilegierten Vollkaufleute die Formerfordernisse der internationalen Gerichtsstandsvereinbarung beachten müssen.

---

[129] BT-Drucks. 7/ 1384, S. 3.

Nach der im Schrifttum überwiegend vertretenen Auffassung können Vollkaufleute auch internationale Gerichtsstandsvereinbarungen formfrei vereinbaren.[130] Diese steht in § 38 Abs. 1 ZPO nicht lediglich eine Regelung für den inländischen Rechtsverkehr. Diese Bestimmung gelte nämlich als Sonderrecht für Kaufleute. Zur Begründung beruft sie sich auf den Wortlaut, die Entstehungsgeschichte und den Aufbau der gesamten Vorschrift. Für den Charakter des § 38 Abs. 1 ZPO als Grundregel sprächen die Worte "ferner" (Abs. 2) bzw. "im übrigen" (Abs. 3).[131] Wenn es in der Begründung der Gesetzgebung heißt, § 38 II ZPO gewähre im Interesse des internationalen Rechtsverkehrs *auch anderen Personen als Vollkaufleuten* die Möglichkeit der Gerichtsstandsvereinbarung,[132] sei der Zweck der Vorschrift darin zu sehen, die Möglichkeit der Gerichtsstandsvereinbarung für Nichtkaufleute einzuschränken, keineswegs darin, die unter Vollkaufleuten zulässigen Gerichtsstands-vereinbarungen einzuschränken. Daher sei auf Gerichtsstandsverein-barungen unter Vollkaufleuten, seien es örtliche oder internationale, nur der speziell für diesen Personenkreis gedachte § 38 Abs. 1 ZPO anzuwenden.

Die Gegenmeinung verleugt demgegenüber, daß Vollkaufleute beim Abschluß internationaler Gerichtsstandsvereinbarungen das Formgebot des § 38 Abs. 2 ZPO beachten.[133] § 38 Abs. 2 ZPO solle internationale Gerichtsstandsvereinbarungen abschließend regeln mit der Folge, daß sie auch unter Vollkaufleuten formbedürftig seien. Diese Regelung stelle demgemäß eine "Sondervorschrift für die internationale Gerichtsstandsvereinbarung" dar.[134] Als Gründe dafür werden die voneinander unabhängigen einzelnen Arten der Gerichtsstandsvereinbarung angeführt: § 38 Abs. 1 ZPO betreffe nur inländische Gerichtsstandsvereinbarungen, während dessen Abs. 2

---

[130] So *Katholnigg*, BB 1974, 395; *Löwe*, NJW 1974, 475; *Samtleben*, NJW 1974, 1595; *Geimer*, IZPR, Rn. 1606; *Zöller/ Geimer*, IZPR, Rn. 25; *Schütze*, DIZPR, S. 51; *Kropholler*, Handbuch IZVR I Kap. III, Rn. 497f; *Reithmann/ Martiny/ Hausmann*, Rn. 1238; *Thomas/ Putzo*, § 38 Anm. 2a; *Röhl*, Alternativkommentar zur ZPO, § 38 Rn. 10; *Linke*, IZPR, Rn. 186; *Prinzing*, IPRax 1990, 83, 84; *Stein/Jonas/ Bork*, § 38 Rn. 11; MünchKomm/ *Martiny*, IPR Rn. 79 Fn. 161 vor Art. 27 EGBGB; *Rosenberg/ Schwab/ Gottwald*, ZPR, § 37 I 2.

[131] *Stein/ Jonas/ Bork*, § 38 Rn. 11; *Samtleben*, NJW 1974, 1590, 1595; *Prinzing*, IPRax 1990, 83, 84. S. ferner OLG Saarbrücken NJW-RR 1989, 828, 829.

[132] Zitiert -einschließlich der Hervorhebung- nach *Samtleben*, NJW 1974, 1595 Fn. 66.

[133] So OLG Nürnberg NJW 1985, 1296f; OLG München NJW 1982, 1951; AG Berlin-Charlottenberg NJW 1975, 502 m. abl. Anm. *Putzo* und *Samtleben* S. 1606; *Lindacher*, FS Habscheid 1989, 167, 169 Fn. 13; *Zöller/ Vollkommer*, § 38 Rn. 25; *Wieczorek*, § 38 Anm. C I d 1; *Diederichsen*, BB 1974, 379 und 380; *Sandrock/ Jung / Sandrock*, E Rn. 30; *Jung*, S. 99ff..

[134] *Vollkommer*, Rpfleger 1974, 129, 134; *Sandrock/ Jung/ Sandrock*, E Rn. 30; *Jung*, S. 106; siehe ferner OLG Nürnberg NJW 1985, 1296f.

sich abschließend mit internationalen Gerichtsstandsvereinbarungen, auch zwischen Vollkaufleuten, befasse. Entscheidend für die richtige Lösung ist der Regelungszweck. Denn die Meinungsunterschiede laufen schließlich darauf hinaus, ob es sich bei § 38 I ZPO um eine Sonderregelung für einen bestimmten Personenkreis oder um die Abgrenzung der internationalen Gerichtsstandsvereinbarung gegenüber der örtlichen handelt. Dabei ist nicht mehr auf den Wortlaut der Vorschrift abzustellen, weil daraus keine eindeutige Aussage entnommen werden kann. Die Formulierung durch das Wort "ferner" in § 38 Abs. 2 S. 1 ZPO könnte, wie der OLG Nürnberg zu Recht argumentiert, einfach dahin interpretiert werden, daß neben Gerichtsstandsvereinbarungen im inländischen Geschäftsverkehr auch internationale Gerichtsstandsvereinbarungen unter bestimmten Voraussetzungen erlaubt seien.[135] Auch der Zweck des § 38 Abs. 2 ist von der Bedeutung der Form innerhalb internationaler Gerichtsstandsvereinbarung geprägt. Dabei ist die internationale Gerichtsstandsvereinbarung durch die Form weiterzuentwickeln und zwar als das von den unterschiedlichen nationalen Zuständigkeitsordnungen unabhängige Institut, das eine gewisse Erleichterung des internationalen Rechtsverkehrs absichern müßte, weiterzuentwickeln. Dies hätte zur Folge, daß jede Rechtsordnung ihre internationale Gerichtsstandsvereinbarung von einer bestimmten Form abhängig macht. So hat auch der deutsche Gesetzgeber in Absatz 2 des § 38 ZPO die *internationale* Gerichtsstandsvereinbarungen gesondert geregelt und insoweit könnte diese Bestimmugung für eine abschließende Sonderregelung für internationale Gerichtsstandsvereinbarung sprechen. Diese Interpretation entspräche auch der Entstehungsgeschichte der Vorschrift, die jedenfalls zunächst auf den internationalen Rechtsverkehr abstellt. Würde die Formvorschrift einheitlich gelten, so könnte sie dem Interesse des internationalen Rechtsverkehrs besser gerecht werden. In diesem Rahmen könnte man sich auf das von Art. 17 EuGVÜ verfolgte Ziel der Schaffung einer möglichst einheitlichen Form zugunsten des internationalen Rechtsverkehrs berufen.[136] Internationale Gerichtsstandsvereinbarungen auch unter Vollkaufleuten den Anforderungen des § 38 Abs. 2 ZPO zu unterwerfen, ist auch deshalb geboten, weil sonst, ungeachtet des gesetzgeberischen Bemühens der Bestimmung der Kaufleute,[137] der deutsche Richter in Schwierigkeit geriete, die Frage zu entscheiden, ob der ausländische Vertragspartner Kaufmann im Sinne des § 38 ZPO ist.[138]

---

135 OLG Nürnberg, NJW 1985, 1296.

136 Vgl. BT-Drucks. 7/1384, S. 4.

137 S. BT-Drucks. 7/1384, S. 3.

138 So *Sandrock/ Jung/ Sandrock*, E Rn. 29.

Nach der dargestellten Meinungsunterschieden in den obergerichtlichen Entscheidungen[139] schließt sich die höchstrichterliche Rechtsprechung gewissermaßen der hier befürworteten Meinung an. In seiner Entscheidung vom 24. 11. 1988[140] hatte der BGH die Zulässigkeit einer Prorogation unter ausländischen Kaufleuten für ein ausländisches Gericht, genauer gesagt, die Wirksamkeit der Prorogation der deutschen Gerichte, nach deutschem Recht zu prüfen, da die Klage bei einem ohne Prorogation zuständigen deutschen Gericht erhoben und die vereinbarte ausschließliche Zuständigkeit eines österreichischen Gericht eingewandt wurde. Damals hat ein Österreicher, gestützt auf § 23 ZPO, gegen einen anderen Österreicher eine Schadensersatzklage abredewidig am Gerichtsort Frankfurt am Main erhoben. Dabei hat der BGH nicht nur die Wirksamkeit der Prorogation bereits aus Abs. 2 des § 38 ZPO hergeleitet, sondern auch unter Berufung auf diese Bestimmung deren Formerfordernisse geprüft.[141]

II. Verhältnis zwischen § 38 I ZPO und Art. 17 EuGVÜ

Im Verhältnis von § 38 Abs. 1 ZPO, der unter Vollkaufleuten eine formfreie Gerichtsstandsvereinbarung zuläßt, zu Art. 17 EuGVÜ ist die Rechtslage nicht anders.[142] Insbesondere ist es nicht zweifelhaft, daß Art. 17 EuGVÜ auch die Prorogation unter Vollkaufleuten betrifft und damit dem § 38 Abs. 1 ZPO als Spezialgesetz vorgeht. Denn das EuGVÜ stellt nicht darauf ab, welche Personen die Gerichtsstandsvereinbarung abschließen und ist wegen seines Charakters als lex specialis in den Vertragsstaaten einheitlich anzuwenden. Aus diesen Gründen messen überwiegend auch die Vertreter der Meinung, die bezüglich des Verhältnisses von §§ 38 I und II ZPO internationale Gerichtsstandsvereinbarungen unter Vollkaufleuten ohne Rücksicht auf die Schriftform des § 38 Abs. 2 ZPO nur nach § 38 Abs. 1 ZPO

---

139 Vgl. OLG Nürnberg, NJW 1985, 1296; OLG Saarbrücken NJW-RR1989, 828 = IPR spr. 1988, Nr. 162.

140 IPRax 1990, 41 m. Anm. *Schack* (S. 19); NJW 1989, 1431; RIW 1989, 136; LM § 38 ZPO Nr. 28 = MDR 1985, 911.

141 IV 1 b. der Entscheidungsgründe.

142 Siehe. die in der oben Fn.36 angegebenen Mindermeinung.

beurteilen wollen, Art. 17 EuGVÜ den Charakter des lex specialis gegenüber sowohl § 38 II ZPO als auch § 38 Abs. 1 ZPO bei.[143]

Im Schrifttum wird zum Teil die Ansicht vertreten, daß auch die internationale Prorogation nach dem EuGVÜ nach § 38 Abs. 1 ZPO zu beurteilen sei, wenn beide Parteien Vollkaufleute seien.[144] Als Grund dafür wird angeführt, daß das EuGVÜ für die Prorogation unter Vollkaufleuten keine Regelung getroffen habe. Sie verkennt jedoch, daß internationale Gerichtsstandsvereinbarungen in Art. 17 EuGVÜ abschließend geregelt sind, und zwar ohne Differenzierung nach dem Personenkreis. Auch der Einwand, daß eine weitere Auflockerung der Formerfordernisse in Art. 17 EuGVÜ 1978 für die Formfreiheit der internationalen Gerichtsstandsvereinbarung unter Vollkaufleuten gemäß § 38 Abs. 1 ZPO spreche,[145] ist nicht zutreffend. Folgt man der Auffassung, daß die Neufassung nicht auf eine Erleichterung der Form, sondern auf ihre Objektivierung abzielt, so dürfte man nicht etwa darüber von Formdifferenzierung nach dem Personenkreis[146] oder Formerleichterung sprechen. Darin liegt vielmehr eine Verschärfung der Form im Sinne ihrer Abstraktion von der subjektiven Vereinbarung.

---

143 *Stein/ Jonas/ Bork*, § 38 Rn. 12; *Kropholler*, Handbuch IZVR I Kap. III, Rn. 496; MünchKommZPO/ *Gottwald*, IZPR, Art. 17 EuGVÜ Rn. 48; *Roth*, ZZP 93 (1980) 156, 160f; *Linke*, IZPR, Rn. 192; *Samtleben* NJW 1974, 1590, 1595; *Geimer*, IZPR, Rn. 1643; siehe ferner OLG München 11. 2. 1981, NJW 1982, 1951; OLG Karlsruhe 30. 12. 1981, IPRspr. 1981 Nr. 171.

144 *Wirth*, NJW 1978, 461.

145 *Schack*, IPRax 1990, 19, 20; ders, IZVR, Rn. 438.

146 So aber *Prinzing*, IPRax 1990, 83, 84.

§ 6. Bestimmung des auf das Zustandekommen der Gerichtsstandsvereinbarungen anwendbaren Rechts

I. Rechtswahl und Gerichtswahl

Zunächst ist festzustellen, daß die Gültigkeit der Rechtswahl sich nach dem Vertragsstatut richtet, d. h. nach dem Recht, das die Parteien tatsächlich zu wählen beabsichtigt haben.[147] Dieser Anknüpfungsmoment ist mit dem Gesetz zur Neuregelung des Internationalen Privatrechts vom 25. 7. 1986 (BGBl. I 1142) als allgemeiner Rechtssatz anerkannt worden. Es sieht in seinen Änderungsvorschriften (Art. 1) zum Einführungsgesetz zum Bürgerlichen Gesetzbuch (EGBGB) für vertragliche Schuldverhältnisse vor, daß das Zustandekommen und die Wirksamkeit des Vertrags oder einer seiner Bestimmungen sich nach dem Recht beurteilen, das anzuwenden wäre, wenn der Vertrag oder die Bestimmung wirksam wäre (Art. 27 IV, Art. 31 I). Damit ist der Einwand des Zirkelschlusses aufgehoben.[148] Soweit es um Fragen des Zustandekommens und der Wirksamkeit internationaler Gerichtsstandsvereinbarungen geht, kommt die h. M. unvermeidlich zur entsprechenden Anwendung des Art. 27 Abs. 4 EGBGB i. V. mit Art. 31 Abs. 1 EGBGB. Denn sie geht davon aus, daß die Wirksamkeit der Zuständigkeitsvereinbarung nach dem gleichen Recht wie der Hauptvertrag zu beurteilen ist. Sollte die Rechtswahl nach dem in der Rechtswahlklausel benannten Recht wirksam sein, so wäre nach dieser Ansicht nach desem Recht auch die Wirksamkeit der Gerichtsstandsvereinbarung zu prüfen. Dem folgt die Rechtsprechung, indem sie die Frage der Wirksamkeit der Gerichtswahlklausel an den allgemeinen Rechtsgedanken des Art. 31 Abs. 1 EGBGB anknüpft. Im Fall "Lanka Abhaya"[149] hat der II. Senat des BGH nun seine frühere Haltung für eine

147 So *Staudinger/ Firsching,* Vorb. Art. 12 EGBGB; *Palandt/ Heldrich*, Vorb. Art. 12 EGBGB Anm. 4; *Soergel/ Kegel,* Vorb. Art. 12 EGBGB Rn. 341; MüchKomm/ *Martiny*, IPR, Rn. 10 vor Art. 12 EGBGB; *Stoll*, FS Beitzke 1979, 767ff;

148 Hierzu statt vieler *Stoll*, FS Beitzke 1979, 769.

149 BGH U. v. 15. 12. 1986, BGHZ 99, 207 = NJW 1987, 1145 = TranspR 1987, 98 = WM 1987, 273 = WuB VII. A. § 38 ZPO 1. 87 m. Anm. *Abraham* = EWiR 1987, 405 (*Geimer*) = IPRax 1988, 26 m. Anm. *Basedow* (S. 15).

objektive Anknüpfung (in casu an das Statut des Bestimmungshafens)[150] aufgegeben und stattdessen an das in der Rechtswahlklausel berufene Recht angeknüpft.

Darüber hinaus läßt die Rechtsprechung ganz allgemein erkennen, daß auch beim Fehlen einer Rechtswahlklausel das Zustandekommen und die Wirksamkeit einer Prorogation über einen Analogieschluß aus Art. 27 Abs. 4 i. V. mit Art. 31 Abs. 1 EGBGB nach dem Recht zu beurteilen ist, das anzuwenden wäre, wenn die Prorogation wirksam wäre, d. h. nach dem Recht des gewählten Forum. Eine rechtliche Grundlage hierfür bietet die h. M.[151] mit ihrer Aussage, eine Gerichtsstandsklausel sei das wichtigste Indiz für eine stillschweigende Rechtswahl im Sinne des Art. 27 Abs. 1 S. 1 Var. 2 EGBGB.

Angesichts der prozeßrechtlichen Natur der Gerichtsstandsvereinbarung ist dies jedoch nicht zutreffend. Auch wenn in dem Hauptvertrag die Rechtswahl neben der Gerichtswahl vereinbart ist, handelt es sich doch um einen eigenen Prozeßvertrag, für den eigene Regeln gelten.[152] Im Gegensatz zur h. M. ist daher davon auszugehen, daß eine Rechtswahlklausel jedenfalls für die Frage der Wirksamkeit einer Prorogation keine rechtliche Relevanz hat und daß es keineswegs nötig ist, für die Beurteilung über das Zustandekommen solchen Prozeßvertrags ein Korrelat einer stillschweigenden Rechtswahl zu fingieren.

Man mag es als unbefriedigend empfinden, daß die Parteiwillen hinsichtlich der materiellen Einigung der Vereinbarung durch das lex fori- Prinzip einfach durchkreuzt werden können, weil das Prozeßrecht keine näheren Bestimmungen über das Zustandekommen von Prorogationsverträgen enthält. Darauf läuft der Einwand hinaus, aus der Einordnung der Gerichtsstandsvereinbarung als Prozeßvertrag auf die Geltung der lex fori zu schließen, bedeute einen Rückfall in eine begriffsjuristische Ableitung.[153] Dies ist aber keineswegs selbstverständlich. Die Parteiinteressen sind über das Formerfordernis genügend berücksichtigt; der Zeitverlust bei der

---

150 BGH U. v. 30. 5. 1983, VersR 1983, 1077 = NJW 1983, 2772 (hierzu krit. Besprechung von *Mann*, NJW 1983, 2740) = ZIP 1983, 1466 = WM 1983, 1083; LM ZPO § 38 Nr. 22 = IPRax 1985, 27 m. Anm. *Trappe* (S. 8).

151 *Kegel*, IPR, S. 425; *Reithmann/ Martiny*, Rn. 47; *Wolf/ Horn/ Lindacher*, Anh. § 2 AGBG Rn. 23, 90; *Kropholler*, IPR, S. 392; MüchKomm/ *Martiny*, IPR, Art. 27 EGBGB Rn. 47; *Palandt/ Heldrich*, Art. 27 EGBGB Rn. 6.

152 So auch *Geimer*, IZPR, Rn. 1675.

153 Vgl. *Jakobs*, S. 40ff; *Rüßmann*, VersR 1987, 226, 228.

Bestimmung der lex causae sowie bei der Ermittlung des ausländischen Sachrechts würde demgegenüber für die Parteien unerträgliche Rechtsunsicherheit herbeiführen. Doch ist daran insofern festzuhalten, daß auch die Frage der Wirksamkeit der Gerichtsstandsvereinbarung dem lex fori- Prinzip untersteht und daß das auf die Gerichtsstandsvereinbarung anzuwendende Recht mit dem allgemeinen Rechtsgedanken des Art. 31 Abs. 1 EGBGB grundsätzlich nichts zu tun hat. Zum Vergleich sei ein Blick auf das Römische Übereinkommen vom 19. Juni 1980 über das auf vertragliche Schuldverhältnisse anzuwendende Recht gestattet, dessen Art. 8 Abs. 1 die Vorschriften der Art. 27 und 31 EGBGB folgen. Heute ist weithin anerkannt, daß das EVÜ das auf materielle Fragen anzuwendende EU-Einheitsrechts behandelt. Über die Verfahrensprobleme entscheidet demgegenüber ausschließlich das EuGVÜ. Da die Wirksamkeit einer Prorogation, wie bereits dargelegt, über das Formerfordernis weitgehend von dem materiellen Recht abstrahiert ist, ist die Frage des Zustandekommen internationaler Gerichtsstandsvereinbarungen nach der lex fori, und zwar vornehmlich nach deren Verfahrensrecht zu beurteilen. In diesem Sinne würde die Maßgeblichkeit der lex fori zur Beurteilung auch des Zustandekommens einer Gerichtsstandsvereinbarung der praktikablen Rechtssicherheit dienen, da dabei alle Fragen der Prorogation nach einem einheitlichen Recht beurteilt werden.

II. Ausschließlichkeit der Vereinbarung und Bestimmung der lex fori

Soweit die prozeßrechtliche Natur von Gerichtsstandsvereinbarungen auch für die Frage nach deren Wirksamkeit den Rückgriff auf das materielle Recht ausschließt, hat dies zeitlich zur Konsequenz, daß das auf die Zuständigkeitsvereinbarung anzuwendende Recht im Zeitpunkt des Verfahrensbeginns zu ermitteln ist. Dies bedeutet, daß das Recht erst mit der Rechtshängigkeit der Streitsache bestimmbar ist. Das vereinbarte Recht etwa in der Rechtswahlklausel oder das Recht des Hauptvertrags ist daher von vornherein ausgeschlossen. So kommen nun das Recht des vereinbarten Gerichts, das Recht des derogierten Gerichts und schließlich das Recht des (gegebenfalls dritten) angerufenen Gerichts in Betracht. Zwar hat das Schweigen des EuGH[154] zu dem anzuwendenden Recht Anlaß zu Diskussion[155]

[154] vgl. EuGHE 1981, 1671-Elefanten Schuh/ Jacqmain.

gegeben. A priori ist jedoch dieses Problem ganz einfach zu lösen: Hier gilt nichts anderes als der Grundsatz "lex fori". Sollte man der restriktiven Anwendung des lex fori- Prinzips beipflichten, verhindert dies nicht, der uneingeschränkten Geltung des lex fori-Grundsatzes im Bereich des Zustandekommen der Gerichtsstandsvereinbarungen ganz aus dem Weg zu gehen, weil die in Frage gestellten Beschränkungen des lex fori- Prinzips sich meist auf das anzuwendende materielle Recht beziehen.[156] Es erscheint daher naheliegend, wie auch bei Fragen des Zustandekommens oder der Wirksamkeit einer Prorogation auf den im internationalen Zivilprozeßrecht nahezu allgemein anerkannten lex fori-Grundsatz zurückzugreifen und diese Fragen nach dem Recht des angerufenen Gerichts zu beurteilen, unabhängig von der Frage, welche Rechtsordnung die Parteien bereits vereinbart haben.

Eine mögliche Beschränkung der lex fori-Regel bleibt jedoch insoweit offen, als in Fällen der auslandsbezogenen Prozesse bestimmte territoriale Schranken für die Geltung der lex fori angenommen werden. Bei der Entwickung des heutigen Internationalen Zivilprozeßrechts zeichnet sich die Tendenz ab, unter dem Blickpunkt der Gewährleistung des effektiven Rechtsschutzes in bestimmten Fällen ausländisches Prozeßrecht anzuwenden, sei es als Folge der Randberichtigung[157] der lex fori-Regel, sei es aus dem völkerrechtlichen Verbot der extraterritorialen Rechtsdurchsetzung zivilrechtlicher Maßnahmen mit Auslandswirkung.[158] In diesem Zusammenhang stellt sich die Frage, ob nicht aus dem Parteiwillen über die Gerichtsstandsvereinbarung sich die Pflicht des angerufenen Gerichts zur Anwendung eines ausländischen Verfahrensrechts ergibt.

Zwar bestehen noch in einigen Zuständigkeitsordnungen unerwünschte Beschränkungen gegen die internationale Gerichtsstandsvereinbarung, jedoch hat sich diese jedoch indessen weltweit als ein privatautonomes Postulat im Bereich des internationalen Zuständigkeitsrechts erwiesen. Viele Zuständigkeitsrechte gehen auf dem Weg zur Abschaffung nationaler Grenzen bei Gerichtsstandsvereinbarungen. Bemerkenswert ist insbesondere, daß ein hinreichender Inlandsbezug der

---

155 Für die Anwendung des Rechts des vereinbarten Gerichts: *Slymn*, in Schlußanträge zur Rechtssache Elefanten Schuh/ Jacqmain, Slg. 1690, 1697f; Für die Anwendung des Vertragsstatuts: *Lando*, aaO., S. 31 f..

156 S. *Leipold*, Lex fori, Souveränität, Discovery: Grundfragen des Internationalen Zivilverfahrensrechts, S. 20.

157 *Geimer*, IZPR, Rn. 319 ff..

158 Hierzu näher *Gottwald*, FS Habscheid 1989, 119ff; *Schlosser*, FS W. Lorenz 1991, 497ff.

Streitigkeiten für die Anerkennung einer Prorogation nicht zwingend ist. Auch im deutschen Recht ist man sich darüber einig, daß die Zulässigkeit der nach § 38 ZPO wirksam getroffenen Gerichtsstandsvereinbarung nicht daran scheitert, daß der Rechtsstreit keinerlei Beziehungen zum Inland aufweist.[159] Die wirksame Zuständigkeitsvereinbarung begründet vielmehr einen Anspruch auf Justizgewährung im Inland. Daher ist es berechtigt zu sagen, daß heute ein Wettbewerb um das bessere Zuständigkeitsrecht im Bereich der internationalen Gerichtsstandsvereinbarung festzustellen ist. Es wäre angesichts dieser Entwicklungsrichtung geradezu absurd, davon zu sprechen, die Gerichtsstandsvereinbarung ohne Rücksicht auf den Parteiwillen schlechthin dem lex fori-Prinzip zu unterstellen. Richtig ist, daß man bei den Fragen der Zulässigkeit und der Wirkung von Gerichtsstandsvereinbarungen von der Geltung der lex fori- Regel ausgeht, weil die Verbindlichkeit der lex fori dem öffentlichen Interesse an der eigenen Zuständigkeitsordnung im internationalen Rechtsverkehr dient.[160] Richtig ist auch, daß bei der Frage nach dem Zustandekommen dagegen die Parteiinteressen in den Vordergrund treten. Denn die staatliche Kontrolle des Zustandekommens internationaler Gerichtsstandsvereinbarungen ist kein notwendiges Korrelat der Durchsetzung der lex fori. Zu Recht läßt die herrschende Meinung daher den Parteiwillen über das Recht entscheiden, nach dem das Zustandekommen der Gerichtsstandsvereinbarung beurteilt werden soll.[161] Dies wird deutlich beim Vergleich zu der Möglichkeit einer eigenen Rechtswahl für Prorogation und Derogation.[162] Das für die Prorogation gewählte Recht gilt nur bei der Frage nach deren Zustandekommen, während die Fragen der Zulässigkeit und der Wirkung der Prorogation aufgrund des lex fori-Grundsatzes ungeachtet der Rechtswahl nach dem Recht des Forums beurteilt werden. Zu beachten ist dabei, daß das für die Prorogation gewählte Recht anhand des prozeßrechtlichen Charakters der internationalen Gerichtsstandsvereinbarung das Prozeßrecht der betroffenen Rechtsordnung ist, nicht das von der h. M. befürwortete Vertragsstatut.

Fraglich ist weiter, ob und wie aus einer Gerichtsstandsvereinbarung mit keiner gesonderten Vereinbarung über das auf deren Zustandekommen anzuwendende Recht ein entsprechender Parteiwille abgeleitet werden kann. Bei der Beantwortung dieser

---

159 *Roth*, S. 174; *Kropholler*, Handbuch IZVR I Kap. III, Rn. 545; *Reithmann/ Martiny/ Hausmann*, Rn. 1257; *Geimer*, IZPR, Rn. 1745 ff..

160 Hierzu ausfühlich *Jakobs*, S. 47 ff..

161 S. *Jakobs*, S. 55 ff..

162 Vgl. *Schütze*, RIW 1982, 773, 774.

Frage ist auf den eindeutigen Parteiwillen abzustellen. Das lex fori-Prinzip wird nicht nur mit Praktikabilitätserwägungen, sondern auch mit der Gewährung effektiven Rechtsschutzes begründet.[163] Bei Fällen, in denen die Parteivereinbarung keine eindeutige Abweichung von der Grundregel nahelegt, besteht kein Grund, den effektiven Rechtsschutz durch einen Mischprozeß mit Teilen des inländischen und Teilen des ausländischen Rechts zu erschweren. Damit ist ein Kriterium gefunden, das es erlaubt, statt die Gerichtsstandsvereinbarung von vornherein als Einheit betrachten zu wollen, sie nach dem Grad des Parteiwillens zu unterscheiden, über den freilich die lex fori des angerufenen Gerichts entscheiden. Man kann unschwer von der Ausschließlichkeit einer Gerichtsstandsvereinbarung eine von den Parteien eindeutig gewollte Abweichung von der lex fori-Regel ableiten. Die Bestimmung des auf das Zustandekommen anzuwendenden Rechts hängt daher davon ab, ob die Parteien die Zuständigkeit des prorogierten Gerichts als ausschließlich vereinbart haben oder nicht. Wenn die Gerichtsstandsvereinbarung von dem angerufenen Gericht als ausschließlich ausgelegt wird, dann hat dieses Gericht die Frage nach dem Zustandekommen der internationalen Gerichtsstandsvereinbarung nach dem (Prozeß-)Recht des vereinbarten Gerichts zu beurteilen. Andernfalls findet das Recht des angerufenen Gerichts Anwendung. Das vereinbarte Gericht steht mit der ausschließlich getroffenen Vereinbarung in engem Zusammenhang, weil die Parteien die Unterwerfung unter die Rechtsordnung des vereinbarten Gerichts vereinbart haben. Bei nichtausschließlicher Vereinbarung ist es ihnen dagegen gleichgültig, nach welchem nationalem Recht die Streitigkeit beurteilt wird. Der Umstand, daß die Fragen der Zulässigkeit und der Wirkung von Gerichtsstandsvereinbarungen mit der abredewidrigen Klageerhebung vor dem anderen Gericht als dem vereinbarten nach der lex fori dieses Gerichts beurteilt werden, ändert nichts daran, daß bei der Frage nach dem Zustandekommen der ursprüngliche Parteiwille fortgilt; hier treten, wie bereits dargelegt, das öffentliche Interesse des angerufenen Gerichts an der Geltung der lex fori zurück, zumal dieses Gericht die Vereinbarung selbst über die Ausschließlichkeit auslegt. Angesichts der mangelnden Bindungswirkung einer Gerichtsstandsvereinbarung an das vereinbarte Gericht ist es umso mehr geboten, daß der ursprüngliche Parteiwille auch bei dem angerufenen Gericht beachtet wird.

Schwierigkeiten bereitet die Bestimmung der lex fori in dem Fall, daß das jeweilige forum prorogatum von der Parteirolle abhängig ist. Zu dieser Situation kann es kommen, wenn das Forum am Ort des jeweiligen Beklagten oder des jeweiligen

163 *Leipold*, Lex fori, Souveränität, Discovery, S. 28 f..

Klägers vereinbart ist. Bei diesen Fallkonstellationen kommt es ebenfalls darauf an, ob es sich um einen ausschließlichen Gerichtsstand handelt. Da für diese Auslegungsfrage die lex fori des angerufenen Gerichts maßgebend ist,[164] ist die Bestimmung der lex fori auch bei der reziproken Prorogation grundsätzlich Sache des angerufenen Gerichts. Im Zusammenhang mit dem Geltungsbereich des EuGVÜ ist hierfür aber eine gemeinsame Lösung zwischen dem EuGVÜ und der ZPO gefordert, da angesichts der unterschiedlichen Auslegung über die Ausschließlichkeit einer Gerichtsstandsvereinbarung zwischen den beiden Rechtsordnungen[165] dieselbe wechselseitige Zuständigkeitsvereinbarung unterschiedlich behandelt werden kann. Es ist daher unabhängig von der Prüfung der anwendbaren Zuständigkeitsordnung und auch davor vorrangig zu prüfen, ob und wann die Gerichtsstände in einer solchen Vereinbarung Ausschließlichkeit haben soll.

Diese Frage verneint die deutsche Rechtsprechung. Die Klausel, "Gerichtsstand ist jeweils das Land des Klägers", soll danach nicht als Vereinbarung eines ausschließlichen Gerichtsstandes ausgelegt werden.[166] Als Begründung dafür wurde angeführt, die Annahme der Ausschließlichkeit des Gerichtsstands im eigenen Land des jeweiligen Klägers schränke die mit einer solchen Vereinbarung versuchte Möglichkeit der Parteien, jeweils in eigenem Land klagen zu können, zu Unrecht ein und dies entspreche daher nicht dem Parteiinteresse.[167]

Diese Argumentation verkennt aber, daß die Auslegung der Gerichtsstandsvereinbarung erst nach dem Zeitpunkt der Rechtshängigkeit der Streitsache vorgenommen wird. In diesem Zeitpunkt sollte man aber das aufgrund der Vereinbarung angerufenen Gericht als ausschließlich zuständig ansehen. Dies wird deutlich bei der abredewidrigen Klageerhebung. In solchen Fällen könnte die beim Vertragsschluß von den Parteien versuchte Ausweitung der Klagemöglichkeit mit der Annahme der Ausschließlichkeit des Gerichtsstandes in eigenem Land des jeweiligen Klägers bzw. Beklagten zum guten Ergebnis kommen, da das angerufene Gericht anhand der ausschließlichen Zuständigkeit des vereinbarten Gerichts dessen Recht zu beachten

164 *Staudinger/ Firsching*, Rn. 187 vor Art. 12 EGBGB; *Beitzke*, Anm. zu BAG, 27. 1. 1983, AP Nr. 12 zu § 38 ZPO; W. *Lorenz*, IPRax 1989, 22, 23; *Schack*, IZVR Rn. 456 und IPRax 1990, 19f; im Ergebnis auch *Jayme/ Haack,* IPRax 1985, 323.

165 Siehe unten. § 12 II des 4. Teils.

166 OLG München IPRax 1985, 341 m. zust. Anm. *Jayme/ Haack* (S: 323)

167 OLG München, aaO., S. 342.

hat. Dementsprechend konnte der Supreme Court of California[168] eine reziproke Prorogation gegen die abredewidrige Klageerhebung schützen, indem er das der Prorogation entsprechende Gericht für ausschließlich zuständig hielt.

Aus diesem Grunde ist eine wechselseitige Zuständigkeitsvereinbarung als eine Vereinbarung eines ausschließlichen Gerichtsstands anzusehen. Allerdings wirkt die Ausschließlichkeit mit der Auslegung der Vereinbarung, d. h. mit der Rechtshängigkeit der Streitsache ex tunc. Bis dahin haben die Parteien Intersse an der Ausweitung der Klagemöglichkeit. Die Funktion der reziproken Prorogation, mittels Alternativformeln eine mögliche Pattsituation bei der Bestimmung des Forums zu vermeiden, erschöpft sich mit der Klageerhebung. Demgemäß wird die lex fori der wechselseitigen Prorogation wie bei einer Vereinbarung der ausschließlichen Zuständigkeit des Gerichtsstands bestimmt. Im Zusammenhang mit dem Geltungsbereich des EuGVÜ hätte dies zur Folge, daß je nachdem, wer jeweils als Kläger oder Beklagte in Erscheinung tritt, wie der Fall der oben genannten Entscheidung zeigt, die Frage nach der Anwendbarkeit des EuGVÜ unterschiedlich beantwortet würde. Entgegen der Befürchtung der Gegenmeinung ergeben sich daraus aber keine Unsicherheiten, da die Wirkung der Ausschließlichkeit mit der Klageerhebung verbunden ist. Unmittelbar kann man diese Meinung aus einer Entscheidung des EuGH folgern, in der er die Zulässigkeit der wechselseitigen Zuständigkeitsvereinbarung (ausweislich des Sachverhalts hatte die Parteien vereinbart, daß die französische Firma nur in Frankreich, die deutsche nur vor deutschen Gerichten verklagt werden dürfe.) auf die die Vermutung für die Ausschließlichkeit der Vereinbarung enthaltene Formulierung des Art. 17 EuGVÜ stützte.[169]

---

168 Smith, Valentiano & Smith, Inc. v. Superior Court, 17 c. 3d 491; 131 Cal. Rptr. 374. 551 P. 2d 1206 (1976). Hierzu siehe *Schnyder*, RabelsZ 47 (1983), 340, 341.

169 EuGHE 1978, 2133 = RIW/AWD 1978, 814-Meth/Glacetal.

Dritter Teil:

Grenzen der Zulässigkeit internationaler Gerichtsstandsvereinbarungen

1. Abschnitt: Sachliche Grenzen von Gerichtsstandsvereinbarungen

§ 7. Gegenstand und Inhalt der internationalen Gerichtsstandsvereinbarungen

I. Bestimmtheit des Gegenstandes einer Prorogation und Tragweite der Vereinbarung

Der sog. Bestimmtheitsgrundsatz bezieht sich auf die Bestimmtheit des Rechtsverhältnisses einerseits und des vereinbarten Gerichts andererseits. Für die Bestimmtheit des Gegenstandes von Gerichtsstandsvereinbarungen enthalten Art. 17 Abs. 1 S. 1 EuGVÜ und § 40 Abs. 1 ZPO ähnliche Vorschriften. Danach muß sich die Vereinbarung entweder auf eine bereits entstandene oder auf eine künftige, aus einem bestimmten Rechtsverhältnis entspringende Rechtsstreitigkeit beziehen. Im ersten Fall steht das zugrundeliegende Rechtsverhältnis fest, im zweiten ist es jedenfalls bestimmt, wenn die Gerichtsstandsklausel Teil des Vertrages ist und für daraus entstehende Streitigkeiten gelten soll.[1] Die Bestimmtheit fehlt bei Vereinbarung eines Gerichts für alle aus der bestehenden Geschäftsverbindung entstehenden Streitigkeiten.[2] Dies ist z. B. bei der in der Satzung einer Aktiengesellschaft enthaltenen Gerichtsstandsklausel der Fall, soweit sie sich auch auf alle Streitigkeiten zwischen den Aktionären bezieht.[3] Bei einem Dauerschuldverhältnis genügt dagegen die

---

1 MünnKommZPO/ *Gottwald*, IZPR, Art. 17 EuGVÜ Rn. 37.

2 *Zöller/ Vollkommer*, §40 Rn. 4; *Stein/ Jonas/ Bork*, § 40 Rn. 1; *Thomas/ Putzo*, § 40 Rn. 4.

Vereinbarung für den Rahmenvertrag, z.B. einen Alleinvertriebsvertrag,[4] da in diesen Fällen das Rechtsverhältnis zum Zeitpunkt der Vereinbarung nach Art und Gegenstand bereits bestimmbar ist.

Aus den einschlägigen Vorschriften läßt sich eine Einschränkung auf Streitigkeiten aus vertraglichen Ansprüchen unter Ausschluß der Deliktsansprüche nicht entnehmen. Eine Gerichtsstandsvereinbarung kann deshalb auch über Ansprüche aus unerlaubter Handlung abgeschlossen werden. Kein Zweifel besteht auch, daß die aus einem Rechtsverhältnis entspringenden, konkurrierenden Ansprüche von Prorogation bzw. Derogation umfaßt werden können. Fraglich ist dagegen, ob man eine in einem Vertrag enthaltene Vereinbarung auch ohne ausdrückliche Klarstellung auf deliktische Ansprüche ausdehnen kann, die im Zusammenhang mit der Ausführung des Vertrages entstehen. ZPO und EuGVÜ kennen hierfür weder einen allgemeinen Gerichtsstand kraft Sachzusammenhangs noch einen besonderen Gerichtsstand[5]. Zwar ist in Art. 22 Abs.1 EuGVÜ der Fall geregelt, daß Klagen, die im Zusammenhang stehen, bei Gerichten verschiedener Vertragsstaaten erhoben werden, die Regel begründet aber keine Annexzuständigkeit bei Anspruchskonkurrenz, sondern läßt vielmehr nur zu, daß das später angerufene Gericht seine Entscheidung aussetzt.[6]

Die herrschende Meinung läßt die deliktischen Ansprüche von der Gerichtsstandsvereinbarung soweit erfaßt sein, als sie gleichzeitig Vertragsverletzungen darstellen.[7] Diese Ansicht beruht zunächst auf einem Praktikabilitätsgedanken. Zwar wird die

---

3 OLG Koblenz WM 1992, 1736 = RIW 1993, 1401 = ZIP 1992, 1234: in der Sache *Powell Duffryn/ Petereit* ließ der EuGH die Frage, ob die in Frage stehende Klausel dem von Art. 17 Abs. 1 EuGVÜ aufgestellten Bestimmtheitserfordernis genügte, vom OLG Koblenz entscheiden. -A. A.: *Bork,* ZHR 157 (1993), 48, 61; *Geimer*, EWiR 1992, 989 und IZPR, Rn. 1683.

4 *Bülow/ Böckstiegel/ Müller*, Art. 17 EuGVÜ Anm.III 3a; *Kropholler*, IPRax 1983, 268 und EZPR, Art. 17 Rn. 53; *Reithhmann/ Martiny/ Hausmann*, Rn. 1248; *Geimer/ Schütze*, I/1, S. 909f; *Jung*, S. 76; MüchKomm/ *Martiny*, IPR, Rn. 71 vor Art. 27 EGBGB; MünchKommZPO/ *Gottwald*, IZPR, Art. 17 EuGVÜ Rn. 37.

5 Vgl. §§ 29, 32 ZPO; Art. 6 EuGVÜ.

6 *Kropholler*, EZPR, Art. 22 Rn. 1; *Geimer/ Schütze*, I/1, S.295; *Schack*, IZVR, Rn. 341 und 768; s. auch EuGHE 1981, 1671= RIW 1981, 709 = NJW 1982, 507.

7 *v. Falkenhausen,* RIW 1983, 420ff; *Kropholler*, EZPR, Art. 17 EuGVÜ Rn. 52; *Reithmann/ Martiny/ Hausmann,* Rn. 1206; *Kohler*, IPRax 1983, 268 Fn. 27; *Geimer/ Schütze,* I/1, S. 929; *Geimer*, IZPR, Rn. 1719; *Schütze*, DIZPR, S. 57f; *Schack*, IZVR, Rn. 459; *Zöller/ Vollkommer* § 40, Rn. 4; MünchKomm/ *Martiny*, IPR, Rn. 53 vor 27 EGBGB; MünchKommZPO/ *Gottwald*, IZPR, Art. 17 EuGVÜ Rn. 37; OLG Stuttgart RIW 1991,334 = IPRax 1992, 86 m. Anm. *Roth* (S. 67); OLG München RIW 1989, 901 = IPRspr. 1989, Nr. 186 = WM 1989, 602 = ZZP1990, 84 m. Anm. *Schmidt.*

Klage auf zwei verschiedene materiell-rechtliche Anspruchsgrundlagen gestützt, doch liegt prozessual betrachtet lediglich ein Streitgegenstand vor, da der prozessuale Gegenstand jeweils derselbe ist. Die verschiedenen materiellen Ansprüche können daher in einer Klage nur zusammen geltend gemacht weden. Unter diesem Gesichtspunkt scheint es zweifelhaft, die aus ein und demselben Rechtsverhältnis stammenden, deliktischen Ansprüche vor einem anderen Gericht als demjenigen, welches für die vertraglichen Ansprüche zuständig wäre, geltend zu machen.[8] Entscheidend ist allein, ob zwischen den beiden Ansprüchen ein so enger innerer Zusammenhang besteht, daß eine vertragliche Gerichtsstandsvereinbarung auch auf konkurrierende Deliktsansprüche auszudehnen ist. Diesem objekiven Erfordernis ist jedenfalls dann genüge getan, wenn die unerlaubte Handlung sich im Tatbestand mit der Vertragsverletzung deckt. Bei der für ein bestimmtes Vertragsverhältnis vereinbarten Gerichtsstandsklausel sollte man im allgemeinen von einem Zusammenhang im Sinne von Art 6 Nr. 1 und Art. 22 Abs. 3 EuGVÜ ausgehen, weil es sich daher jedenfalls um *eine* Schadensersatzklage handelt. Nicht zuletzt entspricht diese Auslegung dem Parteiwillen; es bedarf besonderer Anhaltspunkte für die Annahme einer Zuständigkeitsspaltung nach der Rechtsnatur der Ansprüche.[9]

Nach der Mindermeinung soll sich eine vertragliche Gerichtsstandsvereinbarung nicht auf konkurrierende Deliktsansprüche erstrecken. Sie beziehe sich nur auf vertragliche Ansprüche und daher könnten die konkurrierenden Deliktsansprüche nicht in dem vereinbarten Gerichtsstand geltend gemacht werden.[10] Als Begründung beruft sie sich auf den Regelungszweck des § 38 ZPO,[11] oder auf den mangelnden Zusammenhang im Sinne von Art. 6 Nr. 1 EuGVÜ (bzw. §62 ZPO) und Art.22 Nr.3 EuGVÜ.[12]

Die Argumentation dieser Mindermeinung ist freilich nicht überzeugend. Sie verkennt vor allem, daß wegen der unterschiedlichen Grundlage der internationalen Gerichtsstandsvereinbarung gegenüber den übrigen besonderen Gerichtsständen der in diesen Vorschriften verwendete Begriff "Zusammenhang" nicht ohne weiteres für die Bestimmung der Tragweite der internationalen Gerichtsstandsvereinbarung heran-

---

8 *v. Falkenhausen*, RIW 1983, 420; OLG München ZZP 103 (1990), 84, 88.

9 *Kropholler*, EZPR, Art. 17, Rn. 52; *Roth*, IPRax 1992, 67, 68; *Geimer/ Schütze*, I/1, S.929.

10 OLG Stuttgart BB 1973, 1270; OLG Hamburg RIW 1982, 669; hierzu s. die krit. Besprechung *v. Falkenhausen*, RIW 1983, 420; Cour d'Appel de Paris m. krit. Anm. *Sterzing*; vgl. auch MünchKommZPO/ *Patzina*, § 40 Rn. 5.

11 OLG Stuttgart, aaO..

12 Cour d'Appel de Paris, aaO..

zuziehen ist. Diesen wichtigen Unterschied übersieht eine solche Auslegung, wenn sie die Trennung des Verfahrens nach den Anspruchsgrundlagen auf die sog. Spaltungstheorie, die für die Ansprüche aus unerlaubter Handlung nach § 32 ZPO bzw. Art. 5 Nr.3 EuGVÜ gilt, stützt. Es ist richtig, daß die h.M. von der Spaltung der besonderen Gerichtsstände nach Anspruchsgrundlagen ausgeht, daß die besondere Zuständigkeit des § 29 ZPO nur für die vertraglichen, diejenigen des § 32 ZPO nur für die deliktischen Anspruchsgrundlagen eröffnet ist. Dem Regelungszweck dieser besonderen Vorschriften würde andernfalls widersprochen[13]. In diesem Rahmen ist die Feststellung des EuGH[14] überzeugend, daß unter den Begriff der unerlaubten Handlung alle Ansprüche des Klägers fallen, die die Haftung des Beklagten betreffen und nicht an vertragliche Ansprüche aus Art.5 Nr.1 angeknüpft werden können, und daß die Zuständigkeit des Art. 5 Nr. 3 EuGVÜ sich nicht auf vertragliche Anspruchsgrundlage erstrecken läßt.[15] Sinn einer Gerichtsstandsvereinbarung ist es im Gegensatz zu demjenigen besonderer Gerichtsstände, Klarheit und Gewißheit über den Gerichtsstand für nicht vorhergesehene Fälle zu schaffen.[16] Diese Interpretation entspricht dem Parteiwillen, aber auch dem internationalen Rechtsverkehr. Aus dem Willen der Parteien ergibt sich in der Regel eine Zuständigkeitsvereinbarung, die sämtliche Folgen einer Vertragsauflösung umfassen soll.[17] Auf der anderen Seite geht

---

13 S. OLG Stuttgart, aaO.. Auch der EuGH ist dieser Spaltungstheorie gefolgt, indem er in Hinblick auf ihrer Ausnahmecharakter vom Grundsatz "actor sequitur forum rei" eine restriktive Interpretation der besonderen Zuständigkeiten in den Art. 5 und 6 EuGVÜ fordert. Hierzu s. die folgende Fußnote.

14 EuGH U. v. 27. 9. 1988 -Rs 189/87, *Kalfelis/ Schröder* Slg. 5565 = NJW 1988, 3088 m. Anm. *Geimer* = RIW 1988. 901 m. Anm. *Schlosser* (S. 987) = WuB VII B1 Art. 5 EuGVÜ 1. 89 m. Anm. *Welter* = IPRax 1989, 288 m. Anm. *Gottwald* (S. 272).

15 Hiergegen wird in jüngerer Zeit kräftig die Ansicht vertreten, daß es dem Kläger gestattet sein müsse, auch konkurrierende Deliktsansprüche gemeinsam mit dem Vertragsanspruch beim Gericht des Erfüllungsort nach Art. 5 Nr. 1 EuGVÜ geltend zu machen. Hierzu *Kropholler*, EZPR, Art. 5 Rn.39; *Roth*, JZ 1992, 194, 195; s. ferner auch die in der vorigen Fn. angegebenen Anmerkungen, daß der EuGH sich vom "eleganten Weg", eine internationale Zuständigkeit kraft Sachzusammenhangs anzuerkennen, weggewandt hat (*Gottwald*, aaO., S. 274), oder daß "Allzuständigkeit" am Wohnsitzstaat des Beklagten dem Gesichtspunkt der Prozeßökonomie und der bonne administration de la justice entspricht (*Geimer*, aaO., S. 3090). M.E. ist dieser Weg keineswegs absurd, er ist vielmehr als Rechtsfortbildung akzeptabel. Bei Art. 5 EuGVÜ kommt es im Gegensatz zu Art.17 EuGVÜ darauf an, ob man in der Rechtsprechung einzelner Mitgliedstaaten eine komplementäre Rollenverteilung oder den mit den nächsten Schritt abzuschaffenden Überfluß sehen sollte. Gewährt die Rollenverteilung den Rechtssuchenden effektiveren Schutz, so ist der selbständigen, komplementären Rechtsentwicklung einzelner Staaten beizupflichten. Im Zusammenhang damit könnte mann die Meinung sehen, die die Frage, welche Ansprüche in konkreten Einzelfall geltend gemacht werden, nach der lex causae beurteilen will. s. *Zöller/ Geimer* Anh.II, Art. 5 EuGVÜ Rn. 14; vgl. weiter OLG München ZZP 103 (1990) 84, 90.

16 S. *Falkenhausen*, aaO., S. 421f.

17 S. *Kropholler*, Handbuch IZVR I Kap. III, Rn. 516.

es hier nicht nur um Klägerinteressen, sondern vielmehr um (über den Interessen der Parteien stehende) internationale Ordnungsinteressen, zu denen die internationale Gerichtsstandsvereinbarung ohne Rückgriff auf das autonomen Recht selbständig auf prozessualer Ebene beitragen sollte. Für den internationalen Rechtsverkehr, insbesondere um in getrennten Verfahren einander widersprechende Entscheidung zu vermeiden, empfiehlt es sich, die konkurrierenden Ansprüche auf ein Gericht zu konzentrieren. Eine Gerichtsstandsvereinbarung ist daher ohne ausdrückliche Klarstellung auf die konkurrierenden deliktischen Ansprüche auszudehnen. Insoweit ist hier von einer Auslegungsfrage keine Rede.[18] Es ist hier vielmehr davon auszugehen, daß eine internationale Gerichtsstandsvereinbarung bei Anspruchskonkurrenz eine internationale Annexzuständigkeit zur Folge hat. Auch bei einer nicht eindeutigen Gerichtsstandsklausel in AGB kann nichts anderes gelten.[19] Dabei besteht jedoch die Gefahr eines "forum shopping": Es ist möglich, daß der Kläger das Gericht des Deliktsortes anruft, nur um dem Beklagten die Zuständigkeit des prorogierten Gerichts zu entziehen. Den Beklagten kann dies aber nicht überraschen,[20] weil ihm die Folgen seiner Vertragsverletzung zugemutet werden können.

II. Bestimmtheit des vereinbarten Gerichts

Von dem Grundsatz der Parteiautonomie aus gesehen scheint es nicht zweifelhaft, daß die Parteien, ungeachtet der Formulierung des z.B.Art.17 Abs.1 EuGVÜ, zwei oder mehrere Gerichte vereinbaren können, insbesondere daß sie das Wohnsitzgericht oder die Gerichte des Heimatstaates des jeweiligen Beklagten oder Klägers zur Entscheidung über ihre mögliche Rechtsstreitigkeiten berufen können.[21] Dem

---

[18] So aber MünchKommZPO/ *Patzina*, § 40 Rn. 5.

[19] S. *Falkenhausen* RIW, 1983,420; vgl. aber MünchKommZPO/ *Patzina* § 40 Rn. 5; s. ferner *Zöller/ Vollkommer*, § 40 Rn. 4.

[20] *Sterzing*, RIW 1989, 570, 572, spricht so unter Berufung auf den Grundsatz der Privatautonome.

[21] *Kropholler*, EZPR, Art.17 Rn. 54f; *Kohler*, IPRax 1983, 268; *Stein/ Jonas/ Bork*, § 38 Rn. 29; MünchKomm/ *Martiny*, IPR, Rn. 53 vor Art.27 EGBGB; MünchKommZPO/ *Gottwald*, IZPR, Art.17 EuGVÜ Rn. 38; EuGHE 1978, 2133 = RIW 1978, 814 = NJW 1979, 1100 (LS).

Bestimmungserfordernis ist dagegen nicht genügt, wenn die Bestimmung des Gerichtsstands einer Partei allein überlassen bleiben soll.[22]

Ist die örtliche Zuständigkeit bei einer bloßen Vereinbarung der internationalen Zuständigkeit nicht bestimmt, greift dann das nationale Verfahrensrecht des prorogierten Staates.[23] Innerhalb der autonomen deutschen Zuständigkeitsordnung ist es in den §§ 12 ff. ZPO ergänzend geregelt. Eine solche Bestimmung wird aber in Frage gestellt, wenn die prorogierte lex fori keinen Anknüpfungspunkt für die örtliche Zuständigkeit bietet. Die gleiche Fragestellung entsteht für die einheitliche Zuständigkeitsordnung des EuGVÜ, soweit in ihr Normen über die örtliche Zuständigkeit fehlen.[24]

Überwiegend wird im Schrifttum die Ansicht vertreten, daß die getroffenen Gerichtsstandsvereinbarungen um eine örtliche Ersatzzuständigkeit zu ergänzen sind, damit sie nicht leerlaufen.[25]

Nach der Mindermeinung ist eine solche Vereinbarung unwirksam, soweit nicht die Parteien selbst ihre Vereinbarung nachträglich ergänzt haben.[26] Dies wird damit begründet, daß die gesetzliche Regelung keine Pflicht zur Bestimmung der örtlichen Zuständigkeit enthalte, und daß wegen der fehlenden Sorge der Parteien kein hypothetischer Parteiwillen hierfür annehmbar sei.

Keine der Annahmen dieser Mindermeinung ist aber überzeugend. Einmal unterstellt eine solche Auslegung dem Parteiwillen, daß die Parteien bei der Vereinbarung der internationalen Zuständigkeit eines Staates die Gerichte dieses Staates für international zuständig bestimmen wollen.[27] Dies läßt sich auch aus dem Wortlaut des

---

22 *Rosenberg/ Schwab/ Gottwald*, ZPR, § 37 I 3e; *Stein/ Jonas/ Bork*, § 38 Rn. 61.

23 *Kropholler*, EZPR, Art. 17 Rn. 58; *Reithmann/ Martiny/ Hausmann*, Rn. 1208; *Stein/ Jonas/ Bork*, § 38 Rn. 29; *Kohler*, aaO., S. 268; MünchKommZPO/ *Gottwald*, IZPR, Art.17 EuGVÜ Rn. 39; *Jung*, S. 77.

24 *Geimer*, WM 1976, 830, 832.

25 *Kropholler*, EZPR, Art.17 Rn. 60; *Kropholler*, Handbuch IZVR I Kap. III, Rn. 145; *Reithmann/ Martiny/ Hausmann*, Rn. 1208; *Kohler*, aaO., S. 268f; *Stein/Jonas/ Bork*, § 38 Rn. 29; *Geimer*, WM 1976, 832; *Geimer/ Schütze*, I/1, S. 251f; MünchKommZPO/ *Gottwald*, IZPR, Art.17 EuGVÜ Rn. 39.

26 *Bülow/ Böckstiegel/ Müller*, Art. 17 EuGVÜ Anm. IV 1.

27 Vgl. MünchKommZPO/ *Gottwald*, IZPR, Art. 17 EuGVÜ Rn. 39.

Art. 17 EuGVÜ herleiten.[28] Um die Durchsetzung privater Rechte in einer zusammenwachsenden Welt zu sichern, ist zum anderen die Pflicht eines jeden Staates zur Justizgewährung (jedenfalls zumindest bei einer internationalen Gerichtsstandsvereinbarung) geboten. Dies spricht dann für eine entsprechende völkerrechtliche Verpflichtung oder eine Aufgabe der nationalen Zuständigkeitsordnung, ein örtlich zuständiges Gericht zur Verfügung zu stellen.[29] Im Anwendungsbereich des EuGVÜ ist demgemäß das Gericht am Wohnsitz der einen Partei oder am Sitz der Regierung ersatzweise örtlich zuständig. Wenn ein zuständiges Gericht nach den §§ 12 ff. ZPO nicht ermittelt wird, so greift die örtliche Ersatzzuständigkeit am Sitz der Bundesregierung (§§ 15 Abs. 1 S. 2, 27 Abs. 2 ZPO analog) oder gegebenfalls im allgemeinen Gerichtsstand des Klägers.[30] Nur im Rahmen des § 38 Abs. 2 S. 3 ZPO gilt ein strengeres Bestimmtheitserfordernis. In diesen Sonderfällen, in denen die Wahlfreiheit über den internationale Gerichtsstand auf gewisse Beschränkungen stößt, um der inländischen Partei denselben Schutz wie in Inlandsfällen zu gewähren,[31] muß das vereinbarte Gericht "bestimmt" bezeichnet werden.[32] Nach der Gegenmeinung ist auch in den Fällen des § 38 Abs. 2 S. 3 ZPO eine auf die internationale Zuständigkeit beschränkte Gerichtsstandsvereinbarung zulässig.[33] Hierfür gilt auch die Regel der Bestimmung des örtlich zuständigen Gerichts mit Hilfe der Ersatzzuständigkeiten; dabei wird übersehen, daß nach einheitlicher Ansicht die §§ 38 bis 40 ZPO für die Beurteilung internationaler Gerichtsstandsvereinbarungen entsprechend herangezogen werden sollen. Es besteht kein Grund, die zum Schutz des inländischen Verbrauchers eingefügte Vorschrift des § 38 ZPO aus dem autonomen Spielraum für die Beschränkung der internationalen Gerichtsstandsvereinbarungen auszuschließen.[34] Zu

---

28 Nach dem Wortlaut des Art.17 EuGVÜ bewirkt die Prorogation , daß über die Streitsache vor einem Gericht oder vor den Gerichten eines Vertrages entschieden wird.

29 *Kropholler*, EZPR, Art.17 Rn. 60 und 145; *Kropholler*, Handbuch IZVR I Kap. III, Rn. 145; *Geimer/ Schütze*, I/1, S. 251f; MünchKommZPO/ *Gottwald*, IZPR, Art. 17 EuGVÜ Rn. 39.

30 *Kropholler*, Handbuch IZVR I Kap. III, Rn. 145 und 524; *Kropholler*, EZPR, Art. 17 Rn. 60; *Geimer*, IZPR, Rn. 1753; *Stein/Jonas/ Bork*, § 38, Rn. 29; MünchKommZPO/ *Gottwald*, IZPR, Art. 17 EuGVÜ Rn. 39.

31 *Kropholler*, Handbuch IZVR I Kap. III, Rn. 507; *Geimer*, IZPR, Rn. 1752; *Samtleben*, NJW 1974, 1590, 1596; MünchKommBGB/ *Patzina*, § 38 Rn. 30.

32 *Kropholler*, Handbuch IZVR I Kap. III, Rn. 525; *Reihmann/ Martiny/ Hausmann* Rn. 1252; *Stein/ Jonas/ Bork,* § 38 Rn. 61; MünchKommZPO/ *Patzina,* § 38 Rn. 38.

33 *Bülow/ Böckstiegel/ Müller*, Art.17 EuGVÜ, Anm. IV 1.

34 Möglicherweise wollte der Vertreter dieser Meinung an seine Kritik an BGH NJW 1986, 1438 anlehnen, wo er sich auf die verfassungsrechtliche Gleichbehandlungsproblematik beruft. Dabei schlägt er im Hinblick auf eine Überrumpelung des schwächeren Vertragsteils vor, daß statt einer Gerneralprävention durch das wohnsitzbedingte Verbot der Gerichtsstandsvereinbarung die Pateiautonomie für Zuständigkeitsvereinbarungen im Rahmen der

beachten ist dabei, daß man zwischen dem Zustandekommen internationaler Gerichtsstandsvereinbarungen, wo durch die Typisierung der Form der internationale Einfluß weitgehend verdrängt wird, und deren Zulässigkeit, die an jeder nationalen Zuständigkeitsordnung gemessen wird, unterscheiden muß. Es wäre daher irreführend, wenn man das Bestimmtheitserfordernis des § 38 Abs. 2 S. 3 ZPO auf das Ausdrücklichkeitserfordernis in § 38 Abs. 3 ZPO stützen würde.[35]

---

allgemeinen Handlungsfreiheit (Art. 2 I GG) zumindest in nuce garantiert sein soll. (s. ZfRV 1992, 321. 340 Fn. 85) Dann wird dabei übersehen, daß es sich hierbei nicht um eine Wirksamkeitsvoraussetzung, sondern um eine Zulässigkeitsvoraussetzung von Gerichtsstandsvereinbarungen handelt, und daß zum vom BVerfG postulierten allgemeinen Rechtsschutzgrundrecht nicht nur das verfassungsmäßige Recht auf effektiven Rechtsschutz, sondern auch dasjenige auf ein faires Verfahren gehört (hirzu s. BVerfG NJW 1992, 359).

35 So aber *Kropholler*, Handbuch IZVR I Kap. III, Rn. 525; *Stein/ Jonas/ Bork*, § 38 Rn. 61.

2. Abschnitt: Kollisionsrechtliche Beschränkungen der Gerichtsstandsvereinbarungen

Die Einwirkung der Gerichtsstandsvereinbarungen auf die internationale Zuständigkeit tritt in zwei Erscheinungsformen auf: negativ durch die Abbedingung der an sich gegebenen Zuständigkeit der Gerichte eines Staates (Derogation); positiv dadurch, daß die an sich nicht gegebene Zuständigkeit der Gerichte eines anderen Staates begründet ist (Prorogation). Beide Vereinbarungen sind jeweils isoliert möglich. So kann eine Prorogation erfolgen, ohne die internationale Zuständigkeit anderer Staaten auszuschließen (isolierte Prorogation). Die Parteien können sich andererseits darauf beschränken, lediglich die internationale Zuständigkeit eines oder mehrerer Staaten auszuschließen, ohne zugleich eine positive Zuständigkeit festzulegen. In der Regel beinhalten die Gerichtsstandsvereinbarungen aber Prorogation und Derogation zugleich. Eine Prorogation hat dann zugleich einen derogierenden Effekt. Dementsprechend bezieht sich die internationale Gerichtsstandsvereinbarung auf zwei verschiedene Zuständigkeitsordnungen.

Freilich gilt im internationalen Zivilprozeßrecht die Regel "forum regit processum": Das auslandsberührende Verfahren ist nach eigenem Recht (lex fori) abzuwickeln, auch wenn in der Sache nach den Regeln des IPR ausländisches Recht anzuwenden ist. Zwar wird in jüngerer Zeit zunehmend die Entwicklung einer Reihe von prozessualen Kollisionsnormen hervorgehoben und ein Kollisionsrecht des internationalen Verfahrensrecht gefordert.[36] Bei internationalen Gerichtsstandsvereinbarungen ergeben sich aber aus beiden Ansichten keine Unterschiede. Auch wenn man *Geimer* insoweit folgt, als in Teilbereichen des internationalen Zivilprozeßrechts mit

---

[36] *Schack*, IZVR, Rn. 4 und 39ff; *Grunsky*, ZZP 89 (1976), 241, 249, 254; s. ferner Pagenstecher ZZP 64 (1951), 249; *Schlosser*, FS Bruns 1980, 45; *Coester-Waltjen*, Internationales Beweisrecht, Rn. 150 ff.. Die h.M. gibt demgegenüber nach wie vor der lex fori-Regel den Vorrang und nimmt nur Grenzkorrekturen am lex fori-Prinzip vor. Zu Recht stellt sie demzufolge die Normen des internationalen Zivilprozeßrechts den Kollisionsnormen gegenüber, was den großen Unterschied zwischen dem internationalen ZPR und dem internationalen PR ausmacht. Hierzu *Nagel*, IZPR IV, Rn. 34f; *Roth*, ZZP 106 (1993), 123, 126; *Bar*, IPR Bd. I, Rn. 361 und IPR Bd. II, Rn. 357; *Leipold*, Lex fori, Souveränität, Discovery, S. 25ff und FS Baumgärtel 1990, 291, 293ff; *Kropholler*, IPR, S. 471; *Schütze*, IDZPR, S. 14f; *Linke*, Grundfragen des Zivilprozeßrechts, 1991, 37ff; *Rosenberg/ Schwab/ Gottwald*, ZPR, § 6 II 1.

Kollisionsnormen gearbeitet werden müsse,[37] so besteht Einigkeit darüber, daß über Zulässigkeit und Wirkungen einer Gerichtsstandsvereinbarung das Recht desjenigen Staates entscheidet, vor dessen Gericht im Streitfall Klage erhoben wird.[38]

Aus der Tatsache, daß die Zulässigkeit einer Gerichtsstandsvereinbarung sich ausschließlich nach der lex fori richtet, und zwar die Prorogation nach der lex fori prorogati, die Derogation nach der lex fori derogati, wird eine logische Folgerung der Grenzen von Gerichtsstandsvereinbarungen gezogen. Für die Vertragsparteien bedeutet dies, daß sie zuvor die Rechtslage im Staat des forum prorogatum wie in dem Staat oder in den Staaten, deren gerichtliche Zuständigkeit derogiert wird, überprüfen sollten.[39] Dazu trägt zunächst beschränkt auf die deutsche Rechtsordnung die folgende Untersuchung bei. Für den derogierten Staat bedeutet das lex fori-Prinzip weithin, daß seine Bestrebung, vor der Parteivereinbarung die Wertentscheidung seiner Rechtsordnung zu wahren, durchgeführt werden kann.[40] In diesem Zusammenhang wird weiteruntersucht, welchen weiteren Zulässigkeitsbeschränkungen die internationale Gerichtsstandsvereinbarung ausgesetzt ist.

Angesichts der weltweiten Diskussion, den Zugang zu Gericht zu verbessern und den gerichtlichen Rechtsschutz effektiver zu gestalten,[41] sollen die Schwerpunkte der Untersuchung darauf gesetzt werden, welche Grenzen der Parteiautonomie sowie der Wertentscheidung des deutschen Rechts mit Rücksicht auf die Durchsetzung aller subjektiven privaten Rechte[42] zu setzen sind und gesetzt werden dürfen. Hier geht es um das Spannungsverhältnis zwischen dem Justizgewährungsanspruch der In - und

---

37 *Geimer*, IZPR, Rn. 333; *Zöller/ Geimer*, IZPR, Rn. 4.

38 Die Anknüpfung des Zustandekommen von Gerichtsstandsvereinbarungen an die lex fori wurde schon im zweiten Teil ausführlich dargelegt.

39 *Linke,* aaO., Rn. 178.

40 Eine solche Bestrebung um die international zwingenden Vorschriften der lex fori kommt auch auf kollisionsrechtlicher Ebene auf. Nach mancher Kollsionsrechtsordnungen sollen die zwingenden Vorschriften der lex fori stets zu beachten sei, und zwar unabhängig davon, ob das Vertragsstatut vereinbart ist oder nicht. Hierzu vgl. Art. 18 IPRG; Art. 34 EGBGB (= Art. 17 Abs. 2 Römisches EG-Schuldvertrags-ÜK von 1980; zum Verhältnis zum odre public-Vorbehalt s. unten § 10 III.

41 Dazu vgl. den 7. Internationalen Kongreß für Prozeßrecht in Würzburg 1983, worauf das Thema auf Grundlage der Ausstrahlungswirkung der Verfassung auf das Zivilprozeßrecht ausführlich erörtert wurde. Hierzu s. Walter J. Habscheid (Hrsg.), Rechtsschutz und verfassungsmäßige Ordnung; *Schwab/ Gottwald*, Verfassung und Zivilprozeßrecht.

42 *Schwab/Gottwald*, aaO.; BVerfG NJW 1991, 413.

Ausländer[43] und dem lex fori-Prinzip der deutschen Gerichte sowie der Dispositionsfreiheit der Vertragsparteien.

---

43 *Gottwald*, Der Ausländer im Prozeß, S. 17 bei Fn. 30; *Geimer*, ZfRV 1992, 321, 336 und IZPR, Rn. 334; *Schütze*, DIZPR, S. 72.

§ 8. Zulässigkeit von Parteivereinbarungen über die deutsche Gerichtszuständigkeit -Gesetzliche Beschränkungen nach § 40 II ZPO-

I. Sinn und Inhalt des § 40 II ZPO bei internationalen Fällen

§ 40 Abs. 1 S. 1 ZPO begrenzt vertragliche Zuständigkeitsvereinbarungen auf vermögensrechtliche Streitigkeiten und auf nicht ausschließliche Gerichtsstände. Ansonsten erklärt er die betreffende Parteivereinbarung für unzulässig. Diesen gesetzlichen Schranken von Gerichtsstandsvereinbarungen liegen öffentliche Interessen der deutschen Rechtsordnung zugrunde.[44] Dafür spricht das deutsche Gesetzgebungsmaterial, wonach die Vorschrift verhindern soll; "daß die vom Gesetz aus besonderen Rücksichten im Interesse der öffentlichen Ordnung getroffenen Kompetenzbestimmungen geändert werden."[45]

Nach überwiegender Meinung schlagen diese innerstaatlichen gesetzlichen Schranken von Gerichtsstandsvereinbarungen auf die internationale Zuständigkeit durch: Ein ausschließlicher inländischer Gerichtsstand begründet auch eine ausschließliche internationale Zuständigkeit. Unabhängig davon sind in nichtvermögensrechtlichen Streitigkeiten Vereinbarungen über die internationale Zuständigkeit ausgeschlossen.[46] Da damit internationale Gerichtsstandsvereinbarungen durch das autonome deutsche Recht tangiert werden, kann anders als bei der örtlichen Zuständigkeit von keiner allgemeinen Zulässigkeit internationaler Gerichtsstandsvereinbarung die Rede sein.[47] Die in § 40 Abs. 2 ZPO genannten Schranken stellen vielmehr auf der internationalen Ebene eine territorialitätsbedingte spezielle Grenze von Gerichtsstandsvereinbarungen dar. In den verschiedenen Rechtsordnungen bestehen freilich keine allgemeinen Kriterien für die Beurteilung der Ausschließlichkeit und des Begriffs der vermögensrechtliche Streitigkeit. Dies bedeutet aber nicht, daß die grenzüberschreitenden Schranken von Gerichtsstandsvereinbarungen in dieser Vorschrift abschließend

---

[44] *Kropholler*, Handbuch IZVR I Kap. III, Rn. 526; *Jung*, S. 113.

[45] *Hahn,* I 161.

[46] *Zöller/ Vollkommer*, § 40 Rn. 1 und 5f; *Thomas/ Putzo*, § 40 Rn. 1; *Kropholler*, Handbuch IZVR I Kap. III, Rn. 526 und 531; *Reithmann/ Martiny/ Hausmann*, Rn. 1253; *Jakobs*, S. 92; *Jung*, S. 112; *Gottwald*, FS Firsching 1985, 97 mwN.; *Stein/ Jonas/ Bork*, § 40 Rn. 7.

[47] So aber *Zöller/ Vollkommer*, § 40 Rn. 1.

geregelt wären. Der Vorschrift selbst ist anhand der unterschiedlichen Interessenlage[48] zwischen dem prorogativen und dem derogativen Aspekt einer internationalen Gerichtsstandsvereinbarung kein entscheidender Maßstab für ihre Übertragung auf die internationale Ebene zu entnehmen. Einmal enthält die Vorschrift nicht die etwa in *Gottwalds* Zudsammenstellung[49] gezeigten weiteren Schranken, die ihrerseits zum Zweifel an dem Grundsatz der Parteiautonomie führen sollen.[50] Fraglich ist andererseits, ob die Regeln des § 40 Abs. 2 ZPO auch der Begründung oder dem Ausschluß einer internationalen Zuständigkeit deutscher Gerichte zwingend entgegenstehen. Im Zusammenhang hiermit soll im folgenden der Frage nachgegangen werden, inwieweit die Zulässigkeitsschranken des § 40 Abs. 2 Satz 1 ZPO im internationalen Kontext interessengerecht modifiziert werden können.

II. Prorogation eines deutschen Gerichts in nichtvermögensrechtliche Streitigkeit

Für die Scheidung wählen Ausländer häufig den Gerichtsstand Deutschlands. Für die Scheidung von Ausländerehen eröffnet § 606a Abs. 1 S. 1 Nr. 4 ZPO die deutsche internationale Zuständigkeit. Die Anforderungen an die internationale Zuständigkeit wurden zwar in der IPR-Reform 1986 augenfällig vermindert,[51] der Gesetzgeber wollte aber wohl Prorogationen nicht zulassen.[52] Unzweifelhaft ist demnach den Parteien die Prorogation deutscher Gerichte in Ehe- und Kindschaftssachen versagt. Mit Recht hat daher das OLG Hamburg die deutschen Gerichte zur Scheidung von Eheleuten verschiedener ausländischer Staatsangehörigkeiten für unzuständig erklärt, soweit das Begehren auf eine Zuständigkeitsvereinbarung der Parteien gestützt war.[53] Für die Begründung der Unzuständigkeit wurde die Schranke des § 40 Abs. 2 ZPO herangezogen.

---

48 S. *Habscheid*, FS Schima 1969, S. 186ff.

49 *Gottwald*, FS Firsching 1985, 89.

50 *Zöller/ Vollkommer*, Vorbem. § 38 Rn. 9.

51 Vgl. BT-Drucks. 10/504, S. 108; *Henrich*, Internationales Familienrecht, S. 104 schreibt von einem Übergang von einer positiven zu einer negativen Anerkennungsprognose.

52 *Geimer*, IZPR, Rn. 1751.

53 OLG Hamburg IPRax 1986, 153 m. Anm. *Henrich* (S. 139).

Es stellt sich nunmehr die Frage, ob diese Schranke allgemein für alle nicht vermögensrechtlichen Sachen gilt. Diese Frage wird tatsächlich überwiegend bejaht.[54] Danach muß sich die internationale Gerichtsstandsvereinbarung auf vermögensrechtliche Ansprüche beziehen. Im nichtvermögensrechtlichen Bereich begründe die Prorogation, in der eine abweichende deutsche internationale Zuständigkeit vereinbart sei, dagegen wegen des § 40 II 1 ZPO nicht die Zuständigkeit der deutschen Gerichte. Diese Auffassung erfährt zunehmend von einer Reihe juristischer Autoren Kritik. Nachdem *Habscheid* gegen die Unzulässigkeit der Prorogation auf deutsche Gerichte in nichtvermögensrechtlichen Streitigkeiten Bedenken geäußert hatte,[55] hat auch *Jakobs* zu der Diskussion um die Gerichtsstandsnovelle 1974 mit dem Vorschlag beigetragen, daß das deutsche Recht für die Prorogation der inländischen internationalen Zuständigkeit eine Ausnahme von dem Grundsatz des Prorogationsverbots in nichtvermögensrechtlichen Angelegenheiten annehmen sollte.[56] In solchen Fällen würde das inländische öffentliche Interesse, auf das die gegensätzliche Ansicht weitgehend zurückgeht, nicht tangiert, weil eine an sich bestehende deutsche Zuständigkeit nicht modifiziert werde.[57] Da eine derartige Prorogation dann allein von der Haltung des forum derogati abhängig sei, werde allerdings die Billigung dieser Derogation vorausgesetzt[58]. Während *Leipold* eine entsprechende Anwendung des § 40 Abs. 1 S. 1 ZPO auf die internationale Zuständigkeit bezüglich dessen Beschränkung auf vermögensrechtliche Ansprüche kategorisch ablehnt,[59] wollen *Geimer*[60] und *Schack*[61] über die Zulässigkeit einer Vereinbarung über die internationale Zuständigkeit in nichtvermögensrechtlichen Streitigkeiten ganz nach dem Einzelfall entscheiden.

Die Argumentation gegen die Prorogation zu deutschen Gerichten bei nichtvermögensrechtliche Streitigkeiten ist wenig überzeugend. Der schematische Hinweis

---

54 *Matscher*, S. 90; *Jung*, S. 114; *Zöller/ Vollkommer*, § 40 Rn. 7; *Kropholler*, Handbuch IZVR I Kap. III, Rn. 527 mwN.; *Reithmann/ Martiny/ Hausmann*, Rn. 1253; *Jasper*, S. 108; *Stein/ Jonas/ Bork*, § 40 Rn. 7; *Hausmann*, FS W. Lorenz 1991, 359, 369.

55 *Habscheid*, FS Schima, S. 200.

56 *Jakobs*, S. 101ff.

57 *Jakobs*, S. 104.

58 *Jakobs*, S. 105f.

59 *Stein/ Jonas/ Leipold*, § 40 Rn. 7.

60 *Geimer*, IZPR, Rn. 1635 und 1751.

61 *Schack*, IZVR, Rn. 440.

auf die Doppelfunktionalität[62] der Zuständigkeitsvorschriften der ZPO oder auf eine inländische Wertentscheidung[63] hat wenig Gewicht. Angesichts der funktionalen Verschiedenheit von örtlicher und internationaler Zuständigkeit[64] kann man an einer unmittelbaren Anwendbarkeit des § 40 Abs. 2 ZPO auf internationale Gerichtsstandsvereinbarungen durchaus zweifeln.[65] In einem solchen Falle würde das inländische öffentliche Interesse allenfalls insoweit berührt, als die Gerichte des Forumstaates mit Rechtssachen belastet würden, die dieses Interesse nicht berühren. Diese Ansicht, die auf dem ausschließlich am staatlichen Rechtspflegeinteresse orientierten Grundsatz der Unzuständigkeit inländischer Gerichte beruht, ist aber überholt.[66] Für eine gegenteilige Auslegung, die dem internationalen Institut internationaler Gerichtsstandsvereinbarungen Raum läßt, sprechen vor allem die völkerrechtlichen Tendenzen,[67] die zunehmend davon geprägt sind, auch Ausländern einen Gerichtsstand zur Austragung von Streitigkeiten zur Verfügung zu stellen, die ihren Ursprung im Inland haben. Auch die Begründung, daß in nichtvermögensrechtlichen Sachen die deutsche internationale Zuständigkeit abschließend geregelt ist, betrifft nur die im Gesetz geregelte internationale Zuständigkeit etwa für Ehe-, Kindschafts- und sonstige Familiensachen, die der Gesetzgeber bei diesem Prorogationsverbot primär im Auge hatte. Die Unzulässigkeit der Prorogation in derartigen Fällen wird auch von solchen Autoren vertreten, welche die Prorogation in nichtvermögensrechtlichen Angelegenheiten nicht pauschal ablehnen, sondern gesondert prüfen wollen.[68]

---

62 *Kropholler*, Handbuch IZVR I Kap. III, Rn. 527.

63 *Kropholler*, Handbuch IZVR I Kap. III, Rn. 527; *Jasper*, S. 107.

64 Dazu BGHZ 44,46ff.

65 Vgl. *Walchshöfer*, ZZP 80 (1967), 165, 211 und ZZP 82 (1969), 305; *Jung*, S. 117 mwN..

66 S. *Habscheid*, FS Schima., S. 201.

67 Zur Entwicklungstendenz der ursprünglichen ausländerfeindlichen französischen Zuständigkeitsordnung s. o. § 1. Auch die Meinung gegen die Einführung der forum-non-conveniens-Doktrin in das europäischen Zuständigkeitssystem stützt sich nicht auf eine Belastung der inländischen Gerichte (vgl. aber *Geimer*, NJW 1991, 3072, 3073f gegen BGH-Entscheidung v. 2. 7. 1991, NJW 1991, 3092 = IPRax 1992, 164 m. Anm. *Schlosser* (S. 140) = JZ 1992, 51 m. Anm. *Schack* = DWiR 1991, 245 m. Besprechung *Schütze* (S. 239) = RIW 1991, 856 m. Besprechung *Fischer* (RIW 1992, 57). Bedenken stöße vielmehr auf den Anspruch auf Justizgewährung bzw. die Rechtsunsicherheit insb. für die Parteien (hierzu s. *Geimer*, ZfRV 1992, 321, 340 m. Fn.85 und IZPR, Rn. 1075; *Zöller/ Geimer*, IZPR, Rn. 56; *Schütze*, DIZPR, S. 39; ders, DRiW aaO., S. 242; *Reus*, RIW 1991, 542; *Fischer*, RIW 1990, 794, 796).

68 *Geimer*, IZPR, Rn. 1634 und 1751; *Schack*, IZVR, Rn. 440; vgl. ferner *Walchshöfer* ZZP 80 (1967), 218, 219, der die Unzulässigkeit der Gerichtsstandsvereinbarung in nichtvermögensrechtlichen Streitigkeiten nicht einer entsprechenden Anwendung des § 40 II ZPO, sondern aus der Abschließlichkeit einiger in ZPO besonders geregelten deutschen internationalen Zuständigkeiten ableitet.

Schließlich gibt es keinen Sinn, die internationale Zuständigkeit in anderen Bereichen als denen der im inländische Recht besonders geregelten Zuständigkeit der Parteidisposition zu entziehen. Eine solche Auslegung entspricht vornehmlich dem Parteiinteresse, weil andernfalls die Parteien nicht unter einem angebrachten Rechtsschutz stehen, sondern mit einem entbehrlichen und häufig lästigen "Kindermädchen" versehen würden.[69] In diesem Zusammenhang darf der Hinweis *Geimers* hervorgehoben werden: "Eine "Generalprävention" durch ein möglichst weitgehendes Verbot der Zuständigkeitsvereinbarung im IZVR ist verfassungsrechtlich nicht geboten, ja im Gegenteil sogar bedenklich, wenn man sich das legitime Bedürfnis der Parteien nach forum Planung vor Augen hält. Die gesetzlichen Zuständigkeitsregeln arbeiten mit Generalisierung und Pauschalisierung, bringen also nur ein grobes Raster. Es bedarf daher der Korrektur- und Steuerungsmöglichkeit für den Einzelfall."[70]

III. Derogation eines deutschen Gerichts bei nichtvermögensrechtlichen Ansprüchen

Bei der Derogation der deutschen internationalen Zuständigkeit in nichtvermögensrechtlichen Angelegenheiten ist die Lage anders. Solch eine Parteidisposition können die deutschen Gerichte nicht billigen; sie ist unzulässig.[71] Die Gegner vertreten die Ansicht, eine Derogation der internationalen Zuständigkeit sei auch in nichtvermögensrechtlichen Streitsachen stets dann zulässig, wenn und insoweit der Streitgegenstand der Parteidisposition unterliege.[72] Diese Ansicht wird darauf gestützt, daß die Parteien aufgrund der Dispositionsmaxime auch auf den Rechtsschutz verzichten können, so daß einer Derogation der inländischen Zuständigkeit weder schutzbedürftige Parteiinteressen noch öffentliche Interessen entgegenstünden. Diese Lösung ist jedoch abzulehnen.

---

69 *Schack*, IZVR, Rn. 440.

70 *Geimer*, ZfRV 1992, 321, 340 Fn. 85, der als Beispiel für eine solche fallbezogene Untersuchung die Namenschutzklage nennt. Hierzu ders, IZPR, Rn. 1635.

71 H. M.: *Kropholler*, Handbuch IZVR I Kap. III, Rn. 528; *Hausmann*, FS W.Lorenz 1991, 358, 369; *Jakobs*, S. 107; *Jung*, S. 114; *Jasper*, S. 108; *Stein/ Jonas/ Bork*, § 40 Rn. 7.

72 *Kralik*, ZZP 74 (1961), 38; *Habscheid*, FS Schima, S. 194; *Schack*, IZVR, Rn. 450.

Die Argumentation der Gegenansicht, daß die Parteien durch Vertrag auf den gesetzlich vorgesehenen Rechtsschutz verzichten können, stößt auf Bedenken, wenn man im Recht auf Justizgewährung ein unverzichtbares Menschenrecht gegen den eigenen Staat sieht.[73] Im übrigen scheint es sachgerechter zu sein, die in § 40 Abs. 2 ZPO genannten beiden Schranken der Gerichtsstandsvereinbarungen in internationalen Fällen nur auf die Derogation zu beziehen. Denn im Fall der Prorogation ist ohnehin den deutschen Gerichten eine Handhabe gegeben, die Parteidisposition mit der Wertentscheidung des deutschen Zuständigkeitsrechts abzuwehren. Daraus ergibt sich dann die Rechtfertigung der differenzierenden Betrachtungsweise zwischen Prorogation und Derogation auch in nichtvermögensrechtlichen Streitigkeiten.

IV. Prorogation einer ausschließlichen internationalen Zuständigkeit

Nach § 40 Abs. 2 Satz 1, 2. Alt. ZPO soll eine ausschließliche Zuständigkeit nicht durch Parteivereinbarung abgeändert werden dürfen. Die Frage der Übertragung dieser Regel auf die internationale Ebene ist auch hier nicht unumstritten. Während in Fällen der Derogation eine Vereinbarung zu Lasten der gesetzlich vorgesehenen ausschließlichen Zuständigkeit nach einhelliger Meinung an jener Schranke scheitert, herrscht dagegen keine Einigkeit über deren Ausdehnung auf die Prorogation. Nach *Jasper* soll diese Schranke sowohl für die Prorogation deutscher Gerichte als auch für deren Derogation gelten.[74] Nach der herrschenden Gegenmeinung soll § 40 Abs. 2 Satz 1, 2. Alt. ZPO dagegen nur für die Einschränkung einer ausschließlichen deutschen internationalen Zuständigkeit und nicht im Falle einer Begründung der ausschließlichen Zuständigkeit deutscher Gerichte gelten.[75] Dieser herrschenden Meinung ist zuzustimmen, weil die Parteivereinbarung, wie schon erörtert, über den Regelungszweck der Vorschrift hinweg nicht über Gebühr eingeschränkt werden darf. Die sich auf den Wortlaut der Vorschrift berufende Gegenmeinung ist bedenklich, weil es um deren Transposition in das internationale Zivilprozeßrecht geht. Indes ist man sich darüber weitgehend einig, daß § 40 Abs. 2 ZPO der Berücksichtigung

---

[73] *Gottwald*, FS Firsching 1985, 98 mwN..

[74] *Jasper*, S. 107.

[75] *Zöller/ Vollkommer*, § 40 Rn. 6; *Stein/ Jonas/ Leipold*, § 40 Rn. 7; *Baumbach/ Lauterbach/ Albers/ Hartmann*, § 40 Rn. 4; OLG Köln, OLGZ 86, 210 = IPRspr. 1985, Nr. 145 = MDR 1986, 239 = Rpfleger 1986, 96.

ausländischer ausschließlicher Gerichtsstände nicht entgegenstünde.[76] Verbleibende Streitfrage ist danach nur, nach welchem Recht die Ausschließlichkeit der betreffenden internationalen Zuständigkeit ausländischer Gerichte zu prüfen ist. Unzweifelhaft ist eine Prorogation deutscher Gerichte ausgeschlossen, wenn eine ausschließliche Zuständigkeit ausländischer Gerichte vom deutschen Recht anerkannt wird.[77]

Fraglich ist dagegen, ob eine ausländische ausschließliche internationale Zuständigkeit der wirksamen Prorogation deutscher Gerichte auch dann entgegenstehen kann, wenn diese Zuständigkeit nach deutschem Recht nicht für ausschließlich gehalten wird, oder umgekehrt, ob trotz einer aus deutscher Sicht international ausschließlichen Zuständigkeit eine im Ausland nicht als ausschließlich bewertete ausländische Zuständigkeit die Prorogation auf ein deutsches Gericht hindern kann. Die Antwort darauf hängt davon ab, ob bei der Beurteilung der Ausschließlichkeit der betreffenden ausländischen Zuständigkeit die Wertentscheidung dieses Rechts eine Rolle spielen kann und muß. Wer wie der BGH[78] den Regelungszweck des § 40 Abs. 2 ZPO darin sieht, nur inländische, nicht ausländische ausschließliche Gerichtsstände zu schützen, wird diese Frage verneinen. Da eine beachtenswerte Prorogation auf deutsche Gerichte sich nach dem deutschen Recht richtet, kommt es dabei nicht darauf an, ob sich der derogierte Staat für international ausschließlich zuständig erachtet oder nicht.[79] Eine Reihe von Autoren wollen dagegen die Schutzfunktion der Vorschrift auf ausländische ausschließliche Gerichtsstände ausdehnen und schränken insoweit die Prorogation der deutschen Gerichte ein, und zwar unter der Voraussetzung, daß der derogierte ausländische Staat die Ausschließlichkeit seiner Gerichte tatsächlich beansprucht.[80] Zur Begründung dieser Ansicht wird angeführt, daß dadurch eine etwaige ausschließliche deutsche Zuständigkeit nicht berührt sei und außerdem bei Nichtbeachtung der ausländischen ausschließlichen Zuständigkeit die Gefahr der Nichtanerkennung im forum derogatum bestehe.[81]

---

76 *Reithmann/ Martiny/ Hausmann*, Rn. 1255.

77 *Jung*, S. 118; *Kropholler*, Handbuch IZVR I Kap. III, Rn. 535; *Reithmann/ Martiny/ Hausmann*, Rn. 1255; *Geimer*, IZPR, Rn. 1744.

78 BGH AWD 1969, 115 = GRUR Int.1971, 403 = WM 1969,501 = IPRspr. 1968-69, Nr. 202.

79 *Kralik*, aaO., S. 42; *Jung*, S. 118; *Roth*, S. 175; *Kropholler*, Handbuch IZVR I Kap. III, Rn. 536; *Schack*, IZVR, Rn. 441; *Stein/ Jonas/ Bork*, § 40 Rn. 7; *Geimer*, IZPR, Rn. 1744.

80 *Trinkner*, BB 1972, 765, 766f; *Jakobs*, S. 97; *Soergel/ Kegel*, Rn. 618 vor Art. 7 EGBGB; *Reithmann/ Martiny/ Hausmann*, Rn. 1255; *Rosenberg/ Schwab/ Gottwald*, ZPR, § 20 V.

81 *Trinkner*, BB 1972, 765, 766f.

Eine überzeugende Begründung muß m.E. an die Übertragbarkeit des § 40 Abs. 2 ZPO auf die internationale Zuständigkeit anknüpfen. Diese Frage sollte man nicht einfach dem lex fori-Prinzip überlassen, wonach das deutsche Recht darüber entscheidet, wann für deutsche Gerichte eine beachtenswerte Prorogation vorliegt.[82] So gesehen, geht es hier um eine sinngemäße Einschränkung des lex fori-Prinzips. Dabei ist die internationale Entscheidungszuständigkeit und damit der effektive Rechtsschutz privater Rechte zu berücksichtigen, da die Voraussetzung "tatsächliche Inanspruchnahme" die Anerkennung der inländischen Entscheidung im forum derogatum zusichern würde und dies für die Parteien zur Vorausehbarkeit des Prozesses führen könnte.

V. Derogation eines ausschließlichen deutschen Gerichtsstandes

Da § 40 Abs. 2 ZPO nach einhelliger Meinung auf die Beschränkung einer ausschließlichen deutschen internationalen Zuständigkeit unmittelbare Anwendung findet, begründet eine ausschließliche inländische Gerichtsstandsvereinbarung zugleich eine ausschließliche internationale Zuständigkeit der deutschen Gerichte.[83] Demgemäß ist eine auf die Änderung solcher Gerichtsstände gerichtete Parteivereinbarung unzulässig. Diese Wertentscheidung braucht sich allerdings nicht gegen die bloß auf einer Parteivereinbarung beruhende Ausschließlichkeit durchzusetzen.[84] Sinn und Zweck der jeweiligen ausschließlichen Regelung bestimmt freilich die Reichweite

---

82 S. BGHZ 59, 23, 26 = NJW 1972, 1622 m. Anm. *Geimer* = AWD 1972, 416 m. Anm. *Hoffmann*.

83 *Kropholler*, Handbuch IZVR, I Kap. III, Rn. 531 und 537 mwN.; *Hausmann*, FS W. Lorenz 1991, 359, 369; *Stein/ Jonas/ Bork*, § 40 Rn. 7 *Jakobs*, S. 101; *Jung*, S. 119; *Münzberg*, Zeitgenössische Fragen des internationalen Zivilverfahrensrechts (1972), 177, 189f; *Roth*, S. 174; *Jasper*, S. 108; *Gottwald*, FS Firsching 1985, S. 97; MünchKommZPO/ *Patzina* § 40 Rn. 4; *Zöller/ Vollkommer*, § 40 Rn. 6;*Geimer*, IZPR, Rn. 1642; BGH MDR 1985, 911 = WM 1985, 1507, 1509 = NJW-RR 1987, 227, 229; OLG Köln, OLGZ 86, 210 (s. oben Fn. 73).- A. A.: *Habscheid*, FS Schima, S. 194f; *Kralik*, aaO., S. 39; *Pagenstecher*, RabelsZ 11 (1937), 337, 394f, die die Prorogation der ausschließlichen deutschen internationalen Zuständigkeit für zulässig halten. Diese Ansicht ist überholt; In diesen Fällen gilt seit der Gerichtsstandsnovelle §40 II ZPO unmittelbar. vgl. ferner aber *Schack*, IZVR, Rn. 450, nach ihm geht es hierbei nicht um Voraussetzungen von Gerichtsstandsvereinbarungen, sondern um die ordre public-Kontrolle.

84 MünchKommZPO/ *Patzina*, § 40 Rn. 7.

der Ausschließlichkeit für die internationale Zuständigkeit.[85] Diese wird vorwiegend bei den ausschließlichen örtlichen Zuständigkeiten angenommen.[86]

1) Übertragbar sind die folgenden ausschließlichen zivilverfahrensrechtlichen Gerichtsstände auf die internationale Zuständigkeit: Der dingliche Gerichtsstand (§ 24 ZPO), der Gerichtsstand in Wohnraummietsachen (§ 29 a ZPO), die Gerichtsstände der Hauptintervention (§ 64 ZPO), im selbständigen Beweisverfahren (§ 486 II ZPO), in Wiederaufnahmeverfahren (§ 584 ZPO), im Mahnverfahren (§ 689 II ZPO), in Zwangsvollstreckungssachen (§§ 722, 731, 764, 767ff, 796, 797, 800, 802, 805, 828, 853 ff., 873, 879, 887, 890 ZPO), im Aufgebotsverfahren (§§ 957, 1005 ZPO), im Konkursverfahren (§§ 71, 146, 164, 214, 236, 238 KO), bei der Konkursfeststellungsklage (§ 146 II KO) und in gesellschaftsrechtliche Klagen (§§ 246 III, 249, 275, 273 III AktG; § 61 GmbHG; §§ 51, 109, 112 GenG)

2) Aufgrund des sozialpolitischen Schutzzwecks wird die internationale Ausschließlichkeit auch für eine Reihe von verbraucherrechtlichen Vorschriften anerkannt: §§ 1,7 HaustürWG (Haustürgeschäfte), § 26 FernUSG (Fernunterrichtsverträge), und § 14 AGBG (Verbandsklage gegen AGB-Verwender)

3) Innerhalb des Wirtschaftsrecht ist die Ausschließlichkeit zu bejahen etwa bei § 24 UWG[87] und bei § 49 BörsenG.

Im Zusammenhang mit der Entwicklungstendenz der Rechtsprechung zur Durchsetzung deutschen Börsenrechts für Auslandsgeschäfte[88] sind der Derogation der inländischen Gerichte gewisse Grenzen gesetzt. In den einschlägigen Fällen befaßte sich der Bundesgerichtshof mit dem Ausschluß der deutschen Gerichtsbarkeit und

---

85 *Rahmann*, Ausschluß staatlicher Gerichtszuständigkeit, S. 21; *Hausmann*, FS W. Lorenz 1991, 359, 369. Die Ausschließlichkeitsliste befinden sich bei *Zöller/ Vollkommer*, § 40 Rn. 8 ff. und bei MünchKommZPO/ *Patzina*, § 40 Rn. 8ff.

86 *Rosenberg/ Schwab/ Gottwald*, ZPR, § 20 II 3.

87 BGH U. v. 3. 4. 1985, MDR 1985, 911 = WM 1985, 1507, 1509 = NJW-RR 1987, 227, 229. In diesem sog. *Peters*-Urteil wurde zunächst bestätigt, daß § 33 ZPO auch im internationalen Rechtsverkehr wirksam abbedungen werden kann (s. ferner BGHZ 52, 30, 34; BGHZ 59, 116, 118; BGH, NJW 1981, 2644 = MDR 1982, 137). Der Senat hat vielmehr die internationale Zuständigkeit deutscher Gerichte aus dem § 24 UWG hergeleitet und durchgesetzt unter Hinweis auf seinem Charakter als ausschließlichem Gerichtsstand und damit gestützt auf § 40 II 1 ZPO gegen die Derogation des Widerklagegerichtsstandes.

88 Zu England BGH NJW 1984, 2037 = IPRax 1985, 216 m. Anm. *Roth* (S. 198) = RIW 1985, 78 = WM 1984, 1245; Zu Schweiz OLG Frankfurt, WM 1993, 1670; Zum Verhältnis zum EuGVÜ s.unten § 11 IV.

versagt dieser Derogation die Wirksamkeit, soweit sie in Verbindung mit einer Rechtswahlklausel zur Folge hätte, daß das zur Entscheidung berufene ausländische Gericht den Termineinwand nicht beachten würde. Zwar wird dabei die internationale Zuständigkeit deutscher Gerichte und damit die Möglichkeit der Rückgewähr von Sicherheiten auf § 23 ZPO gestützt, jedoch kann hier von einer Übertragung der gesetzlichen Schranke auf die internationale Zuständigkeit keine Rede sein. Einerseits wurde mehrfach entschieden, daß § 23 ZPO nicht eingreifen kann, wenn er durch die Parteivereinbarung wirksam abbedungen worden ist.[89] Andererseits handelt es sich bei § 61 BörsenG a. F. um eine einseitige Kollisionsnorm des deutschen internationalen Privatrechts, die die Gewährung des Termineinwands bzw. der Termingeschäftsfähigkeit auch gegen entgegenstehendes ausländisches Recht durchsetzt. Trotz Bedenken gegen die Ausdehnung von international zwingendem materiellen Recht auf das internationale Verfahrensrecht[90] sowie gegen den zunehmenden Einsatz materiellrechtlicher Bewertungskriterien im IPR läßt sich diese Richtung im Blick auf die effektive Rechtsschutzgewährung vertreten.[91] Diese "Sonderanknüpfung" zwingender Normen gemäß Art.34 EGBGB (Art. 7 Abs.2 EVÜ)[92] läßt sich insoweit einer echten ordre public-Kontrolle unterstellen.[93] (hierzu s. unten § 10 III.)

---

89 Letzlich OLG Frankfurt WM 1993. 1670, 1671; weitere Nachweise bei *Kropholler*, Handbuch IZVR I Kap. III, Rn. 532 mit Fn. 1205.

90 S. *Geimer*, IZPR, Rn. 1770; *Häuser/ Wetter*, Nationale Gestaltungsschranken bei ausländischen Börsentermingeschäften, WM 1985 Sonderbeilage Nr. 8, S. 10.

91 S. *Samtleben*, IPRax 1989,148, 152; *Gottwald*, FS Firsching 1985, 100

92 *Jayme/ Kohler*, IPRax 1989, 337, 342. vgl. aber *Schlosser*, FS Steindorff 1990, 1379, 1387 ff., der versucht, über ein besonderes Schutzbedürfnis zur Mißbäuchlichkeit der vereinbarten Derogation zu gelangen.

93 *Gottwald*, FS Firsching 1985, 100f; *Horn*, ZIP 1990, 2, 15; *Samtleben*, NJW 1990, 2670, 2672. -A.. A.: *Roth*, S. 199; *Bork*, EWiR 1992, 101.

§ 9. Weitere ungeschriebene Prorogationsbeschränkungen

I. Gerichtsstandsvereinbarung und Urteilsanerkennung

Beim Verhältnis von Gerichtsstandsvereinbarung und Urteilsanerkennung sind zwei unterschiedliche Fallkonstellationen zu unterscheiden, nämlich die Anerkennung der inländischen Entscheidung im derogierten Ausland und die Nichtanerkennung des im forum prorogatum erlassenen ausländischen Urteils im forum derogatum. Bei dem ersten Aspekt fragt der deutsche Richter, ob er nur bei Anerkennungsfähigkeit seiner Entscheidung im derogierten Staat die ihm vorgelegte Prorogation annehmen soll, während es bei dem letzteren darum geht, ob die Prorogation ausländischer Gerichte nur wirksam ist, wenn die ausländische Entscheidung im Inland anerkannt werden kann.

Die herrschende Meinung[94] verneint die erste Frage. Davon abweichend hat es Bestrebungen[95] gegeben, die Anerkennungsfähigkeit des inländischen Urteils für die vollständige Rechtsverwirklichung zu erfordern. Die Argumentation dieser von der h. M. abweichenden Ansicht ist aber nicht überzeugend. Abgesehen davon, daß der Kompetenzanspruch fremder Staaten für den inländischen Richter unbeachtlich ist, ist das Rechtsschutzbedürfnis unabhängig von Vollstreckungsaussichten zu beurteilen, die bei Klageerhebung ohnehin noch völlig offen sind. Das gleiche gilt, auch wenn man der Entscheidung des Bundesgerichtshofes nicht folgen wollte, nach welcher eine Derogation auch dann zulässig ist, wenn das Urteil des als ausschließlich international zuständig vereinbarten ausländischen Gerichts im Inland nicht anerkannt würde.. Denn man sollte von dieser Derogation die Prorogation eines ausschließlichen inländischen Gerichtsstandes unterscheiden.[96] Der Grund dafür liegt darin, die Justizgewährung der konkreten Rechtsverwirklichung vorgehen zu lassen: bei der der Rechtsprechung

---

94 *Geimer*, NJW 1971, 324 und IZPR, Rn. 1750; *Zöller/ Geimer*, IZPR, Rn. 74; *Schütze*, AWD 1973, 370; *Staudinger/ Firsching*, Rn. 186 vor Art.12 EGBGB; *Kropholler*, Handbuch IZVR I Kap. III, Rn. 548; *Reithmann/ Martiny/ Hausmann*, Rn. 1259; *Reiser*, S. 117; *Schack*, IZVR, Rn. 442.

95 *Walchshöfer*, ZZP 80 (1967), 165, 220 und NJW 1972, 2164, 2166; *Trinkner*, BB 1972, 766, 767.

96 A. A. *Trinkner*, BB 1972, 767.

zugrunde liegenden Vereinbarung verbleibt nur die Abwägungsfrage zwischen Dispositionsfreiheit und Rechtsschutzverzicht, weil hier den Parteien der Zugang zu *einem* Gericht schon gewährleistet worden ist; bei der hier in Frage stehenden Prorogation sollte dagegen die Justizgewährung nicht von der Anerkennung in dem Staat, dessen an sich nach § 328 I Nr. 1, §§ 12 ff. ZPO gegebene internationale Zuständigkeit derogiert wurde, abhängig gemacht werden, ohne eine etwaige abweichende Entscheidung abzuwarten.

II. Notwendigkeit einer Abhängigkeit der internationalen Derogation von der Anerkennungsfähigkeit des ausländischen Urteils

Wie ist nun die zweite Frage zu entscheiden? Weiter noch: Ist dem inländischen Kläger eine Inlandszuständigkeit entgegen einer ausschließlichen Gerichtsstandsvereinbarung zuzugestehen, wenn das ausländische Gericht die Prorogation annimmt und etwa ein Leistungsurteil erläßt, das aber im Urteilstaat nicht vollstreckt werden kann, weil der Beklagte dort kein zugreifbares Vermögen besitzt, wohl aber im Inland?

Die ständige Rechtsprechung läßt eine Prorogation unabhängig von der späteren Urteilsanerkennung durchgreifen und versagt damit dem Kläger eine Inlandszuständigkeit zu begründen. In seiner Entscheidung von 13. 12. 1967[97] hat der BGH diese These zuerst aufgestellt. Damals ging es um die Freigabe einer durch die Klägerin geleisteten Sicherheit. Die Klage richtete sich insoweit auf die Feststellung, daß der Beklagten keine Ansprüche aus der Bankgarantie zustehen, die eine Bank für die Erfüllung eines Lieferungsvertrages zwischen der deutschen Klägerin und der beklagten iranischen Staatsbahn dieser gegenüber übernommen hatte. Entsprechend dem von der Beklagten aufgrund der Vereinbarung der ausschließlichen Zuständigkeit des Gerichts in Teheran erhobenen Einwand der Unzuständigkeit der deutschen Gerichte erklärte das Berufungsgericht die Gerichtsstandsvereinbarung für unwirksam und begründete dies im wesentlichen wie folgt: Für die Anerkennung gerichtlicher Urteile sei im Verhältnis von Iran und Deutschland die Gegenseitigkeit nicht garantiert. In solchen Fällen könne die Ausschließlichkeit einer Zuständigkeits-

[97] BGHZ 49, 124 = NJW 1968, 356 = ZZP 82 (1969), 302 m. Anm. *Walchshöfer* = LM Nr. 5 zu § 38 ZPO (LS) m. Anm. *Schneider* = IPRspr. 1966-67 Nr. 222.

vereinbarung nicht anerkannt werden, wenn man aus einem ausländischen Urteil nicht vollstrecken könne. Das müsse auch in einem Fall der vorliegenden Art gelten, in dem der Inländer Gefahr laufe, eine von ihm gestellte Sicherheit zu verlieren.

Aufhebung und Zurückverweisung erfuhr diese Entscheidung des Berufungsgerichts, weil der BGH die Vereinbarung, durch welche die Zuständigkeit der deutschen Gerichte für den Rechtsstreit ausgeschlossen und die iranischen Gerichte für zuständig erklärt wurden, auch dann für wirksam hielt, wenn das Urteil dieser Gerichte in Deutschland nicht anerkannt wird. In der Begründung seiner Entscheidung hat der BGH drei Punkte deutlich herausgestellt. Bei einer internationalen Gerichtsstandsvereinbarung sei den Parteien, sofern ihnen der Verzicht auf den Streitgegenstand freistehe, ein Verzicht auf Rechtsschutz möglich. Daß aus dem Urteil des als ausschließlich zuständig vereinbarten Gerichts im Inland nicht vollstreckt werden könne, führe ferner ohnehin zu keinem Rechtsschutzverzicht, mag auch im Urteilsstaat kein vollstreckungsfähiges Vermögen des Schuldners vorhanden sein und nur eine im Inland geleistete Sicherheit als Gegenstand der Vollstreckung in Betracht kommen. Auf die Auslegung der Parteivereinbarung verwies er schließlich bezüglich der Frage, ob die Versagung des Rechtsschutzes im Inland im Einzelfall einer Versagung des Rechtsschutzes gleichkommt. Diese Begründung wurde in den nachfolgenden Entscheidungen erweitert und ergänzt. In der Entscheidung von 21. 12. 1970[98] wurde diese These auf den Transportvertrag im Konnossement ausgedehnt und dabei festgestellt, daß die Klägerin nicht rechtlos gestellt werde, auch wenn die (schwedischen) Urteile gegen die beklagten schwedischen Verfrachter mangels Verbürgung der Gegenseitigkeit in Deutschland nicht vollstreckbar seien. Eine weitere Begründung für den Fall einer Gerichtsstandsklausel im Konnossement ergebe sich daraus, daß üblicherweise in Konnossementen die Zuständigkeit der Gerichte am Hauptsitz des Verfrachters vereinbart werde, wo sich typischerweise sein Vermögen konzentriere. Der BGH hat sich schließlich auf eine weitere Möglichkeit eines wertpapiermäßigen Anspruchs auf Auslieferung der Güter im Bestimmungshafen berufen. In Ergänzung zu BGHZ 49, 124 hat das Urteil von 8. 2. 1971[99] hervorgehoben, daß das Vorhandensein von Vollstreckungsobjekten im Lande des als zuständig vereinbarten Gerichts zur Zeit der Klageerhebung schon deshalb keine Rolle für die Wirksamkeit der Vereinbarung spielen könne, weil sich der durch das

---

98 BGH, VersR 1971, 336 = NJW 1971, 325 m. Anm. *Geimer* (S. 1525) = LM Nr. 12 zu § 38 ZPO = IPRspr. 1970, Nr. 112.

99 BGH VersR 1971, 460 = NJW 1971, 985 m. Anm. *Geimer* (S. 1525) = IPRspr. 1971, Nr. 131.

ergehende Urteil tatsächlich zu erreichende Rechtsschutz im Zeitpunkt der Klage überhaupt nicht voraussehen lasse. In Anlehnung an das Berufungsurteil[100] verwies der BGH auf die praktischen Schwierigkeiten der Beweisaufnahme darüber, ob sich in dem betreffenden ausländischen Staat vollstreckungsfähiges Vermögen des Schuldners befindet, und darauf, daß sich die Vermögenslage in dem ausländischen Staat laufend ändern könne. Andererseits bliebe die Klägerin in casu nicht schutzlos, vielmehr könne sie auf Grund eines obsiegenden thailändischen Urteils auf eine im Inland vom Beklagten geleistete Sicherheit zugreifen; ihr Anspruch scheitere allenfalls am Fehlen vollstreckungsfähigen Vermögens in dem Bereich, der durch das Urteil des ausländischen Gerichts erfaßt werden könne. Mit dieser Beschränkung habe sich aber die Klägerin durch die Aufnahme der Ausschließlichkeitsklausel im Vertrag einverstanden erkärt. Daran hielten die späteren Entscheidungen[101] fest.

Diese Rechtsprechung hat in der Literatur ein zwiespaltiges Echo ausgelöst. Während die überwiegende Meinung[102] mit der Aufassung des Bundesgerichtshofs im Ergebnis und weitgehend auch in der Begründung übereinstimmt, hat diese von anderer Seite Kritik erfahren.

Die Gegner vertreten die Ansicht,[103] der Prorogation ausländischer Gerichte sei dann keine derogierende Wirkung zuzuerkennen, wenn die ausländische Entscheidung im Inland nicht anerkannt und vollstreckt werden kann. Sie machen somit eine (zulässige) Vereinbarung über die ausschließliche Zuständigkeit ausländischer Gerichte von der Anerkennungsfähigkeit und Vollstreckungsmöglichkeit des ausländischen Urteils im Inland abhängig. Diese Ansicht wird zum Teil darauf gestützt, daß die Parteien erst

---

100 OLG Hamburg MDR 1970, 768 = VersR 1970, 763 = IPRspr. 1970, Nr. 113.

101 BGH VersR 1974, 470 = ZZP 88 (1975), 318 m. Anm. *Walchshöfer* = AWD 1974, 221 m. Anm. *Hoffmann* = WM 1974, 242 m. Anm. *Geimer* (WM 1975, 910) = IPRspr. 1973, Nr. 128b; OLG Koblenz RIW 1985, 153 = IPRax 1984, 267 m. Anm. *Schütze* (S. 246) = IPRspr. 1983, Nr. 136; OLG Saarbrücken NJW-RR 1989, 828 = IPRspr. 1988, Nr. 162; anders aber OLG Hamburg VersR 1972, 1065.

102 *Geimer*, IZPR, Rn. 1765; *Zöller/ Geimer*, IZPR, Rn. 63; *Schütze*, DIZPR, S. 52; *Staudinger/ Firsching*, vor Art. 12 EGBGB, Rn. 189; *Jakobs*, S. 130; *Kropholler*, Handbuch IZVR I Kap. III, Rn. 552; *Reithmann/ Martiny/ Hausmann*, Rn. 1272; *Stein/ Jonas/ Bork*, § 38 Rn. 19b; *Schack*, IZVR, Rn. 442; *Baumbach/ Lauterbach/ Hartmann*, § 38 Rn. 31.

103 *Walchshöfer*, ZZP 80 (1967), 165, 220 und NJW 1972, 2164, 2166; *Münzberg*, aaO., S. 187; *Schröder*, S. 463; *Matscher*, S. 82ff; *Bajons*, FS Kralik 1986, 12; *Eickhoff*, Inländische Gerichtsbarkeit und internationale Zuständigkeit für Aufrechnung und Widerklage, S. 135f; *Milleker*, der Negative Internationale Kompetenzkonflikt, S. 141 Fn. 12; *Zöller/ Vollkommer*, § 38 Rn. 14; *Gottwald*, FS Firsching 1985, 99; *Rosenberg/ Schwab/ Gottwald*, ZPR, § 20 II 2.

mit einem im derogierten Staat anerkannten Urteil des prorogierten Gerichts das mit der Anrufung erstrebte Ziel, ihre Ansprüche im Rechtswege zu verfolgen und durchzusetzen, erreichen können. Zu einer Rechtsverwirklichung gehöre nicht nur die Klageerhebung vor einem bestimmten Gericht, sondern auch eine Zwangsvollstreckung des im Urteil festgelegten Anspruchs. Folgerichtig sei es daher, Gerichtsstandsvereinbarungen dann für unwirksam zu erklären, wenn das ausländische Urteil in dem Urteilsstaat nicht vollstreckt werden kann und im Inland nicht anerkannt wird. Zum Teil wird die Gegenmeinung auch damit begründet, daß die Vereinbarung eines ausschließlichen Gerichtsstandes im Ausland zum Verlust jedes Rechtsschutzes führe, wenn der Schuldner sein gesamtes Vermögen im derogierten Staat besitzt. Wegen der ansonsten drohenden Rechtsverweigerung habe das inländische Gericht bei der Beurteilung einer Prorogation auch die "Annahmebereitschaft" des prorogierten ausländischen Gerichts zu prüfen. Nur auf diese Weise werde die Pflicht des Staates zur Justizgewährung erfüllt, ein Anspruch, auf den man als ein unverzichtbares Menschenrecht nicht verzichten könne. Aus dieser Pflicht des Staates, "die Realisierung des Rechts zu übernehmen", sei es geboten, in diesen Fällen eine Inlandszuständigkeit entgegen der ausschließlichen Gerichtsstandsvereinbarung zu eröffnen.

Der Ansatz dieser Gegenmeinung vermag dem Vorbild einer zukünftigen internationalen Zuständigkeitsordnung von ihrem Ansatzpunkt her befriedigend zu entsprechen. Dies ergibt sich schon aus dem praktischen Bedürfnis, die gerichtliche Rechtsdurchsetzung und -verwirklichung privater Rechte in einer weltweiten Zuständigkeitsordnung zu sichern. In diesem Zusammenhang sind der Parteivereinbarung über die ausschließliche Zuständigkeit ausländischer Gerichte Grenzen gesetzt. Zu Recht mißt daher die Gegenmeinung der Anerkennungsfähigkeit und Vollstreckungsmöglichkeit des ausländischen Urteils im Inland die Bedeutung einer Voraussetzung für die Zulässigkeit von Gerichtsstandsvereinbarungen bei. Ihre innere Berechtigung läßt sich damit begründen, daß die Zulässigkeit der internationalen Derogation und die Anerkennungsfähigkeit des ausländischen Urteils insoweit verbunden sein müssen, als auch die Regeln zur Anerkennung und Vollstreckung ausländischer Entscheidungen als Teil einer Ordnung zum Schutz und zur Verwirklichung subjektiver Privatrechte zu sehen sind.[104] Ergibt das Bedürfnis nach internationaler zwangsvollstreckungsrechtlicher Rechtsverwirklichung, daß die dadurch herbeigeführte verbesserte Gläubigerposition den Schuldner nicht

---

104 Vgl. *Gottwald*, ZZP 103 (1990), 257, 258.

ungebührlich beeinträchtigt, so setzt sich die Sicherung und Gewährleistung der gerichtlichen Rechtsdurchsetzung grundsätzlich auch gegen eine vertragliche Ausschließlichkeit der internationalen Zuständigkeit durch. Eine solche Korrektur ist um so mehr geboten, als die Vollstreckbarkeit einer ausländischen Entscheidung von der Lehre so konzipiert wird, daß sie kraft eigener inländischer Entscheidung konstitutiv neu mit Wirkung für das Inland verliehen wird.[105]

Die Begründung der Rechtsprechung und der ihr zuzustimmenden Meinung ist dagegen wenig überzeugend. Denn die Parallele von Dispositionsfreiheit und Rechtsschutzverzicht, die aus der Rechtsprechung gezogen worden sein könnte, stellt "eine etwas problematische These" dar. Bei einem starken Inlandsbezug der Streitigkeit würde sie zu einer Vernachlässigung der staatlichen Pflicht, Inländern gerichtlichen Rechtsschutz zu gewähren, führen, wenn das inländische Gericht sich der Eröffnung einer Inlandszuständigkeit verschließt.[106] Auch bei fehlender Durchsetzbarkeit des Urteils im Ausland ist dem Gläubiger eine inländische Zuständigkeit zu eröffnen, soweit nur im Inland ein Vollstreckungsobjekt in Betracht kommt. In diesem Falle sind der Dispositionsfreiheit der Parteien völkerrechtliche Grenzen zu setzen: Sie darf nicht auf einen faktischen Rechtsschutzverzicht für den Bereich der internationalen Zuständigkeitsordnung hinauslaufen. In Hinblick auf die Aufgabe der internationalen Zuständigkeitsordnung, einen Mittelweg zwischen dem Schuldnerschutz und effektivem Rechtsschutz für den Gläubiger zu finden, sollte die Dispositionsfreiheit der Parteien über die internationale Zuständigkeit interessengerecht modifiziert werden. Der Ansatz der Gegenmeinung ist insoweit nicht als eine Begrenzung von Gerichtsstandsvereinbarungen zu verstehen: sie stellt vielmehr eine völkerrechtliche Ergänzung der Parteiwillen dar. Die gegenteilige Ansicht beruft sich hingegen auf die Annahme einer Bindung der inländischen Derogation mit der Prorogation seitens der ausländischen Gerichte.[107] Da die Parteien beim Vertragsschluß nicht einen generellen Verzicht auf jeden Rechtsschutz wollten, werde der Gläubiger nicht durch die Gerichtsstandsvereinbarung rechtlos gestellt. Diese Entweder- Oder- Auslegung des Parteiwillens darf man wohl aber bezweifeln, wenn man sich an den Hinweis *Millekers* erinnert,[108] "daß die Behauptung, die Parteien wüßten im vorhinein, was sie mit der Übereinkunft anrichteten, erkenntlich rein fiktiv

---

105 *Gottwald*, IPRax 1991, 285 mwN..

106 *Gottwald*, FS Firsching 1985, 98.

107 *Geimer*, NJW 1971, 1525 und WM 1975, 910f.

108 Vgl auch *Habscheid*, FS Schima 1969, 195; *Reihtmann/ Martiny/ Hausmann*, Rn. 1274.

ist und durch die Erfahrung widerlegt wird."[109] Es ist m. E. plausibler anzunehmen, daß die Parteien dazu bereit sind, daß ihnen über die gesamte internationale Zuständigkeitsordnung die Durchsetzung ihrer Ansprüche bzw. die Rügemöglichkeiten gewährleistet wird.

Veranlaßt durch eine in einer Entscheidung[110] des BGH selbst geäußerte -freilich im Ergebnis nicht von der vorherigen Richtung abweichende- Formulierung der Begründung, hat die überwiegende Meinung, allerdings bei allen Differenzen im Detail, für den Gläubiger in solchen Fällen andere Wege der Rechtsverfolgung vorgeschlagen.[111] Diese Lösungsvorschläge für die Vermeidung einer Rechtsschutzverweigerung erscheinen aber grundsätzlich verfehlt. Wenn sie auf die allgemeinen vertraglichen Institute, wie das des Wegfalls der Geschäftsgrundlage,[112] der Anfechtung[113] und eine Analogie zu § 306 BGB[114] hinweisen, so verkennen sie, daß das hier in Frage stehende Problem sich nicht auf das wirksame Zustandekommen, sondern auf die Zulässigkeit derartiger Gerichtsstandsvereinbarungen bezieht. Auch der Vorschlag, in derartigen Fällen nachträglich eine internationale Ersatzzuständigkeit der deutschen Gerichte zu eröffnen,[115] stößt auf wirtschaftliche Bedenken,[116] vor allem wenn die fehlende Vollstreckungsmöglichkeit im Ausland und die fehlende Anerkennungsfähigkeit im Inland zur Vollstreckung in ein dem Zugriff offenes, inländisches Vermögen schon vorab feststehen.[117]

---

109 *Milleker*, aaO., S. 141 Fn. 12.

110 BGH IPRspr. 1973, Nr. 128b = ZZP 88 (1975), 318 m. Anm. *Walchshöfer* = AWD 1974, 221 m. Anm. *Hoffmann* = WM 1974, 242 m. Anm. *Geimer* (WM 1975, 910).

111 Hierzu *Schütze*, IPRax 1984, 247f; *Jakobs*, S.122; *Kropholler*, Handbuch IZVR I Kap. III, Rn. 563.

112 So *Habscheid*, FS Schima, S.195; *Hoffmann*, AWD 1974, 223; *Stein/ Jonas / Leipold*, § 38 Rn. 68.

113 Hierzu *Schütze*, RIW/ AWD 1982, 773, 778 und IPRax 1984, 248 Fn. 22.

114 So *Pagenstecher*, RabelsZ 11 (1937), 408f.

115 *Kropholler*, Handbuch IZVR I Kap. III, Rn. 559f; *Reithmann/ Martiny/ Hausmann*, Rn. 1273; *Geimer*, WM 1975, 911 und IZPR, Rn. 1766; *Zöller/ Geimer*, IZPR, Rn. 64; *Stein/ Jonas /Bork*, § 38 Rn. 19b; vgl. auch *Roth*, ZZP 93 (1980), 170 f. und IPRax 1985, 199, der für die Grundlage der Eröffnung einer Inlandszuständigkeit sowohl eine Ergänzung mit Hilfe der lex causae als auch eine Notzuständigkeit nach der lex fori heranzieht.Beidesind aber der jeweiligen Kritik ausgesetzt.

116 *Schütze*, IPRax 1984, 246, 248.

117 *Gottwald*, FS Firsching 1985, 100.

III. Eingriffsnormen und Gerichtsstandsvereinbarung

Der sog. ordre public international schränkt die Parteiautonomie über internationale Gerichtsstandsvereinbarungen ein, soweit sie in die zwingende nationale Zuständigkeitsordnung eingreifen. Zur Anwendung international zwingender Normen hat das deutsche Recht keine korrespondierende ausschließliche Gerichtszuständigkeit geschaffen. Methodisch ist aber die Rechtsprechung[118] zur Ausdehnung der Durchsetzung solcher Normen auf das Verfahrensrecht dadurch gelangt, daß sie prüft, ob das vom Kollisionsrecht des prorogierten Gerichts zur Anwendung berufene materielle Recht gegen den deutschen ordre public verstößt. Es handelt sich bei der Rechtsprechung um die Prüfung, ob die Gerichtsstandsvereinbarung zwingende deutsche Normen, die auch gegen das Vertragsstatut durchgesetzt werden, ausschalten würde. Einer Gerichtsstandsvereinbarung ist danach ihre Wirksamkeit dort versagt, wo das prorogierte ausländische Gericht auf den Streitfall Regeln nicht anwendet, die nach deutschem Recht zwingend sind und das anzuwendende materielle ausländische Recht gegen den deutschen ordre public verstößt. Diese Eingriffsnorm bewirkt somit mittelbar ein derogationsfestes zwingendes Forum.

Diese Rechtsprechung hat in der Literatur überwiegend Billigung gefunden.[119] Die Rechtfertigung einer solchen Prüfung ergebe sich schon aus der Gefahr der Umgehung zwingenden Rechts; angesichts der unleugbaren Wechselwirkung von Rechts- und Gerichtswahl[120] könne diese dazu dienen, zwingende Grenzen der Rechtswahlfreiheit zu umgehen. Ein ausländisches Urteil, das international zwingende deutsche Rechtsnormen mißachte, könne im Inland wegen dieses Verstoßes gegen den deutschen ordre public in seiner positiven Funktion nicht anerkannt werden (§ 328 Abs. 1 Nr. 4 ZPO). Deshalb sei der Gerichtsstandsvereinbarung, die am forum prorogatum ein solches Urteil provoziere, die Wirkung der Derogation deutscher Gerichte zu versagen.

---

118 S. statt vieler BGH NJW 1961, 1061 = AWD 1961, 103 m. Anm. *Maier* = IPRspr. 1960-61, Nr. 39b.

119 *Jakobs,* S. 136ff; *Kropholler*, Handbuch IZVR I Kap. III, Rn. 540; *Reithhmann/ Martiny/ Hausmann*, Rn. 1266; *Schütze,* RIW 1982, 773, 775; *Kohler*, IPRax 1983, 271 Fn. 54; *Roth*, IPRax 1985, 198ff; *Gottwald*, FS Firsching 1985, 100f; *Zöller/ Vollkommer*, § 30 Rn. 30.

120 S. BGH U. v. 30. 1. 1961 (vorletzte Fußnote).

Die Gegenmeinung[121] lehnt eine solche Zulässigkeitsvoraussetzung von Gerichtsstandsvereinbarungen kategorisch ab. Eine Gerichtsstandsvereinbarung sei keineswegs allein deshalb unzulässig, weil sie im Ergebnis zwingende materielle Normen ausschalte. Die Gerichtsstandsvereinbarungen seien vielmehr völlig unabhängig davon, ob und wie ein ausländisches Gericht den Rechtsstreit entscheide. Da die Wirksamkeit von Gerichtswahl und Rechtswahl aufgrund voneinander unabhängiger Vertragstypen separat zu prüfen sei, vermenge die gegenteilige Meinung unzulässig forum und ius. Über dieses rechtslogische Moment[122] hinaus weist die Gegenmeinung darauf hin, daß die Gerichtsstandsvereinbarung nach den Maßstäben des ordre public wertneutral und vielmehr der richtige Ort zur Prüfung des ordre public die Urteilsanerkennung (§ 328 I Nr. 3, 4 ZPO) sei. Mit dem BGH sei daher die Derogation zu beachten und der Ausgang des Verfahrens am forum prorogatum abzuwarten. Ergebe die Prüfung dann die Nichtanerkennung des Urteils wegen eines Verstoßes gegen den deutschen ordre public, dann komme § 138 BGB[123] oder die Eröffnung der Notzuständigkeit[124] in Betracht.

Diese Gegenmeinung ist abzulehnen. Sie erscheint zu formalistisch. Da das ausländische Urteil nicht mit der Anwendung international zwingender Normen in Einklang steht, besteht kein praktischer Grund dafür, den Kläger zuerst einen wirtschaftlich nutzlosen Prozeß im forum prorogatum führen zu lassen. Es wäre daher sachgerechter, unter Rücksichtnahme auf die effektive Rechtsschutzgewährung im Ausland für Gerichtsstandsvereinbarungen von vornherein auch eine solche Zulässigkeitsvoraussetzung zu verlangen.[125] Im übrigen scheitert eine Umgehung international zwingender Normen durch Gerichtsstandsvereinbarungen an Art. 34 EGBGB, wo der Gesetzgeber die Lehre von der Sonderanknüpfung inländischer zwingender Normen ausdrücklich anerkannt hat.[126] Eine solche Einschränkung ist auch vom Standpunkt der Rechtsvereinheitlichung aus unbedenklich, weil Art. 34 EGBGB sich in Übereinstimmung mit Art. 7 Abs. 2 EVÜ auf die grundsätzliche

---

121 *Maier*, NJW 1959, 1470, 1472f; *Matscher*, S. 107ff; *Geimer*, NJW 1971, 1526 und IZPR, Rn. 1770; *Rahmann*, S. 26f; *Welter*, WuB VII A § 21 ZPO 1. 89; *Raiser*, S.103; *Schack*, IZVR, Rn. 453; *Zöller/ Geimer*, IZPR, Rn. 47.

122 Vgl. die oben genannte (Fn.118) Entscheidung.

123 *Rahmann*, aaO., S. 27; vgl. aber *Matscher*, S. 109.

124 *Geimer*, IZPR, Rn. 1770; *Zöller/ Geimer*, IZPR, Rn. 47, 69.

125 S. *Gottwald*, FS Firsching 1985, 100f.

126 So *Reithmann/ Martiny/ Hausmann*, Rn. 1271.

Aussage, daß eigenes zwingendes Recht durchgesetzt wird,[127] bezieht. Im Zusammenhang mit der Konkretisierung jener Vorschrift ist der von einigen Autoren[128] vertretenen Ansicht, die sachbezogenen Regelungsansätze im geltenden Recht seien durch personenbezogene Regelungsansätze zu ersetzen, für die die Entwicklungstendenz des europäischen Prozeßrechts verallgemeinerungsfähige Ansätze verspreche, nicht zuzustimmen. Eine solche personenbezogene Argumentation würde dem Sinn des Art. 7 Abs. 2 EVÜ widersprechen, die nationale Ausgestaltung solcher Normen nur auf bestimmte Normen zu begrenzen.[129] Ferner entfällt der ordre public-Charakter der zwingenden Normen i. S. des Art. 34 EGBGB nicht, da dieser nach allgemeiner Meinung[130] eine spezielle Vorschrift zu Art. 6 EGBGB bildet.

Im Zusammenhang mit Gerichtsstandsvereinbarungen hat die Rechtsprechung vor allem folgende Fallgruppen entwickelt:

1. Die Verfrachterhaftung nach § 662 HGB

Der BGH hat schon in seiner Entscheidung von 21. 12. 1970[131] auf die Frage der Wirksamkeit der Gerichtsstandsvereinbarung deutsches Seefrachtrecht angewendet. Dabei ist er vor allem davon ausgegangen, daß eine Gerichtsstandsvereinbarung schon dann unwirksam werden könne, wenn sie die zwingende Haftung des Verfrachters nach §§ 606, 656 HGB ausschaltet. Der Rechtsprechung ging es vornehmlich um die Haftungssumme (§ 660 HGB a. F.), die nach § 662 HGB a. F. vertraglich im voraus nicht beschränkt werden konnte. Der Entscheidung lag folgender Sachverhalt zugrunde:

Die Klägerin machte aus übergegangenem Recht einen Ladungsschaden geltend. Die beklagte schwedische Reederei übernahm als Verfrachterin eine Partie Nähmaschinen zur Beförderung mit ihrem M/S "Hokaido" von Pusan/ Korea nach Hamburg . Dieser

---

127 Vgl. MünchKomm/ *Martiny*, IPR, Art. 34 EGBGB Rn. 91.

128 *Schlosser*, FS Steindorff 1990, 1379, 1380f; *Schack*, EZuP 1993, 306, 325f. m. Fn. 149.

129 So auch MünchKomm/ *Martiny*, IPR, Art. 34 EGBGB Rn. 95.

130 *Reithmann/ Martiny/ Reithmann*, Rn. 274; MünchKomm/ *Martiny*, IPR, Art. 34 EGBGB Rn. 96.

131 BGH VersR 1971, 336 = NJW 1971, 325 m. Anm. *Geimer* (S. 1525) = AWD 1971, 536 = LM Nr. 12 zu § 38 ZPO = IPRspr. 1970, Nr. 112b = WM 1971, 162.

Transport war von einem Konnossement gedeckt, das im Namen des Verfrachters von seinem Agenten in Seoul ausgestellt worden war. Als die Güter in Hamburg gelöscht wurden, stellte sich heraus, daß diese zum Teil durch Rost beschädigt ankamen. Zum Ausgleich hat die Klägerin als Transportversicherer an die Hamburger Empfängerin schadengleich bezahlt. Nunmehr verlangt die Klägerin von der Beklagtenb Regreß. Die Beklagte hat demgegenüber die fehlende Zuständigkeit deutscher Gerichte gerügt. Diese Einrede stützte sich u. a. auf folgende Konnossementsklausel:

" 3. Paramount Clause. This B/L incorporates the provision of the so-called Hague Rules as enacted in Norway or Sweden, depending on the nationality of the Carrier, by the Bill of Lading Acts of the 4th February 1938 und 5th June 1936 respectively, subject, however, to any compulsorily applicable Hague Rules legislation.
If anything herein contained to be inconsistent with the statutory enactment of the Hague Rules made applicable by this clause, it shall to the extent of such inconsistency, but not no further, be null and void. Nothing contained in this B/L shall be deeemed to be a surrender by the Carrier of any of his rights or immunities or an increase of any of his responsibilities under the said Rules or Enactments or under any other statutory protection or exemption form or limitation of liability.
4. Jurisdiction. Any action against the Carrier arising under this B/L shall, depending on the nationality of the Carrier, be decided according to Norwegian or Swedish law exept as provided elsewhere herein, and in the Norwegian or Swedish Courts to the exclusive jurisdiction of which the Carrier and the Merchant submit themselves."

Das LG und das OLG haben die Klage als unzulässig abgewiesen. Dies wurde damit begründet, daß eine Gerichtsstandsvereinbarung auch dann weder gegen die guten Sitten noch gegen den Zweck eines deutschen Gesetzes (Art. 30 EGBGB a. F.)[132] verstoße, wenn sie zur Ausschaltung der zwingenden Mindesthaftung entsprechend § 662 HGB führe.[133] Zwar lehnte auch der BGH in casu die angebliche Verletzung der Haager Regeln unter Hinweis darauf ab, daß aufgrund der im Konnossement enthaltenen sog. Paramount- Klausel und der diesem Zweck[134] entsprechenden

---

132 Nach der Neufassung des EGBGB beinhaltet die Vorschrift "odre public" nur die Abwehr fremden Rechts (Art. 6 EGBGB n. F.), während das eigene (zwingende) Recht sich speziell nach Art. 34 EGBGB durchsetzt.

133 OLG Hamburg VersR 1970, 742, 744.

134 Da nach der Ansicht des BGH eine Paramountklausel bewirken soll, daß die HR dann als Parteivereinbarung gelten, würde sie daher nicht die grundsätzliche Anwendbarkeit des vereinbarten Rechts hindern, das auf den HR beruht.

gesetzgeberischen Lage in Schweden der Empfänger auch in Schweden nicht schlechter gestellt würde, als es die Haager Regeln vorsehen. Entgegen der Ansicht des Berufungsgerichts hat er aber ausdrücklich die Wirksamkeit der Gerichtsstandsvereinbarung deshalb in Frage gestellt, weil ihre Bestimmung zu einer Befreiung des Verfrachters von der zwingenden Mindesthaftung nach den HR und damit nach § 662 a. F. HGB[135] führen könnte.

Dieser Prüfungsmaßstab wurde auch in den zwei Entscheidungen[136] zur Wirksamkeit der ausschließlichen Vereinbarung eines thailändischen Gerichtsstandes herangezogen. Merkwürdigerweise meinte der BGH in der letzteren Entscheidung, "für die Frage, ob ein Verhalten vorliegt, das gegen die guten Sitten im kaufmännischen Verkehr verstößt, kann in der Vorschrift des § 1025 Abs. 2 ZPO ein Anhaltspunkt gefunden werden."[137] In einer weiteren Entscheidung[138] wurde der Begriff des deutschen ordre public so liberal interpretiert, daß die vereinbarte Zuständigkeit eines ausländischen Gerichts auch dann nicht den deutschen ordre public verletze, wenn das anzuwendende ausländische Recht die HR zwar berücksichtige, aber einen geringeren Haftungshöchstbetrag festlege als § 660 HGB (in dem Fall etwa DM 400 gegenüber dem deutschen Höchstbetrag von DM 1250,- pro Packung oder Einheit). Der BGH hielt aber andererseits weiter an dem Rechtssatz fest, daß eine Gerichtsstandsvereinbarung dann nicht als wirksam betrachtet werden könne, wenn das anzuwendende ausländische Recht zwingende Vorschriften der Haager Regeln verletzen würde, und zwar unter Berufung auf §§ 138, 242 BGB.[139]

---

135 Unter Übernahme der HR sieht das deutsche Recht diese Mindesthaftung des Verfrachters vor: Die BRD ist Vertragsstaat des Abkommens vom 25. 8. 1924, dessen Bestimmungen, die sog. Haager Regeln in das HGB durch das Seefrachtgesetz vom 10. 8. 1937 (RGBl. 1937 I S. 891) eingearbeitet worden; obwohl die sog. Visby- Regeln vom 23. 2. 1968, die eine Änderung der Haftungsbestimmungen der HR enthalten, von Deutschland noch nicht ratifiziert worden sind (hierzu RegE BT-Dr. 10/3852 S. 22), ist ihr Inhalt durch das Zweites Seeänderungsgesetz vom 25. 7. 1986 (BGBl. 1986 I, S. 1120) in das deutsche Recht übernommen worden.

136 BGH AWD 1971, 537 = LM Nr. 13 zu § 38 ZPO = WM 1971, 390 = NJW 1971, 985 m. Anm. *Geimer* (S. 1525) = IPRspr. 1971 Nr. 131; BGH VersR 1974, 470 = AWD 1974 221 m. Anm. *Hoffmann* = ZZP 88 (1975), 318 m. Anm. *Walchshöfer* = IPRspr. 1973, Nr. 128b (S. 361) = WM 1974, 242.

137 V der Entscheidungsgründe.

138 BGH RIW 1983, 873 = NJW 1983, 2772 (hierzu *Mann*, 1984, 270) = IPRax 1985, 27 m. Anm. *Trappe* (S. 8) = VersR 1983, 1077 (hierzu *Rüßmann*, 1987, 226) = TranspR 1984, 23 = ZIP 1983, 1466 = WM 1983, 1083 = IPRspr. 1983, Nr. 128.

139 II. 2 der Entscheidungsgründe.

Die Rechtsprechung des BGH findet in weiteren oberlandesgerichtlichen Entscheidungen[140] weitgehende Zustimmung, während ihr von einem Teil des Schrifttums[141] heftige Kritik widerfuhr. Dieser Rechtsprechung sollte man folgen, wenn man der Rechtsfigur des § 662 HGB und der Interessenabwägung zwischen dem Empfängerschutz und dem Interesse der Reedereien an der Gerichtsstandsklausel im Konossement[142] eine zentrale Bedeutung für die Beurteilung der Beachtlichkeit solcher Gerichtsstandsvereinbarungen beilegt. Da im obengenannten Fall die inländische Zuständigkeit dem Empfänger nicht gewährleistet worden ist, würde dieser den Havarieprozeß, wie es der BGH erwartet hat, am Sitz der Reederei führen müssen. Dies erfordert von ihm einen Aufwand für Korrespondenzanwälte, Nachrichtenübermittlung, Übersetzung von Dokumenten, was ihn möglicherweise davon abhalten könne, seine relativ geringen Schäden in Schweden zu verfolgen. Dies könnte zum Rechtsschutzverlust des Empfängers führen, zumal am ausländischen Hauptsitz des Verfrachters kein vollstreckungsfähiges Vermögen (etwa bei einer One-ship-Company) vorhanden ist. Auch hat der BGH[143] die Möglichkeit nicht ausgeschlossen, dem Empfänger eine Inlandszuständigkeit zu eröffnen, um im Inland befindliches Vermögen, etwa das einen deutschen Hafen anlaufende Schiff, zu erfassen.

Allerdings ist zuzugeben, daß nicht jeder Gerichtsstandsklausel in einem Konnossement, die zur Umgehung zwingenden inländischen Seerechts führen kann, die Anerkennung zu verweigern ist. Es kommt daher auf die Rechtsnatur der betreffenden Vorschrift an. Dafür ist von zentraler Bedeutung, ob die in Frage stehende Vorschrift auf einer internationalprivatrechtlichen Bewertung beruht. Man könnte davon ausgehen, daß § 662 HGB über Art. 6 EGHGB auch gegen ein ausländisches Vertragsstatut durchgesetzt wird, weil diese Bestimmung auf Art. 10 VR beruht. So wird dann dem Kläger ungeachtet der Derogation die inländische Zuständigkeit eröffnet, sei es, daß man von Art. 34 EGBGB ausgeht, sei es als Folge der ordre public-Kontrolle (Art.6 EGBGB).[144] Im übrigen wird das am 1. November

140 OLG Bremen RIW 1985, 895; OLG Hamburg VerR 1986, 1022 = TranspR 1986, 109 = IPRspr. 1986, Nr. 128; OLG Hamburg, TranspR 1990, 109.

141 *Geimer*, NJW 1971, 1524, 1526; *Büchner*, RIW 1984, 180, 184 ("Überraschender- und systemwidrigerweise"); *Mann*, NJW 1984, 2740, 2741 ("Für § 662 HGB sollte nichts anderes als für § 896 HGB gelten").

142 Hierzu s. *Basedow*, IPRax 1985, 133f.

143 III. Grund der Entscheidung des BGH U.v. 8. 2. 1971, NJW 1971, 985.

144 Man wird zu weit gehen, wenn man in Art. 6 EGHGB eine einseitige Kollisionsnorm bzw. spezielle ordre public-Klausel mit dem Ergebnis ansieht, daß schlechthin darüber § 662

1992 in Kraft getretene Übereinkommen der Vereinten Nationen über die Güterbeförderung auf See von 1978 die Neigung der Gerichte noch verstärken, eine Umgehung international zwingenden Seerechts durch die Vereinbarung ausländischer Gerichtsstände zu unterbinden.[145] Solche Gerichtsstandsvereinbarungen eröffnen im Geltungsbereich dieser sog. Haager Regeln nur zusätzliche Gerichtsstände (Art. 21 I lit. d HbgR). Da danach Gerichtsstandsklauseln die bisher übliche Wirkung der exklusiven Prorogation verweigert wurde, dürfen inländische Empfänger ihre Prozesse ohne Rücksicht auf eine Gerichtsstandsvereinbarung am Bestimmungsort führen.[146]

2. Der Termin-, Differenzeinwand nach § 61 BörsG

Diese Linie der Rechtsprechung wird im Bereich des Börsengesetzes nicht mehr als eine "bloße Erörterung" angestellt. Einer Gerichtsstandsvereinbarung, durch die die ausländische Partei -meistens eine Brokerfirma- eine Umgehung der zwingenden Bestimmungen des deutschen Börsenrechts versucht, wird häufig von dem deutschen Gericht ihr negativer Effekt mit dem Ergebnis versagt, daß die deutsche gesetzliche Zuständigkeit zum Zuge kommt. Gestützt auf § 61 BörsG a. F.[147] und den Schutzzweck des Gesetzes hat die höchstrichterliche Rechtsprechung[148] das deutsche Recht auch für Termingeschäften auf Auslandsmärkten für anwendbar erkärt und diesen Schutz des deutschen Anlegers auch gegenüber verfahrensrechtlichen Abreden durchgehalten. Die ausschließliche Vereinbarung zugunsten ausländischer Gerichte sei danach nicht anzuerkennen, wenn diese in Verbindung mit einer Rechtswahlklausel zur Folge hätte, daß das prorogierte Gericht den Termineinwand nicht zugunsten der

---

HGB durchgesetzt werden kann. (Vgl. aber *Mankowski*, TranspR 1988, 414ff; *Ebenroth/ Sorek*, RIW 1989, 165ff; MünchKomm/ *Martiny*, IPR, Art. 28 EGBGB Rn. 202) Es scheint m. E. Sachgerecht, die Funktion Art. 6 EGHGB auf einen Rechtfertigungsgrund für die internationalprivatrechtliche Grundlage zubeschränken. (Vgl. in diesem Sinne *Klingsporn*, NJW 1987, 3043; *Reithmann/ Martiny/ van Dieken*, Rn. 661)

145 Zu dem etwaigen zukünftigen Einfluß des Übereinkommens auf das internationale Seefrachtrecht s. *Basedow*, ZEuP 1993, 100ff.

146 Hierzu *Mankowski*, TranspR 1992, 301, 308.

147 Das deutsche Börsengesetz regelt zwar grundsätzlich die Rechtsverhältnisse der inländischen Börsen, hat dagegen die frühere § 61 BörsG (die zwingende Anwendung der Regelungen von §§ 52 bis 60 BörsG a. F.) auch dann für vorgeschrieben, "wenn das Geschäft im Ausland geschlossen oder zu erfüllen ist", woraus die Rechtsprechung und die überwiegende Meinung die zwingende Beachtung des deutschen Börsenrechts bei Termingeschäften an Auslandsbörsen herleiten.

148 BGH NJW 1994, 2037 = IPRax 1985, 216 m.Anm. *Roth* (S. 198) = RIW 1985, 78 = WM 1984, 1245 = IPRapr. 1984, Nr. 135.

nicht börsentermingeschäftsfähigen Partei berücksichtigen werde. Bei der Begründung hat der BGH klargestellt, daß es grundsätzlich nicht ausreicht, einer Rechts- und Gerichtswahlklausel deshalb die Anerkennung zu versagen, weil sie die Anwendung zwingenden innerstaatlichen Rechts verhindert. Vielmehr hat er versucht, die Ungültigkeit der Gerichtsstandsklausel auf eine Interpretation der betreffenden Vorschrift zu stützen. Bei § 61 BörsG a. F. handle es sich um eine Kollisionsnorm des deutschen internationalen Privatrechts, die die Anwendung entgegenstehenden ausländischen Rechts ausschließt. Dieser Charakter des § 61 BörsG lasse sich auch gegenüber ausschließlichen Gerichtsstandsvereinbarungen durchsetzen, mit Hilfe derer die Anwendbarkeit solchen ausländischen Rechts erreicht werden soll, welches den Termineinwand nicht kennt.

Mit der Börsengesetznovelle 1989[149] sind Bedenken gegen die Einordnung des § 61 BörsG a. F. als zwingende kollisionsrechtliche Norm des deutschen IPR und damit dessen Anwendung im internationalen Verfahrensrecht durch die Rechtsprechung überholt, da der neue § 61 BörsG im Wege der Sonderanknüpfung die Geltung der zwingenden Investorschutznormen des deutschen Rechts gegenüber dem anwendbaren ausländischen Recht ausdrücklich anordnet.[150] Konsequenterweise ist der Rechtssatz der bisherigen Rechtsprechung, daß eine zur "Rechtlosstellung" des Anlegers führende Gerichtsstandsvereinbarung nicht zulässig sei, weil die deutschen Anlegerschutznormen zum hiesigen ordre public i. S. v. Art. 6 EGBGB zu zählen seien, weiter zu beachten.[151]

Während der Termineinwand unmittelbar über die Kollisionsnorm des § 61 BörsG durchgesetzt werden konnte und weiterhin kann, konnte das Durchgreifen des Differenzeinwandes nicht auf die Kollisionsnorm des § 61 BörsG a. F. gestützt werden. Denn er erstreckte lediglich den Anwendungsbereich der §§ 52-60 BörsG a. F. auf Auslandsgeschäfte und ordnete nichts über die Anknüpfung des

---

149 Gesetz zur Änderung des Börsengesetzes v. 11. 7. 1989 BGBI. 1989 I S. 1412.

150 H.M: *Horn*, ZIP 1990, 2, 19; *Samtleben*, IPRax 1989, 148f und 1992, 362f; MünchKomm BGB/ *Martiny*, Art. 34 EGBGB Rn. 92; *Palandt/ Heldrich*, Art. 34 EGBGB Anm. 2; *Jayme/ Kohler*, IPRax, 1989, 337, 342: "Die Neufassung des § 61 BörsG ist eine zwingende Vorschrift i. S. des Art. 7 Abs. 2 EVÜ (Art. 34 EGBGB), was auch der Wortlaut ("ohne Rücksicht.....") verdeutlicht; *Kronke*, LM § 1025 ZPO Nr. 45 Bl. 1788, 1791; *Bork*, EWiR 1992, 101, 102:" (Worüber man streiten kann, was aber wohl durch die Sonderanknüpfung vom Gesetzgeber de lege lata vorgegeben ist.)

151 Vgl. aber *Bork*, EWiR 1992, 102: "..., sollte man sich doch darauf beschränken, ausländische Entscheidungen im Exequaturverfahren zu überprüfen und nicht schon Gerichtsstands- und Schiedsvereinbarung die Anerkennung zu versagen.

Differenzeinwandes an.[152] Der BGH[153] hat daher § 58 BörsG a. F. nur auf den deutschen offiziellen Börsenhandel bezogen, nicht aber auf ausländische Börsentermingeschäfte mit der Folge, daß die nach den Regeln des Börsengesetzes verbindlichen Termingeschäfte dem weiteren Differenzeinwand gemäß §§ 764, 762 BGB auch dann ausgesetzt bleiben, wenn beide Parteien nach deutschem Recht termingeschäftsfähig sind. Dabei berief er sich auf den deutschen ordre public (Art. 30 EGBGB a. F. = Art. 6 EGBGB n. F.). Die Entscheidung des BGH vom 15. 6. 1987[154] zur Unwirksamkeit einer Schiedsgerichtsklausel, die den Anlegerschutz nach deutschem Börsenrecht ausschließt, betraf einen Fall des Differenzeinwandes. Zu seiner Begründung hat der BGH zunächst klargestellt, daß ein Börsentermingeschäft mit einem nichtbörsentermingeschäftsfähigen Partner für diesen börsenrechtlich nicht verbindlich und die Schiedsklausel daher unwirksam sei (II 2 a der Entscheidungsgründe). In Anlehnung an seine beiden früheren Urteile,[155] hat der Senat darüberhinaus angeführt, zugunsten des angeblichen börsentermingeschäftsfähigen Klägers scheitere das Geschäft am Differenzeinwand gem. §§ 764, 762 Abs. 1 BGB, der dem ordre public zuzurechnen sei. Unmittelbar hierauf stützt sich zusätzlich die Unwirksamkeit der Schiedsgerichtsklausel wegen des Ausschlusses des Differenzeinwands nach dem Recht der Vereinigten Staaten.

Die maßgebliche Erwägung dafür ist, daß der durch die Vereinbarung einer ausländischen Rechtsordnung herbeigeführte Ausschluß des Differenzeinwandes gegen den ordre public (Art. 30 EGBGB a. F., der gemäß Art. 220 EGBGB auf den vorliegenden Sachverhalt noch anzuwenden ist) verstößt, da die Vorschriften über die Spiel- und Differenzgeschäfte den einzelnen vor den wirtschftlichen Gefahren dieser Geschäfte schützen sollen und damit der Ordnung des innerstaatlichen Soziallebens dienen. Sie könnten bei uneingeschränkter Anerkennung des Ausschlusses des Differenzeinwands ihrer Wirkung beraubt werden. Dies zu verhindern und damit der in der gesetzlichen Regelung zum Ausdruck gekommenen Wertentscheidung des

---

152 *Samtleben*, RIW/ AWD 1975, 502; So auch nach der Änderung des Gesetzes bei MünchKomm/ *Martiny*, IPR, Art. 28 EGBGB Rn. 258 mwN..

153 BGHZ 58. 1. 4 ff = NJW 1972, 382 = BB 1972, 594 m. abl. Anm. *Weber-Crewett*; BGH NJW 1975, 1600 = RIW 1975, 500 m. Anm. *Samtleben* = BB 1975, 1410 m. Anm. *Weber* = WM 1975, 676 = BGH WM 1978, 1203 = JZ 1978, 802 m. Anm. *Lüer* JZ 1979, 171 u. *Wengler* ebd. 175; NJW 1981, 1898 = WM 1981, 758.

154 BGH NJW 1987, 3193 = WM 1987, 1153 = ZIP 1987, 1373 = EWiR § 764 BGB 1/87, 1083 (*Welter*).

155 Die Senaturteile vom 12. Juni 1978 und 25. Mai 1981.(Hierzu die letzte zwei Urteile in der vorletzten Fußnote)

Gesetzgebers zur Durchsetzung zu verhelfen, ist ein berechtiger Grund für die Vereinbarung ausländischen Rechts, das diesen Einwand nicht kennt. Folgerichtig muß dies auch für eine Schiedsabrede gelten, die in Verbindung mit der Wahl eines ausländischen Rechts dazu führt, daß der Differenzeinwand nicht zum Zuge kommt. Es ist kein sachlich gerechtfertigter Grund ersichtlich, in diesem Punkte den Differenzeinwand anders als den Termineinwand zu bewerten."(II 2 b der Entscheidungsgründe).

Diese Diskriminierung der Auslandsbörsen wurde im Schrifttum[156] heftig kritisiert. Das Gericht hat aber auch an den Gesetzgeber selbst appelliert, das Recht des Börsenterminhandels an ausländischen Börsen den derzeitige Bedürfnissen anzupassen.[157] Das gesetzgeberische Echo auf diesen Appell in der Börsengesetznovelle 1989 beruht jedenfalls in diesem Bereich auf einer veränderten Einstellung zu Termingeschäften. Nach § 58 BörsG n. F. sind die nach den Regeln des Börsengesetzes verbindlichen Termingeschäfte (wohl schon aufgrund ordnungsmäßiger Information) nicht durch weitere Differenzeinwände gemäß §§ 764, 762 BGB eingeschränkt, unabhängig davon, ob sie an einer inländischen oder ausländischen Börse abgeschlossen werden.[158] Dies hat zur Folge, daß es den gem. § 53 Abs. 1 BörsG termingeschäftsfähigen Personen bei Geschäften an Auslandsbörsen verwehrt ist, sich ohne weiteres auf den Einwand des Differenzgeschäfts (§§ 764, 762 BGB) zu berufen. Insoweit ist die Rechtsprechung, die § 58 BörsG auf ausländische Börsentermingeschäfte nicht analog anwandte und insoweit den Differenzeinwand auch börsentermingeschäftsfähigen Personen zustand, überholt.

---

156 *Schwark*, DB 1975, 2263 und ZGR 1985, 466, 469; *Samtleben*, RIW/ AWD 1975, 503; *Hadding-Wagner*, WM 1976, 315; *Franke* WM 1976, 732f; *Kümpel*, WM 1978, 867f; *Steindorff*, EuR 16 (1981), 437 F. und IPRax 1982, 50; *Staudinger/ Firsching*, Rn. 585 vor Art. 12 EGBGB.

157 BGH NJW 1981, 1897 = WM 1981, 711; BGH NJW 1987, 3193 = WM 1987, 1153 = ZIP 1987, 1373 = EWiR 1987, 1083 (*Welter*)

158 S. dazu BT-Drs. 11/4177, S. 9 f: "Die privaten Investoren haben auch mit zunehmender Tendenz verfügbares Vermögen, für das sie interessante Anlageformen wünschen und dabei auch spekulative Geschäftsformen nicht scheuen. Diesem Anlagekreis sollte das Engagement in Termin geschäften möglich sein. Die bisher bestehende Berufungsmöglichkeit von Privatpersonen auf den Differenz- und Termineinwand steht der teinahme von diesen Personen an Geschäften dieser Art entgegen. Dem privaten Investor sollte es möglich sein, im Rahmen verbindlicher Vereinbarungen Terminengagements einzugehen. Dies gilt für den inländischen Terminhandel ebenso wie für Geschäfte, die an entsprechenden Börsen im Ausland abgeschlossen werden."

Durch die am 1. 8. 1989 in Kraft getretenen Novelle zum Börsengesetz ist aber der Streit über die Rechtsprechung zur Unwirksamkeit von Rechtswahl- und Gerichtswahlklauseln, die den Anlegerschutz nach deutschem Börsenrecht ausschließen, nicht gegenstandlos geworden. Auch nach der Neufassung des Gesetzes kann der deutsche Investor gem. § 58 BörsG den Differenzeinwand in dem Rahmen erheben, in dem das Geschäft dem Termineinwand unterliegt.[159] Daraus entsteht die Frage, ob die bisherige Rechtsprechung, die das Durchgreifen des Differenzeinwandes unter Berufung auf den ordre public durchgesetzt hatte, überhaupt noch zu halten ist, da nach dem neuen Börsengesetz der Differenzeinwand gem. §§ 764, 762 BGB "börsenrechtlich" eingeschränkt ist, nämlich in dem Umfang, in dem der Termineinwand ausgeschlossen ist. Die Kritiker der Rechtsprechung wickeln ihre Argumentationsebene nach wie vor in zwei Richtungen ab: Das Ergebnis, daß der inländische Kunde, soweit er nicht formell termingeschäftsfähig ist, durch das Geschäft, dessen Risiko einseitig zu Lasten des ausländischen Brokers geht, bevorzugt ist, ist rechtspolitisch fragwürdig[160]; international-privatrechtliche Bedenken ergäben sich schon daraus, ob die Nichtanerkennung des Ausschlusses des Differenzeinwandes durch Vereinbarung eines ausländischen Rechts und Gerichtsstandes tatsächlich aus § 6 EGBGB hergeleitet werden kann.[161]

Nach der Neufassung des Börsengesetzes sollte man aber diese Argumentation nicht über Gebühr betonen. Da sich § 58 BörsG auf den neuen erweiterten Begriff des Börsentermingeschäfts in § 50 Abs. 1 BörsG bezieht, kann man davon ausgehen, daß der Differenzeinwand börsenrechtlich (beschränkt) verankert worden ist. So gesehen erweisen sich die kollisionsrechtliche Bedenken gegen ein Eingreifen des ordre public als nicht tragfähig, weil es bei dem Schutzzweck derselben zwingenden Norm nicht auf die Anknüpfungsvorschriften, nämlich Art. 34, 6 EGBGB[162] ankommt. Das Eingreifen des ordre public bei Ausschluß des Differenzeinwandes hat rechtlich zur

---

159 Hierzu, *Horn* ZIP 1990, 15; *Samtleben,* IPRax 1992, 363; vgl. aber *Seeberg*, ZIP 1992, 600, 603f., der die Auffassung vertritt, daß diese bisherige Rechtsprechung durch die Börsengesetznovelle und den mit ihr einhergehenden inhaltlichen Wandel des ordre public überholt ist.

160 *Samtleben*, NJW 1990, 2670, 2672 Fn. 28: "Durch gegenläufige Termingeschäfte wurde ihre Unverbindlichkeit seit jeher von geschichten Spekulauten ausgenutzt."

161 *Schlosser*, FS Steindorff 1990, 1379, 1380: "Eine "Sonderanknüpfung" dergestalt, daß immer deutsches Recht gilt, gleichgültig wo auf der Welt und unter welchen Beteiligten sich der Vorfall zugetragen hat, ist ein kollisionsrechtliches Monstrum."

162 Vgl. *Sonnenberger*, FS Rebmann 1989, 819, 824, der hinsichtlich der Anwendung der internationalprivatrechtlichen Normen im EGBGB (Art. 27 Abs. 3, 29 Abs. 1 und 30 Abs. 1 EGBGB) die beiden differenzieren will.

Konsequenz, daß einer Vereinbarung der ausschließlichen Zuständigkeit ausländischer Gerichte die Anerkennung versagt werden sollte, wenn sie zur Anwendung eines Rechts führen würde, das den Differenzeinwand nicht kennt.[163] Eine vorbeugende Annahme einer derartigen Voraussetzung von Gerichtsstandsvereinbarungen würde der Rechtssicherheit dienen, weil dadurch die ausländische Partei, die sich mit einer Rechts- und Gerichtswahlklausel dem deutschen Termin- und Differenzeinwand entziehen will, kalkulieren kann, daß ihr das Vorhaben wenig nützt. Immerhin wird in Deutschland ein ausländisches Urteil, das den Termin- und Differenzeinwand nicht beachtet, im Inland nicht anerkannt. Ungeachtet der Gerichtsstandsvereinbarung dem nicht termingeschäftsfähigen Kunden eine inländische Zuständigkeit zu eröffnen, ist um so mehr geboten, als für diesen effektiver Rechtsschutz vor einem inländischen Gericht auch für die Rückgewähr der einer in das Geschäft einbezogenen Maklerfirma bezahlten Sicherheiten bzw. -leistungen zur Verfügung zu stellen ist.

3. Auswirkung einer Wettbewerbsbeschränkung im Inland nach § 98 II GWB

Art. 7 Abs. 2 des Römischen Übereinkommens, dem Art. 34 EGBGB nachgebildet ist, gestattet die einseitige Sonderanknüpfung inländischer zwingender Normen. In dem Bericht von *Giuliano/Lagarde* wird hierzu ausgeführt: "das Risiko, daß die Aufspaltung des Vertrages mit dem Ziel vorgenommmen wird, bestimmte zwingende Vorschriften zu umgehen, läßt sich... mit Hilfe von Art. 7 ausschließen... Der Grundsatz, wonach nationale Gerichte unter gewissen Voraussetzungen anderen zwingenden Bestimmungen als denen Wirkung verleihen können, die aufgrund der Rechtswahl der Parteien oder eines subsidiären Anknüpfungsmerkmals auf den Vertrag anzuwenden sind, ist seit einigen Jahren... anerkannt... Dieser Absatz (Art. 7 Abs. 2 EVÜ) ist auf den Wunsch einiger Delegationen zurückzuführen, die Anwendung jener Bestimmungen des Rechts des Staates des angerufenen Gerichts sicherzustellen, die den Sachverhalt ohne Rücksicht auf das auf den Vertrag anzuwendende Recht zwingend regeln (vor allem auf den Gebieten des Kartell- und Wettbewerbsrechts, des Rechts zur Bekämpfung wettbewerbsbeschränkender Praktiken, des Verbraucherschutzrechts und des Beförderungsrechts."[164]). Gleichwohl zwingt Art. 34 EGBGB nicht dazu, eine Sonderanknüpfung zwingender Normen vorzunehmen. Ebensowenig enthält er Kriterien dafür, unter welchen Voraus-setzungen das deutsche Recht seinen Sachnormen einen international

---

163 S. OLG Frankfurt U. v. 4. 7. 1992 WM 1993, 1670, 1672.

164 BT-Drs. 10/503, S. 36 (49, 58, 60).

zwingenden Anwendungsbereich beilegen will. § 98 Abs. 2 GWB stellt jedoch eine ausdrücklich eine solche Norm dar. Danach findet das Kartellgesetz Anwendung auf alle Wettbewerbsbeschränkungen, die sich im Geltungsbereich des Gesetzes auswirken, auch wenn sie außerhalb seines Geltungsbereichs veranlaßt sind.(§ 98 Abs. 2 S.1 GWB). Die Parteien können demzufolge die Anwendung zwingender Normen des GWB nicht ausschließen und zwar auch nicht mittelbar durch die Vereinbarung der Maßgeblichkeit einer anderen Rechtsordnung.

Angesichts der Gefahr einer Umgehung dieser international zwingenden Vorschrift muß der Ausschluß der nach den Vorschriften der ZPO gegebenen deutschen internationalen Zuständigkeit durch Vereinbarung der ausschließlichen Zuständigkeit eines ausländischen Gerichts auf starke Bedenken stoßen. Den Parteien gestattet die h. M.[165] daher zu Recht nicht die Wahl von Gerichten, die § 98 Abs. 2 GWB ignorieren und ein anderes Recht anwenden. Zu beachten ist dabei, daß § 98 Abs. 2 GWB kein forum legis eröffnet, sondern sich vielmehr die Zuständigkeit im Kartellprozeß nach den allgemeinen Grundsätzen des internationalen Zivilprozeßrechts bestimmt.[166] Dadurch können sich zwar Risiken für die Durchsetzung des nach § 98 Abs. 2 S. 1 GWB anzuwendenden materiellen Rechts bei ausländischer Zuständigkeit ergeben. Die Vorschrift zielt aber nicht auf einen Gleichlauf von Jus und Forum. § 98 Abs. 2 GWB bemüht sich, bei ausschließlicher Auswirkung im Inland etwaigen ausländischen Beschränkungen dieser Norm gegenzuwirken. Da § 98 Abs. 2 S. 1 GWB von einem Auswirkungsprinzip ausgeht, ist die Unzulässigkeit der Derogation auf Kartellverträge zu beschränken.[167] Aus diesem Grunde verneinte der BGH in der Ölfeldrohre- Entscheidung[168] bei reinen Exportkartellen nach § 6 Abs. 1 GWB zu Recht die Anwendbarkeit des GWB gem. § 98 Abs. 2 a. F.,[169] wenn keine

---

165 *Immenga/ Mestmäcker/ Rehbinder*, GWB-Kommentar, Abs. 2 § 98 GWB Rn. 265; MünchKomm/ *Immenga*, IPR, Rn. 76 nach Art. 37 EGBGB; *Benisch/ Koenigs*, Gemeinschaftskomm § 98 Abs. 2 GWB Rn. 135; *Gamm*, Kartellrecht, § 98 GWB Rn. 6; abl. *Geimer*, IZPR, Rn. 1059.

166 *Geimer*, IZPR Rn. 1055; *Rehbinder*, aaO., Rn. 254; *Koenigs*, aaO., Rn. 130; *Gamm*, aaO., Rn. 7; MünnKomm/ *Immenga*, IPR, Rn. 76.

167 *Rehbinder*, aaO., Rn. 265.

168 BGH WuW/ E 1276.

169 Anders jetzt § 98 Abs. 2 S. 2 GWB: Um auch für reine Exportkartelle i. S. d. § 6 Abs. 1 GWB die vom Gesetzgeber beabsichtigte Anmeldepflicht (§ 9 I GWB) und Mißbrauchsaufsicht (§ 12 Abs. 2 GWB) durchzusetzen, hat die 4. Kartellnovelle von 1980 Satz 2 in § 98 Abs. 2 GWB neu eingefügt

Außenwirkung auf dem Inlandsmarkt, d. h. keine Beeinträchtigung der Marktchancen inländischer Unternehmer auf der anderen Marktseite festzustellen ist.

4. Sonderbehandlung der Arbeitssachen?

Die arbeitsrechtliche Rechtsprechung hat internationale Gerichtsstandsvereinbarungen nur in einem engen Rahmen zugelassen. Auch nach der Gerichtsstandsnovelle von 1974 hat das BAG seine frühere Einstellung zur besonderen Anforderung an Gerichtsstandsvereinbarungen der internationalen Zuständigkeit in Arbeitssachen aufrechterhalten.[170] Danach ist eine Derogation der deutschen internationalen Zuständigkeit unbeachtlich, wenn es "im Einzelfall zum Schutz des Arbeitnehmers geboten ist, daß der Rechtsstreit vor deutschen Gerichten geführt wird."

Diese sog. Einzelfallschutzklausel findet in der Literatur noch teilweise Billigung. Die Vertreter dieser Meinung berufen sich auf Besonderheiten des Arbeitsrechts. Wegen der besonderen Schutzwürdigkeit des Arbeitnehmers widerspräche die Ansicht, seit der Änderung des § 38 ZPO könnten für Gerichtsstandsvereinbarungen in arbeitsrechtlichen Streitigkeiten keine anderen Zulässigkeitsbeschränkungen gelten als im Verfahren vor den ordentlichen Gerichten, dem der Gerichtsstandsnovelle zugrundelegenden Gedanken eines verstärkten Schutzes des Schwächeren.[171]

Bedenken gegen diese Ansicht ergeben sich jedoch aus der Entstehungsgeschichte des § 38 Abs. 2 ZPO. Das Interesse des internationalen Rechtsverkehrs war bei der Einfügung der internationalen Gerichtsstandsvereinbarung in § 38 ZPO von zentraler Bedeutung.[172] Da das Gesetz für arbeitsrechtliche Streitigkeiten keine besonderen Derogationsvoraussetzungen vorsieht, wie die Neufassung des § 48 Abs. 2 ArbGG zeigt,[173] ist davon auszugehen, daß auch in Arbeitssachen die Grenzen der Derogation

170 BAG U. v. 20. 7. 1970, BAGE 22 410 = NJW 1970, 2180 = SAE 1971, 178 m. Anm. *Fikentscher* = AP Nr. 4 zu § 38 ZPO Internationale Zuständigkeit m. Anm. E. *Lorenz* = AWD 1970, 577 m. Anm. *Trinkner* = IPRspr. 1970 Nr. 109c; BAG U. v. 29. 6. 1978 , NJW 1979, 1119 = AuR 1979, 189 m. Anm. *Grunsky* = AP Nr. 8 zu § 38 ZPO Internationale Zuständigkeit m. Anm. *Mummenhoff* = SAE 1979, 122 m. Anm. *Birk* = JZ 1979, 647 m. Anm. *Geimer* = IPRspr. 1978, Nr. 144.

171 *Kropholler*, Handbuch IZVR I Kap. III, Rn. 575.

172 S. § 3 I 1 a des 1. Teils.

173 § 48 II des Arbeitsgerichtsgesetzes regelt nur die Prorogationsbeschränkungen: " Die Tarifvertragsparteien können im Tarifvertrag die Zuständigkeit eines an sich örtlich unzuständigen Arbeitsgerichts festlegen für..." (Satz 1). "Die in §§ 8 Abs. 2 und 3 der Zivilprozeßordnung vorgesehenen Beschränkungen finden keine Anwendung." (Satz 2).

deutscher Gerichte ausschließlich § 38 Abs. 2 und 3 ZPO zu entnehmen sind.[174] Wenn § 38 Abs. 2 und 3 ZPO enge Zulässigkeitsbeschränkungen von internationalen Gerichtsstandsvereinbarungen vorsehen, mit denen gewiß auch den Arbeitssachen begegnet werden kann, muß auch die Gefahr der Rechtsunsicherheit vermieden werden.

Eine solche Sonderbehandlung der Arbeitssachen bezüglich internationaler Zuständigkeit läßt sich weder auf die wesentlichen Grundsätze des deutschen Rechts (ordre public) i. S. des Art. 6 EGBGB noch gemäß Art. 34 EGBGB auf die Bestimmungen des deutschen Rechts, die ohne Rücksicht auf das auf den Vertrag anzuwendende Recht den Sachverhalt zwingend regeln, stützen.[175] Es liegt auf der Hand, daß der deutsche ordre public unberührt bleibt, wenn Arbeitgeber und Arbeitnehmer Ausländer sind. Ebensowenig hätte man sich nicht auf den deutschen ordre public zu berufen brauchen, wenn der Arbeitgeber im Ausland wohnt, unabhängig davon, ob der Arbeitnehmer im Ausland oder im Inland ansässig ist, weil in diesen Fällen das ausländische Urteil bessere Vollstreckungsmöglichkeiten eröffnen kann als ein inländisches Urteil.[176] Bei der etwaigen Wahl eines neutralen Gerichts, zu dem der Arbeitsnehmer keinerlei Beziehung hat, könnte dagegen der deutsche ordre public tangiert werden. Um dies zu vermeiden, genügen aber die in § 38 ZPO vorgesehenen Einschränkungen von internationalen Gerichtsstandsvereinbarungen. Da § 38 Abs. 2 ZPO die notwendige Auslandsberührung vorsieht, würde eine Vereinbarung der Zuständigkeit ausländischer Gerichte als unzulässig zu beurteilen sein, soweit es an einer Auslandsberührung fehlt.[177]

Ferner ist es nicht schwer anzunehmen, daß der Reformgesetzgeber den Schutz des Arbeitnehmers nicht zu den einer Sonderanknüpfung bedürftigen zwingenden Normen i. S. des § 34 EGBGB gezählt hat. Zu Recht bemerkt *Sonnenberger*, daß die sich nach dem "Gegenstand" des eingreifenden Gesetzes richtende Sonderanknüpfung nicht dadurch gerechtfertigt werden könne, daß die Norm allgemein den sozial

---

174 *Beitzke*, RIW/AWD 1976, 7, 8f; *Schack* IZVR Rn. 454; *Stein/ Jonas/ Leipold*, § 38 Rn. 75; *Geimer*, IZPR, Rn. 1061, 1774.

175 So aber *Reithmann/ Martiny / Hausmann*, Rn. 1271.

176 Vgl. *Beitzke*, RIW/AWD 1976, 7, 9.

177 *Brehm*, in: Münchener Handbuch, Arbeitsrecht Bd. 3 § 378 ArbG, Rn. 86 mwN.; vgl auch den Hinweis *Beitzkes*, aaO., S. 9, daß ein Arbeitgeber einen Gerichtsstand nicht ohne ein für ihn wesentliches Interesse an gerade diesem Gerichtsstand vereinbaren würde.

Schwächeren schützt.[178] Zum Arbeitnehmerschutz wird vielmehr in Art. 30 Abs. 1 EGBGB als einer allseitigen Kollisionsnorm die im internationalen Vertragsrecht primäre Anknüpfung an die Rechtswahl der Parteien eingeschränkt.[179] Nach dieser Vorschrift soll die Rechtswahl dem Arbeitnehmer nicht den Schutz der zwingenden Bestimmungen des Rechts entziehen können, das bei objektiver Anknüpfung nach Art. 30 Abs. 2 EGBGB anzuwenden wäre. Aus dieser Arbeitnehmerschutznorm kann man aber keinen Anhaltspunkt für die Unwirksamkeit einer zur Umgehung der zwingenden Normen führenden Gerichtsstandsvereinbarung entnehmen. Bei einem reinen Inlandsfall kann einer Vereinbarung ausländischer Gerichte , die sich auf eine geplante Umgehung zwingender Normen für Arbeitnehmer richtet, gewiß mit § 38 Abs. 2 ZPO begegnet werden.[180] Daß auch bei einem Fall mit Auslandsbezug die Wirksamkeit einer solchen Gerichtsstandsvereinbarung anzunehmen ist, ergibt sich aus dem Regelungscharakter des § 30 Abs. 1 EGBGB als einer allseitigen Kollisionsnorm. Wenn Art. 30 Abs. 1 EGBGB das Günstigkeitsprinzip zugrundeliegt,[181] sollte man nicht vorab die Wirksamkeit einer solchen Vereinbarung verneinen. Jedenfalls handelt es sich bei § 30 Abs.1 EGBGB im Unterschied zu Art. 34 EGBGB nicht darum, bestimmte Normen auch dann durchzusetzen, wenn das auf einen schuldrechtlichen Vertrag anzuwendende Recht ein anderes als das deutsche ist, und damit eine zu diesem Recht führende Gerichtsstandsvereinbarung von vornherein, d. h. ohne Abwarten der ausländischen Entscheidung zu Fall zu bringen.

---

178 MüchKomm/ *Sonnenberger*, IPR, Einl. Rn. 42f.

179 Zu dieser Funktion des Art. 30 I EGBGB siehe MüchKomm/ *Sonnenberger*, IPR, Einl. Rn. 48; MünchKomm/ *Martiny*, IPR, Art. 34 EGBGB Rn. 15f.

180 Vgl. aber MünchKomm/ *Martiny*, IPR, Art. 30 EGBGB Rn. 92.

181 *Junker*, IPRax 1989, 69, 71: Nach seiner Meinung ist der Inhalt der beiden in Frage kommenden Rechtsordnungen miteinander zu vergleichen, um dem Arbeitnehmer die günstigere Regelung zu versprechen.

3. Abschnitt: Räumlich- persönliche Beschränkungen von Gerichtsstandsvereinbarungen im Zusammenhang mit dem territorialen Anwendungsbereich des EuGVÜ und von § 38 ZPO

Der letzte Abschnitt dieses Teils hat gezeigt, welchen Grenzen, wie auch sonst in jeder nationaler Zuständigkeitsordnung häufig, die Dispositionsfreiheit der Parteien über die deutsche internationale Zuständigkeit unterworfen ist. Solche nationalbedingte enge Beschränkungen von internationalen Gerichtsstandsvereinbarungen werden in supranationalen Übereinkommen beträchtlich gelockert. Um auf europäischer Ebene eine einheitliche Behandlung von Gerichtsstandsvereinbarungen zu gewährleisten, hat der europäische Gesetzgeber Art. 17 EuGVÜ entworfen und in der zweiten Fassung des EuGVÜ an die bis dahin gemachten Erfahrungen angepaßt. Damit verdrängt Art. 17 EuGVÜ grundsätzlich in seinem Geltungsbereich die entsprechenden nationalen Regeln. Auch in der Bundesrepublik ist im allgemeinen anerkannt, daß Art. 17 EuGVÜ den deutschen autonomen Regelungen in §§ 38- 40 ZPO vorgeht.[182]

Das EuGVÜ bildet ein eigenes Zuständigkeitsregelwerk, das in seinem eigenen Regelungssystem auch gewisse Prorogationsbeschränkungen enthält. Im Vergleich zum autonomem deutschen Recht fällt zunächst auf, daß auch Vollkaufleute die in Art. 17 EuGVÜ vorgesehene besondere Schriftform einhalten müssen[183] (Ausnahme: Art.17 Abs.1 S. 2 Alt. 3 EuGVÜ). Nach deutschem Recht können sie dagegen grundsätzlich formfrei prorogieren (§ 38 Abs.1 ZPO). Auch Nichtkaufleute können nach Art. 17 EuGVÜ Vereinbarungen über die internationale Zuständigkeit treffen, ohne die in § 38 Abs. 2 und 3 ZPO normierten Beschränkungen beachten zu müssen,

---

182 *Bülow/ Böckstiegel/ Müller*, Art. 17 EuGVÜ, Anm. II 4, S. 606-145; *Geimer*, IZPR, Rn. 1643; *Geimer/ Schütze*, I/1, S. 905; *Reithmann/ Martiny /Hausmann*, Rn. 1172, 1211; MünchKommZPO/ *Patzina*, § 38 Rn. 24; *Kropholler*, EZPR, Einl. Rn. 11ff und vor Art. 2 Rn. 15ff; BGHZ 82, 110, 114 = NJW 1982, 1226; BGH NJW 1980, 2023.

183 *Zöller/ Geimer*; Anh.2 (EuGVÜ) 6. Abschn. Rn. 13; *Geimer*, IZPR, Rn. 1644; *Zöller/* Vollkommer, § 38 Rn. 24; *Linke*, aaO., Rn. 192; AltKommZPO/ *Röhl*, § 38 Rn. 11; *Bülow/ Bückstiegel/ Müller*, Art. 17 EuGVÜ Anm. II 4, S. 606-145; *Reithmann/ Martiny/ Hausmann*, Rn. 1173; MünchKommZPO/ *Patzima*, § 38 Rn. 22; *Seeberg*, ZIP 1992, 600, 605; *Kropholler*, EZPR, Art. 17 Rn. 15 mwN.; *Thomas/ Putzo*; Anm. 2a vor § 38; *Baumbach /Lauterbach/ Hartmann*, § 38 Anm. 4 II A; MünchKommZPO/ *Gottwald*, IZPR, Art. 2 EuGVÜ Rn. 7.- A. A. *Wirth*, NJW 1978, 461.

doch gelten diese in modifizierter Form für Streitigkeiten in Versicherungs- und Verbrauchersachen.

Dies bedeutet freilich nicht, daß die Anforderungen an Gerichtsstandsvereinbarungen nach dem EuGVÜ strenger sind als die in §§ 38 ff. ZPO. Nach Art. 17 EuGVÜ können Parteien mit Wohnsitz in einem Vertragsstaat vor dem Entstehen der Streitigkeit vereinbaren, daß das Gericht eines anderen Vertragsstaates zuständig sein soll, und zwar auch für die örtliche Zuständigkeit der vereinbarten Zuständigkeitsordnung. Abweichend läßt § 38 ZPO eine solche Vereinbarung nur zwischen Kaufleuten zu und schreibt als Gerichtsstand den Wohnsitz der in der Bundesrepublik wohnhaften Partei vor. Darüber hinaus kennt das EuGVÜ nicht die Notwendigkeit der vollständigen Schriftform wie § 38 III ZPO.

Interessant ist, inwieweit die aus dem deutschen Recht fließenden Derogationsverbote im Anwendungsbereich des Art. 17 EuGVÜ durchgesetzt werden können. Die Zulässigkeit von Gerichtsstandsvereinbarungen ist im deutschen Recht, wie bereits dargelegt, generell durch § 38 ZPO, daneben durch Spezialvorschriften für bestimmte Materien eingeschränkt.

§ 38 II 3 ZPO lautet: "Hat eine der Parteien einen inländischen allgemeinen Gerichtsstand, so kann für das Inland nur ein Gericht gewählt werden, bei dem diese Partei ihren allgemeinen Gerichtsstand hat oder ein besonderer Gerichtsstand begründet ist." Nach Art. 17 EuGVÜ können die Parteien im Gegensatz dazu jedes deutsche Gericht als örtlich zuständig vereinbaren. Die Notwendigkeit, den Umfang des Anwendungsbereichs von Art. 17 EuGVÜ abzugrenzen, ergibt sich auch aus der unterschiedlichen Haltung gegenüber der ausschließlichen Wirkung einer Gerichtsstandsvereinbarung in § 38 ZPO und in Art. 17 EuGVÜ. Dieser spricht einer Gerichtsstandsvereinbarung eine ausschließliche Zuständigkeit des prorogierten Gerichts zu (Abs. 1 und 3), er begründet aber auch eine Vermutung dafür, daß die Gerichtsstandsvereinbarung ausschließlich sein sollte, es sei denn, die Gerichtsstandsvereinbarung sei nur zugunsten einer Partei getroffen (Abs. 3).[184] In § 38 ZPO ist dagegen eine ausschließliche Zuständigkeit nicht ausdrücklich geregelt. Ebensowenig besteht nach deutschem Recht eine solche Vermutung; es handelt sich vielmehr um

---

184 *Rosenberg/ Schwab/ Gottwald*, ZPR § 20 II 2; *Geimer*, IZPR Rn. 1647, 1736 mwN.; *Kropholler*, Handbuch IZVR I Kap. III, Rn. 584.

eine Auslegungsfrage.[185] Diese Unterschiede sind der Grund dafür, daß die Frage des territorialen Anwendungsbereiches des Art. 17 EuGVÜ näher zu erläutern ist.

---

[185] *Rosenberg /Schwab/ Gottwald*, ZPR, § 20 II 2; *Geimer*, IZPR, Rn. 1736.

§ 10. Anwendungsbereich des Art. 17 EuGVÜ

I. Grundfall: Berührung mehrerer Vertragsstaaten

Im Geltungsbereich des EuGVÜ kann eine Gerichtsstandsvereinbarung nur nach Maßgabe des Art. 17 des Übereinkommens getroffen werden. Die Voraussetzungen dafür sind an das Zusammenspiel zwischen dem Wohnsitz der Parteien und dem vereinbarten Gerichtsstand angeknüpft. Das heißt: Erstens muß mindestens eine Partei ihren Wohnsitz bzw. Sitz in einem der Vertragsstaaten haben. Zweitens ist bestimmt, daß ein Gericht oder die Gerichte eines Vertragsstaats als zuständig vereinbart werden. Der Grundanwendungsfall kommt danach schon dann in Betracht, wenn Parteien mit Wohnsitz in verschiedenen Vertragsstaaten die Zuständigkeit eines beliebigen Vertragsstaats vereinbaren. Dabei sind freilich die ausschließlichen Zuständigkeiten (Art. 16 EuGVÜ) und die Zuständigkeiten in Versicherungs- und Verbrauchersachen (Artt. 12, 15 EuGVÜ) zu beachten (Art. 17 Abs. 3 EuGVÜ). Von diesem Grundfall weichen solche Fallgestaltungen weiterhin nicht ab, in denen beide Parteien in demselben Vertragsstaat wohnen und die Zuständigkeit eines anderen Vertragsstaats vereinbaren,[186] oder Parteien mit Vertragsstaats- und Drittstaatswohnsitz die Zuständigkeit der Gerichte eines weiteren Vertragsstaats vereinbaren.[187] Denn jede der Voraussetzungen sollte reziprok berücksichtigt werden, nicht aber kumulativ. Immerhin besteht in derartigen Fällen das angebliche Auseinanderfallen von Wohnsitzstaat und Gerichtsstaat innerhalb der EU.

Zur Frage des Anwendungsbereichs von Art. 17 Abs. 1 EuGVÜ kann man daher davon ausgehen, daß wenn die Gerichtsstandsvereinbarung durch das Zusammenspiel zwischen dem Wohnsitz einer der Parteien und dem vereinbarten Gerichtsstand in einem Vertragsstaat die europäische Zuständigkeitsordnung tangiert wird, es nicht darauf ankommt, ob der Wohnsitz der Parteien in verschiedenen Vertragsstaaten liegt,

---

186 H. M.: *Jenard*- Bericht zu Art. 17; *Bülow/ Böckstiegel/ Müller*, Art. 17 EuGVÜ Anm. II 3, S. 606-144; *Jung,* S. 53; *Sandrock/ Jung / Sandrock*, E Rn. 113; *Kohler*, IPRax 1983, 265, 266; *Jayme/ Aull*, IPRax 1989, 80, 81; *Kropholler*, EZPR, Art. 17 Rn. 3; MünchKommZPO/ *Gottwald*, IZPR, Art. 17 EuGVÜ Rn. 2.

187 H. M.: *Bülow/ Böckstiegel/ Müller,* Art. 17 EuGVÜ Anm. II 3, S. 606-144; *Jung*, S. 71; *Sandrock/ Jung Sandrock*, E Rn. 117; MünchKommZPO/ *Gottwald*, IZPR, Art. 17 EuGVÜ Rn. 5.

oder ob die Parteien ihren Wohnsitz im gleichen Vertragsstaat haben. Danach ist eine Gerichtsstandsvereinbarung nach Art. 17 EuGVÜ zu beurteilen, wenn ein deutsches Unternehmen mit seinem koreanischen Partner die Zuständigkeit eines englischen Gerichts vereinbart. Anwendbar ist Art. 17 EuGVÜ auch auf die Fälle, in denen Unternehmen mit Sitz in der Bundesrepublik die Zuständigkeit eines französische Gerichts bzw. umgekehrt zwei französische Parteien die Zuständigkeit eines deutschen Gerichts vereinbaren, gleichgültig, ob der zugrundeliegende Sachverhalt Bezug zum jeweiligen Ausland aufweist oder nicht.

II. Abgrenzung zu reinem Inlandsfall

1. Gerichtsstandsvereinbarung zwischen Parteien mit Wohnsitz im gleichen Vertragsstaat

Die Formulierung der Vorschrift des Art. 17 Abs. 1 EuGVÜ könnte zu einer nur am Wortlaut orientierten Auslegung führen, nach welcher auch der Fall unter Art. 17 Abs. 1 EuGVÜ fällt, daß beide Parteien in demselben Vertragsstaat wohnhaft sind und einen Gerichtsstand in diesem Staat vereinbaren. Man muß aber ungeachtet der im Wortlaut weit gefaßten Vorschrift eine unter Art. 17 EuGVÜ fallende "internationale" Gerichtsstandsvereinbarung vom reinen Inlandsfall unterscheiden.[188] Dies wurde etwa in dem *Jenard*-Bericht unzweifelhaft klargestellt: "Die Vereinbarung gilt nur, wenn mindetens eine der Parteien ihren Wohnsitz in dem Hoheitsgebiet eines Vertragsstaats hat. Sie ist grundsätzlich nicht anwendbar, wenn die Parteien die Zuständigkeit eines Gerichts ihres gemeinsamen Wohnsitzstaates vereinbart haben, da das Übereinkommen nach dem in der Präambel festgelegten Grundsatz nur die Zuständigkeit bei internationalen Beziehungen bestimmt."[189] Im oben genannten Fall kommt, wenn beide Parteien in der Bundesrepublik wohnen, als einem reinen Inlandsfall nur § 38 ZPO zur Anwendung.

---

188 MünchKommZPO/ *Gottwald*, IZPR, Art. 17 EuGVÜ Rn. 4; MüchKomm/ *Martiny*, IPR, Rn. 52a vor Art.27 EGBGB; *Kropholler*, EZPR, Art. 17 Rn. 2; *Reithmann/Martiny / Hausmann*, Rn. 1181.

189 *Jenard*-Bericht zu Art. 17 (S. 37f).

2. Vereinbarungen der Zuständigkeit der Gerichte eines Nichtvertragsstaates

Als eine seiner Anwendungsvoraussetzungen fordert Art. 17 EuGVÜ die Prorogation eines Gerichts oder der Gerichte eines Vertragsstaates. An dieser Voraussetzung fehlt es bei einer Vereinbarung eines Gerichtsstandes in einem Drittstaat; diese Vereinbarung fällt daher nicht unter Art. 17 Abs. 1 EuGVÜ.[190] Bei dieser Fallgruppe kommt es grundsätzlich nicht darauf an, wo die Parteien wohnhaft sind. Zutreffend hat die Rechtsprechung eine Vereinbarung eines schweizerischen Gerichtsstands zwischen Parteien mit Wohnsitz in der Bundesrepulik nach § 38 ZPO beurteilt.[191] Gleiches gilt, wenn Parteien mit Wohnsitz in Vertrags- und Nichtvertragsstaaten die Zuständigkeit der Gerichte eines Nichtvertragsstaaates vereinbaren.[192] Sowohl die Wirksamkeit als auch die Zulässigkeit einer solchen Prorogation richtet sich nach dem Recht des gewählten Staates. Wenn eine nach diesem Recht zu beurteilende (ausschließliche) Prorogation in dem Drittstaat zulässig und wirksam ist, dann entfällt grundsätzlich ein nach den Vorschriften der übrigen Vertragsstaaten bestehender Gerichtsstand in einem Vertragsstaat.

Die Wahl der Gerichte eines Drittstaats hat auch keinen Derogationseffekt nach dem EuGVÜ[193] ; der Effekt ist nicht nach EuGVÜ zu beurteilen. Nicht nur die Prorogation eines drittstaatlichen Gerichts, sondern auch die möglicherweise damit verbundene Derogation des nach Art. 2 Abs. 1 EuGVÜ an sich gegebenen Gerichtsstandes untersteht daher nicht Art. 17 Abs. 1 EuGVÜ. Aus dem klaren Wortlaut und aus dem Sinn des Übereinkommens ergibt sich, daß Art. 17 EuGVÜ bei Vereinbarung der Zuständigkeit eines Nichtvertragsstaates nicht einschlägig ist, auch wenn zugleich die gesetzliche Zuständigkeit eines Vertragsstaates derogiert wird.[194] Hierfür spricht wohl auch der Bericht zum Übereinkommen: "Vereinbaren Parteien, Streitigkeiten vor Gerichten eines Nichtvertragsstaats auszutragen, so kann selbsverständlich nichts im

---

190 *Jung*, S. 68; *Sandrock/ Jung/ Sandrock*, E Rn. 115; *Kropholler*, EZPR, Art. 17 Rn. 13; *Reithmann/ Martiny/ Hausmann*, Rn. 1179; MünchKommZPO/ *Gottwald*, IZPR, Art. 17 EuGVÜ Rn. 3 und 8.

191 OLG Bamberg IPRax 1990, 105 m. Anm. *Prinzimg*.

192 *Jayme*, FS Schwind, S.117f; MünchkKomm/ *Martiny*,IPR, Rn. 52b vor Art. 27 EGBGB; BGH NJW 1989, 1431 = RIW 1989, 136.

193 MüchKommZPO/ *Gottwald*, IZPR, Art. 17 EuGVÜ Rn. 11; *Schlosser*; FS Kralik 1986, 287, 297f; *Jayme/ Haack*, IPRax 1985, 323; *Prinzing*, IPRax 1990, 83, 84; *Kropholler*, EZPR, Art. 17 Rn. 13.

194 So aber *Geimer/ Schütze*, I/1, § 29 VI 7, § 96 VII 4; *Geimer*, NJW 1986, 1439f.

EuGVÜ diese Gerichte hindern, sich für zuständig zu erklären, wenn ihr Recht die Abmachung wirksam sein läßt. Fraglich ist nur, ob und gegebenfalls in welcher Form solche Vereinbarungen eine Zuständigkeit von Gemeinschaftsgerichten abbedingen können, die nach dem EuGVÜ als ausschließliche oder konkurrierende begründet ist. Nichts im EuGVÜ läßt den Schluß zu, daß derartiges prizipiell unzulässig sein soll. Das Übereinkommen enthält aber auch keine Regeln über die Wirksamkeit solcher Vereinbarungen. Wird ein Gericht innerhalb der Gemeinschaft einer solchen Vereinbarung zum Trotz angerufen, so muß es die Wirksamkeit der Abrede nach dem Recht beurteilen, das an seinem Sitz gilt."[195] Eine Beschränkung gilt aber dabei, daß die Parteien auch bei einer Wahl eines drittstaatlichen Gerichts die ausschließliche Zuständigkeit der Gerichte eines Vertragsstaats nach Art. 16 EuGVÜ und den Schutz von Versicherungsnehmern und Verbrauchern nach Art. 12 und 15 EuGVÜ nicht abbedingen können (Art. 17 Abs. 3 EuGVÜ).[196] Da Art. 16 EuGVÜ ausdrücklich "ohne Rücksicht auf den Wohnsitz" gilt, besteht kein Anlaß für eine restriktive Auslegung, daß das Prorogationsverbot nach Art. 17 Abs. 3 EuGVÜ nur für eine von Art. 16 EuGVÜ abweichende Wahl der Gerichte in einem anderen Vertragsstaat gelten sollte.[197] Das gleiche gilt in Versicherungs- und Verbrauchersachen nach Art. 17 Abs. 3 EuGVÜ. Dies bedeutet für den deutschen Richter, daß er Art. 17 Abs. 3 EuGVÜ auch dann beachten muß, wenn zwischen zwei in der Bundesrepublik Deutschland wohnenden Parteien oder zwischen Parteien mit Wohnsitz in Vertrags- und Nichtvertragsstaaten die Zuständigkeit der Gerichte eines Nichtvertragsstaats vereinbart wird und ihm die Klage abredewidrig vorgelegt wird.

3. Prorogation von Gerichten eines Vertragsstaats durch Parteien aus Drittstaaten

Da Art. 17 Abs. 1 EuGVÜ den Wohnsitz einer der Parteien in einem Vertragsstaat voraussetzt, kommt eine Gerichtsstandsvereinbarung nach Art. 17 Abs. 1 EuGVÜ nicht in Betracht, wenn keine der Parteien ihren Wohnsitz bzw. Sitz in einem Vertragsstaat hat. Über die Annahme der Prorogation urteilt ein prorogiertes

---

195 *Schlosser*-Bericht, Nr. 176.

196 H. M.: *Bülow/ Böckstiegel/ Müller*, Art. 17 EuGVÜ Anm. II 2; *Kropholler*, EZPR, Rn. 65; *Reithmann/ Martiny/Hausmann,* Rn. 1179; MüchKomm/ *Martiny,* IPR, Rn. 52 vor Art. 27 EGBGB; MüchKommZPO/ *Gottwald,* IZPR, Art. 17 EuGVÜ Rn. 12.

197 *Bülow/ Böckstiegel/ Müller,* Art. 17 EuGVÜ Anm. II 2; *Kropholler*, IZPR, Art. 17 Rn. 63ff; *Reithmann/ Martiny / Hausmann*, Rn. 1210; MüchKommZPO/ *Gottwald*, IZPR, Art. 17 EuGVÜ Rn. 12;-A. A. *Jung*, S. 68 ff.

europäisches Forum, das in diesem Fall aufgrund der Vereinbarung angerufen wird, nach seinem nationalen Recht.

Diesen Grundsatz hat der durch das Beitrittsübereinkommen 1978 eingefügte Art. 17 Abs. 1 S. 3 EuGVÜ insoweit gemildert, als der derogative Effekt einer solchen Vereinbarung in allen Vertragsstaaten gleich behandelt werden soll. Danach muß ein mit der Prorogation verbundener Derogationseffekt von den anderen Vertragsstaaten beachtet werden, d. h. ihre Gerichte dürfen auch dann nicht in der Sache entscheiden, wenn sie nach ihrem nationalen Recht eigentlich zuständig wären, bis feststeht, daß das angerufenen Gericht sich für unzuständig erklärt.

Im folgenden Fall soll verdeutlicht werden, was dies für den deutschen Richter bedeutet: Ein Moskauer und ein New Yorker vereinbaren die Zuständigkeit der französischen Gerichte für einen in der Bundesrepublik Deutschland zu erfüllenden Liefervertrag.

(a) Bei Klageerhebung vor einem französischen Gericht: Erst nachdem das angerufene Gericht sich rechtskräftig für unzuständig erklärt, können deutsche Gerichte im gesetzlichen Gerichtsstand nach § 29 ZPO zur Sache verhandeln und entscheiden. Art. 17 Abs. 1 S. 3 EuGVÜ konterkariert aber nicht die Prozeßabweisung wegen internationaler Unzuständigkeit, da sich die Verbotswirkung auf jede "Entscheidung" bezieht.[198]

(b) Bei einer prorogationswidrigen Klage vor einem Gericht der anderen Vertragsstaaten als des vereinbarten: Die deutschen Gerichte müssen auch dann Art. 17 Abs. 1 S. 3 EuGVÜ beachten, wenn eine Partei entgegen der Vereinbarung etwa ein englisches Gericht anruft. Denn dieses Gericht hat kraft Art. 4 Abs. 1 EuGVÜ seine Zuständigkeit nach seinem Recht zu prüfen. Für das englische Gericht kommt Art. 17 Abs. 1 S. 3 EuGVÜ im übrigen bei einer rügelosen Einlassung des Beklagten nicht zum Zuge.

(c) Bei Klageerhebung vor einem deutschen Gericht: Wenn der Beklagte sich auf die vor dem deutschen Gericht erhobene Klage einläßt, dann kann dieses in dem gesetzlichen Gerichtsstand nach § 29 ZPO i. V. m. Art. 4 Abs. 1 EuGVÜ zur Sache verhandeln und entscheiden. In diesem Fall gilt Art. 17 Abs. 1 S. 3 EuGVÜ wegen

---

198 *Geimer/ Schütze* I/1, § 31 II 2 (S. 248).

des Vorrangs der rügelosen Einlassung (Art. 18 EuGVÜ) vor der Prorogation nicht für das deutsche Gericht.[199] Erhebt der Beklagte den Einwand der Prorogation, so wird das deutsche Gericht analog § 148 ZPO den Rechtsstreit aussetzen.[200] Wenn das prorogierte Gericht sich für zuständig erklärt, erfolgt dann in Deutschland Klageabweisung.

III. Grenze des Inlandsfalles -Anwendbarkeit des Art. 17 Abs. 1 EuGVÜ auf Fälle mit grenzüberschreitendem Derogationseffekt.

Unter den richtig verstandenen Anwendungsbereich des Art. 17 EuGVÜ läßt sich auch der Ausschluß einer in einem anderen Vertragsstaat nach dem EuGVÜ begründeten Zuständigkeit, d. h. die grenzüberschreitende Prorogation einbeziehen. Da das EuGVÜ selbst in Art. 17 Abs. 3 EuGVÜ den Derogationseffekt von Gerichtsstandsvereinbarungen ausdrücklich regelt, ergibt sich weder aus dem Wortlaut noch aus dem Sinn des Art. 17 EuGVÜ, daß diese Norm ausschließlich auf die grenzüberschreitende Prorogation -Vereinbarung eines Gerichtsstands in einem anderen Vertragsstaat- anzuwenden ist.[201] Auch bei dieser grenzüberschreitenden Derogation ist daher die Gerichtsstandsvereinbarung trotz ihres scheinbar "internen" Charakters von Art. 17 Abs. 1 EuGVÜ erfaßt.[202]

1. Gerichtsstandsvereinbarung zwischen Vertragsparteien mit Wohnsitz im gleichen Vertragsstaat

Unzweifelhaft kommt nur eine Zuständigkeit nach § 38 ZPO in Betracht, wenn zwei Deutsche nach einem Unfall in Polen die Zuständigkeit deutscher Gerichte vereinbaren, da es an einer Anwendungsvoraussetzung des Art. 17 I EuGVÜ -der

---

199 *Geimer/ Schütze* I/1, § 38 II 2; MüchKommZPO/ *Gottwald*, IZPR, Art. 17 EuGVÜ Rn. 9.

200 MünchKommZPO/ *Gottwald*, IZPR, Art. 17 EuGVÜ Rn. 9.

201 MünchKommZPO/ *Gottwald*, IZPR, Art. 17 EuGVÜ Rn. 12.

202 MünchKommZPO/ *Gottwald*, IZPR, Art. 17 EuGVÜ Rn. 10 und 12; *Kropholler*, EZPR, Art. 17 Rn. 2; *Reithmann/ Martiny/ Hausmann*, Rn. 1181; *Kohler*, IPRax 1983, 265, 266; dies wird teilweise in Schrifttum damit begründet, daß in solchen Fällen forum prorogatum und forum derogatum in verschiedenen Vertragsstaaten liegen, was erst recht zur Anwendbarkeit des Art. 17 Abs. 1 EuGVÜ führe: *Bülow/ Böckstiegel/ Müller*, Art. 17 EuGVÜ Anm. II 3, S. 606-143; *Jung*, S. 64; *Sandrock/ Jung/ Sandrock*, E Rn. 114; *Schack*, IZVR, Rn. 464.

Prorogation der Gerichte eines Vertragsstaats- fehlt.[203] Hat sich der Unfall dagegen in Frankreich ereignet, so ist die Gerichtsstandsvereinbarung nicht nach § 38 ZPO zu beurteilen. Hier kommt vielmehr Art. 17 Abs. 1 EuGVÜ zum Zuge.[204] Denn ein solcher Fall erfüllt die "Internationalität" dadurch, daß durch die Gerichtsstandsvereinbarung der nach dem EuGVÜ eingeräumte Deliktsgerichtsstand in Frankreich ausgeschlossen wird. Das angerufene deutsche Gericht ist demnach für den Fall international zuständig, da die Parteivereinbarung die nach Art. 5 Nr. 3 EuGVÜ begründete Zuständigkeit gemäß Art. 17 Abs. 1 EuGVÜ zulässigerweise ausschließt. Die Wirksamkeit und Wirkung der Gerichtsstandsvereinbarung sind dabei nach Art. 17 EuGVÜ zu beurteilen.

2. Gerichtsstandsvereinbarung zwischen Parteien mit Wohnsitz in Vertrags- und Nichtvertragsstaat

Nicht anders ist es, wenn zwar zwischen einer der Parteien mit Wohnsitz in einem Drittstaat und der anderen in einem Vertragsstaat die Zuständigkeit dieses Vertragsstaats vereinbart wird, hierdurch aber die Zuständigkeit eines anderen Vertragsstaats derogiert wird.[205] Die Vereinbarung darf aber nicht die Verweigerung jeglichen Rechtsschutzes im forum derogatum zur Folge haben.[206] Vereinbart eine Frankfurter Bankgesellschaft mit ihrem koreanischen Geschäftspartner in Seoul die Zuständigkeit der Frankfurter Gerichte für alle sich aus dem Geschäft ihrer schweizerischen Filiale mit einer dortige Zweigniederlassung des koreanischen Bankwesens ergebenden Streitigkeiten, so ist die Vereinbarung nach Art. 17 Abs. 1 EuGVÜ zulässig, da der in der Schweiz nach Art. 5 Nr. 5 EuGVÜ an sich eröffnete Niederlassungsgerichtsstand derogiert wird.

---

203 MünchKommZPO/ *Gottwald*, IZPR, Art. 17 EuGVÜ Rn. 11.

204 In diesem Zusammenhang lehnt *Jung*, S. 60ff zu Recht den Vorschlag *Samtlebens*, NJW 1974, 1594 ab, die Anwendbarkeit des Art. 17 Abs. 1 EuGVÜ sei davon abhängig, ob die Klage im gemeinsamen Wohnsitzstaat (reiner Inlandsfall) oder in einem anderen Vertragsstaat erhoben werde (hierfür sei Art. 17 Abs. 1 EuGVÜ anwendbar).

205 *Jung*, S. 73; *Sandrock/ Jung/ Sandrock*, E Rn. 120; MünchKommZPO/ *Gottwald*, IZPR, Art. 17 EuGVÜ Rn. 10.

206 MünchKommZPO/ *Gottwald*, IZPR, Art. 17 EuGVÜ Rn. 10.

IV. Fälle mit Bezug zu einem Vertragsstaat

Hinsichtlich des Anwendungsbereichs des Art. 17 Abs. 1 EuGVÜ kommt zunächst der bloße Drittstaatenbezug bei Vereinbarung eines Gerichtsstands in einem Drittstaat in Betracht. Bei diesem Fall ist aber, wie bereits dargelegt, wegen des Fehlens der Wahl der Zuständigkeit in einem Vertragsstaat auch der Derogationseffekt bei abredewidriger Klage nach dem nationalen Recht des angerufenen Gerichts zu beurteilen. Die nicht eindeutige und immer noch umstrittene Frage bei Fällen mit Bezug zu *einem* Vertragsstaat hängt vielmehr mit der Wahl der Zuständigkeit eines Gerichts eines Vertragsstaats zusammen: Nach welchem Recht ist die Vereinbarung zu beurteilen, wenn nur eine der Parteien ihren Wohnsitz in einem Vertragsstaat hat und sie die Zuständigkeit dieses Staates vereinbaren?

Die angebliche Voraussetzung der Berührung mit mehreren Vertragsstaaten läßt sich aus dem Wortlaut des Art. 17 EuGVÜ nicht entnehmen. Der Wortlaut läßt für die Anwendbarkeit genügen, daß eine der Parteien ihren Wohnsitz in dem Hoheitsgebiet eines Vertragsstaates hat und daß die Zuständigkeit eines Gerichts oder der Gerichte eines Vertragsstaates vereinbart wird. Hieraus zieht eine Reihe von Autoren Konsequenz. Nach dieser von *Nagel*[207] begründeten und von *Gottwald*[208] unterstützten, inzwischen überwiegend anerkannten Meinung[209] soll die Vereinbarung eines inländischen Gerichtsstands zwischen einer inländischen und einer Partei aus einem Drittstaat auch dann dem Art. 17 EuGVÜ unterfallen, wenn dadurch keine in einem anderen Vertragsstaat bestehende Zuständigkeit nach dem EuGVÜ derogiert wird.

---

207 *Nagel*, IZPR (1980) III, Rn.76.

208 *Gottwald*, ZZP 94 (1981), 351, 352.

209 *Geimer/ Schütze* I/1, § 29 XV (S. 227ff); *Geimer*, NJW 1986, 1439 und 2991, IPRax 1991, 31; *Zöller/ Geimer*, Art. 2 EuGVÜ Rn. 9 und 15; *Basedow*, IPRax 1985, 133, 135; *Roth*, ZZP 93 (1980), 156, 160; *Jayme/ Haack*, IPRax 1985, 323; *Kropholler* FS Ferid 1988, 242, 247 und ZZP 105 (1992), 383, 384 und EZPR, Art. 17 Rn. 4 bis 8; *Reithmann/ Martiny / Hausmann*, Rn. 1183; *Nagel*, IZPR IV, Rn. 206; *Birk*, RdA 1983, 143 149 m. Fn. 64; MünchKommZPO/ *Gottwald*, IZPR, Art. 17 EuGVÜ Rn. 6f; *Seeberg*, ZIP 1992, 605ff; *Rosenberg/ Schwab/ Gottwald*, ZPR, § 20 II 2; OLG München, RIW 1989, 901 = ZZP 103 (1990), 84 m. abl. Anm. *Schmidt* = WuB VII B1. Art. 17 EuGVÜ 1. 89 m. zust. Anm. *Coester- Waltjen* = WM 1989, 602 = IPRspr. 1989, Nr. 186.

Die Gegenmeinung[210] will dagegen den Anwendungsbereich des Art. 17 EuGVÜ auf die Fälle beschränken, die neben dem Wohnsitz einer Partei in einem Vertragsstaat und der Wahl eines mitgliedstaatlichen Gerichts den Bezug zu mindestens zwei Vertragsstaaten aufweisen. Auch die deutsche Rechtspraxis[211] wendet in derartigen Fällen nicht Art. 17 Abs. 1 EuGVÜ an, sondern § 38 Abs. 2 ZPO, und gelangt so zur Zuständigkeit des vereinbarten Gerichts. Infolge der Zielsetzung des Übereinkommens, den Rechtsverkehr zwischen den Vertragsstaaten zu erleichtern, vermöge der Umstand, daß die Vorschrift nach ihrem Wortlaut keine solchen Einschränkungen enthält, einer solchen Auslegung nichts entgegenzusetzen. Insoweit sei vielmehr der Anwendungsbereich des Art. 17 EuGVÜ mit der Folge reduziert auszulegen, daß die Vorschrift auf einen bloßen Drittstaatenbezug nicht anwendbar sei.

Diese sog. Reduktionstheorie wurde letztlich in einer Entscheidung des OLG München[212] ausführlich, aber insofern über Gebühr verteidigt, als die Begründung an den Wortlaut der Vorschrift anknüpft. Jedenfalls ließe sich nach dieser Entscheidung aus der Entstehungsgeschichte und der Systematik des EuGVÜ die Notwendigkeit einer restriktiven Anwendung der im Wortlaut zu weit gefaßten Vorschrift entnehmen. Diese Begründungsmomente sind nicht überzeugend und die restriktive Auslegung gegenüber dem klaren Wortlaut des Art. 17 Abs. 1 EuGVÜ ist daher abzulehnen.

Aus der Präambel des Übereinkommens ergibt sich die Notwendigkeit zur Einschränkung des Übereinkommens nicht. Nach der Präambel ist Ziel des Übereinkommens "das Festlegen der internationalen Zuständigkeit der Vertragsstaaten und die Vereinfachung der Förmlichkeit für die gegenseitige Anerkennung und Vollstreckung von richterlichen Entscheidungen." Es liegt auf der Hand, daß die Väter dieses sekundären Gemeinschaftsrechts mit diesem Ziel ganz bewußt

---

210 *Samtleben*, NJW 1974, 1590, 1593f; *Piltz*, NJW 1979, 1071, 1072; *Bülow/ Böckstiegel/ Müller*; Art. 17 EuGVÜ, Anm. II 3b, S. 606-144; *Beitzke*, RIW/AWD 1976, 7, 10 einschränkt freilich in Arbeitssachen; *Jung*, S. 74f; *Sandrock/ Jung /Sandrock*, E Rn. 119; *Kohler*, IPRax 1983, 265, 266; *Häuser/ Welter*, WM 1985, Beilage Nr. 8, S. 13; *Rahmann*, S. 13; *Stein/ Jonas/ Bork*, § 38 Rn. 24.

211 BGH RIW 1992, 142, 143 = ZZP 105 (1992), 330, 332 m. zust. Anm. *Bork* = IPRax 1992, 377, 378 m. einsch. Anm. *Heß* (S. 358); EuZW 1992, 123, 124; IPRspr. 1992, Nr. 181 = WuB VII A. § 38 ZPO Nr. 2. 92 m. Anm. *Tode*; EWiR 1992, 303 (*Geimer*); OLG München EuZW 1991, 60 = IPRax 1991, 46 m. abl. Anm. *Geimer* = IPRspr. 1989, Nr. 194; OLG Düsseldorf, NJW 1991, 1492; OLG Bamberg NJW-RR, 1989, 371; OLG Hamburg RIW 1986, 462; OLG Karlsruhe, IPRspr. 1979, Nr. 159; OLG Schleswig IPRspr. 1979, Nr. 172.

212 OLG München EuZW 1991, 60 = IPRax 1991, 46 = m. Anm. *Geimer* = IPRspr. 1989, Nr. 194.

europäisches Einheitsrecht schaffen wollten. Dazu ist die einheitliche Rechtsanwendung und -auslegung unentbehrlich. In diesem Zusammenhang ist die "internationale" Zuständigkeit des Übereinkommens zu verstehen. Dies müßte zu der Auslegung führen, das EuGVÜ statuiere einen einheitlichen europäischen Zuständigkeitsraum, der eine einheitliche Anwendung des Übereinkommens umfasse. Bei einer gespaltenen Beurteilung[213] zwischen Sachverhalten in den Vertragsstaaten einerseits und im Verhältnis zu Drittstaaten andererseits wäre dieses Ziel nicht erreichbar. Auch in der Praxis würde die Einschränkung von Berührungspunkten zu mehreren Vertragsstaaten eine gewisse Unsicherheit in der Anwendung des europäischen Zivilprozeßrechts herbeiführen.[214] Die am Wortlaut orientierte Auslegung hat also zumindest den Vorteil einer vereinfachten Anwendung von Art. 17 EuGVÜ.[215] Solches Verständnis muß um so mehr als sachgerecht erachtet werden, als die EU den Weg zur Einführung einheitlicher Kollisionsnormen mit universellem Anwendungsbereich eingeschlagen hat (vgl. das Übereinkommen von 19. 6. 1980 über das auf vertragliche Schuldverhältnisse anwendbare Recht).[216]

Ein weiterer Ansatzpunkt für die restriktive Auslegung wird daran angeknüpft, daß die Systematik der Zuständigkeitsregelungen in den Art. 2- 4 EuGVÜ auf ein Auseinanderfallen von Wohnsitz- und Gerichtsstaat angelegt ist.[217] Nach den Art. 2, 3 Abs. 1, 4 Abs.1 EuGVÜ ist der Wohnsitz der beklagten Partei für die Anwendbarkeit des Übereinkommens entscheidend: liegt er in einem Vertragsstaat, richtet sich die Zuständigkeit nach dem EuGVÜ, liegt er außerhalb, ist das autonomen Recht anzuwenden. Dieser Grundsatz gelte als allgemeine Regel der Zuständigkeitsregelungen des EuGVÜ auch für Gerichtsstandsvereinbarungen. Dementsprechend sei Art. 17 EuGVÜ nur anzuwenden, wenn aufgrund der Vereinbarung die Partei mit Wohnsitz in einem Vertragsstaat vor dem Gericht eines anderen Vertragsstaates verklagt werden könne oder wenn andererseits eine nach dem Übereinkommen ansonsten gegebene Zuständigkeit außerhalb des Wohnsitzvertragsstaates des

213 MünchKommZPO/ *Gottwald*, IZPR, Art. 17 EuGVÜ, Rn. 6 mwN..

214 *Kropholler*, ZZP 105 (1992), 383, 384; *Geimer*, NJW 1985, 1438, 1439.

215 So auch *Heß*, IPRax 1992, 358, 359.

216 Vgl. *Geimer*, IPRax 1985, 31, 33; *Reithmann/ Martiny /Hausmann*, Rn. 1183; *Seeberg*, ZZP 1992, 600, 607; wohl auch *Kropholler*, FS Ferid 1988, 239 und EZPR, Art. 17, Rn. 4: " keineswegs überzogen, einheitliche Maßstäbe an internationale Gerichtsstandsvereinbarungen in allen EÜ-Staaten schon dann anzulegen, wenn der in Art. 17 I genannte Bezug zur EU besteht."

217 *Samtleben*, NJW 1974, 1594; *Stein/ Jonas/ Leipold*, § 38 ZPO Rn. 22.

Beklagten durch die Gerichtsstandsvereinbarung ausgeschlossen wird. Danach wäre Art. 17 EuGVÜ auf eine Gerichtsstandsvereinbarung nicht anwendbar, wenn nur eine Partei in einem Vertragsstaat wohnt und dessen Gerichte prorogiert werden.

Diese Argumentation verkennt aber, daß der Anwendungsbereich des Art. 17 EuGVÜ gegenüber der Grundregel des Art. 2 Abs. 1 EuGVÜ ausgeweitet worden ist, so daß die Grundregel auf Gerichtsstandsvereinbarungen nicht sinnvoll übertragen werden kann[218]. Art 17 EuGVÜ stellt nicht auf den Wohnsitz der beklagten Partei ab, wie die Artikel 2ff. EuGVÜ. Anders als Art. 4 EuGVÜ ist in Art. 17 EuGVÜ bestimmt, daß eine der Parteien ihren Wohnsitz in einem der Vertragsstaaten haben muß. Damit ist das Prinzip, daß das Übereinkommen nur dann zur Anwendung kommen soll, wenn der Beklagte seinen Wohnsitz im geographischen Anwendungsbereich des Übereinkommens hat, ausdrücklich durchbrochen. Hier liegt ein bedeutender Unterschied zu den anderen Vorschriften des EuGVÜ. Daraus erklärt sich, daß Art. 17 EuGVÜ neben dem ausdrücklichen Katalog der ausschließlichen Zuständigkeiten (Art. 16 EuGVÜ) von der allgemeinen Verweisung auf das nationale Recht gemäß Art. 4 EuGVÜ ausgenommen ist. Art. 17 EuGVÜ ist daher als lex specialis vor Art. 4 EuGVÜ anwendbar, wenn eine der Parteien ihren Wohnsitz/Sitz innerhalb eines Vertragsstaates hat.[219]

---

218 S. *Basedow*, IPRax 1985, 133, 134; *Geimer*, IPRax 1991, 31, 33.

219 Vgl. *Bülow*, RabelsZ 1974, 267.

§ 11. Nationale Schutznormen und Prorogationsbeschränkungen nach dem EuGVÜ

I. Vorrang des Art. 17 EuGVÜ vor dem autonomen nationalen Recht

1. Lex specialis des Art. 17 EuGVÜ

Art. 17 EuGVÜ geht den entsprechenden nationalen Regelungen vor. Auch in Deutschland ist im allgemeinen anerkannt, daß Art. 17 EuGVÜ in vollem Umfang die §§ 38, 40 ZPO verdrängt. Aus dessen abschließender Regelung über die Inhaltsanforderung an Gerichtsstandsvereinbarungen folgt daher, daß sich die Wirksamkeit, die Zulässigkeit, die Form und die Wirkungen einer Gerichtsstands-vereinbarung im Anwendungsbereich des Art. 17 EuGVÜ ausschließlich nach dieser Norm bestimmen. So läßt Art. 17 EuGVÜ für die Formfreiheit für Vollkaufleute nach § 38 Abs. 1 ZPO und für die Einschränkungsmöglichkeit von Gerichtsstandsvereinbarungen nach §§ 38, 40 ZPO keinen Raum. Hieraus erklärt sich, daß die Prorogationsfreiheit nach Art. 17 Abs. 1 EuGVÜ grundsätzlich nicht durch nationale Vorschriften beschränkt werden kann. In diesem Zusammenhang entsteht zumindest auf der prozessualen Ebene kein Problem. Denn Schranken, die das nationale Prozeßrecht gegen Gerichtsstandsklauseln errichtet, kommen im Anwendungsbereich des Art. 17 EuGVÜ nicht zur Geltung. Nicht so einfach ist dies aber bei Schranken von Gerichtsstandsvereinbarungen, die aus dem autonomen materiellen Recht abgeleitet werden. Einen Anwendungskonflikt zwischen Art. 17 EuGVÜ und § 38 ZPO bereitet etwa die Tatsache, daß bei den Zuständigkeitsregelungen des EuGVÜ zwischen der internationalen Zuständigkeit und dem in der Sache anwendbaren Recht keinerlei Zusammenhang besteht.[220]

Die nach autonomem deutschem Recht verbotenen Fälle einer Gerichtsstandsvereinbarung sind meistens mit zwingenden Normen verbunden, die ihrerseits die schwächere Vertragspartei durch Prorogationsbeschränkungen vor einseitig belastenden Gerichtsstandsklauseln schützen sollen. Wo die extraterritoriale Rechtsverfolgung durch Prorogationsverbote zur Durchsetzung des Schutzzwecks der

---

220 *Schlosser*-Bericht, Nr. 175, ABl-EG 1979 C 59, S.71ff; *Gottwald*, FS Firsching 1985, 102.

zwingenden Normen zulässig ist, würde eine einheitliche Zuständigkeitsordnung eines supranationalen Rechts in Frage gestellt werden. Angesichts des Regelungszwecks des EuGVÜ, "in den Vertragsstaaten einheitliches internationales Zivilprozeßrecht zu schaffen, ist vielmehr daran festzuhalten, daß solche nationale Zulässigkeitsschranken nicht mit Art. 17 EuGVÜ vereinbar sind.[221] Beschränkungen des Art. 17 EuGVÜ durch nationale Vorschriften können nicht damit gerechtfertigt werden, daß über Art. 17 EuGVÜ die zwingenden deutschen Normen nicht umgegangen werden dürfen. Denn Schranken des Art. 17 EuGVÜ können sich nur aus dem Übereinkommen selbst ergeben.[222] Dafür weist die h. L. zutreffend darauf hin, daß das EuGVÜ eine in sich abgeschlossene Regelung des Rechts der Gerichtsstandsvereinbarungen darstellt, die einer Ergänzung durch das nationale Zuständigkeitsrecht nicht zugänglich ist.[223] Zu nennen sind etwa die §§ 26 FernUSG, 7 HaustürWG, 109 Abs. 1 VAG und 53 Abs. 3 KWG.

Andererseits sieht das EuGVÜ selbst auf bestimmten Gebieten Beschränkungen für Gerichtsstandsvereinbarungen vor. Im 3. Abschnitt (Zuständigkeit für Versicherungssachen) und 4. Abschnitt (Zuständigkeit für Verbrauchersachen) des EuGVÜ werden zum Schutz der sozial schwächeren Partei nur eingeschränkt abdingbare Zuständigkeiten statuiert. Danach können Versicherungsnehmer und Verbraucher grundsätzlich nur an ihrem Wohnsitz verklagt werden (Art. 11 I, 14 II EuGVÜ). Von diesen Vorschriften kann im Weg der Vereinbarung nur abgewichen werden, wenn die Vereinbarung entweder nach Entstehen der Streitigkeit getroffen wird oder wenn die Vereinbarung die Klagmöglichkeit des zu schützenden Personenkreises erweitert. Art. 17 III EuGVÜ spricht ausdrücklich den den Vorschriften der Artikel 12 oder 15 zuwiderlaufenden Gerichtsstandsvereinbarungen die rechtliche Wirkung ab. Unzulässig sind danach ferner Gerichtsstandsvereinbarungen, wenn die Gerichte, deren Zuständigkeit abbedungen wird, aufgrund des Art. 16 EuGVÜ ausschließlich zuständig sind.

---

221 H.M.: *Kropholler*, EZPR, Art. 17 Rn. 17 ff. und 76; *Roth*, IPRax 1992, 67, 68; *Häuser/ Welter*, WM 1985, Sonderbeilage Nr. 8, S. 13; *Geimer/ Schütze* I/1, § 96 XI (S. 900f.); *Zöller/ Geimer*, Art. 17 EuGVÜ Rn. 12; *Schack*, IZVR, Rn. 475, *Gottwald*, FS Firsching 1985, 103; MünchKommZPO/ *Gottwald*, IZPR, Art. 17 EuGVÜ Rn. 48 ff..

222 *Zöller/ Geimer*, Art. 17 EuGVÜ Rn. 1; *Gottwald*, FS Firsching 1985, 103f.

223 *Kropholler*, EZPR, Art. 17 Rn. 17; MünchKommZPO/ *Gottwald*, IZPR, Art. 17EuGVÜ Rn. 49; *Zöller/ Geimer*, Art. 17 EuGVÜ Rn. 12; *Kohler*, IPRax 1983, 270.

Im Verhältnis zum autonomen deutschen Recht bewirkt die Spezialvorschrift im EuGVÜ, daß in Versicherungssachen die Vorschrift des § 109 Abs. 1 VAG für den Anwendungsbereich des Übereinkommens durch die Regelung des Art. 12 EuGVÜ und in Verbrauchersachen die einschlägigen autonomen Vorschriften durch Art. 15 EuGVÜ ersetzt sind. Solche Schutzvorschriften im EuGVÜ dürfen vom nationalen Gesetzgeber in ihrer Wirkung weder vermindert noch verschärft werden.[224] Der Grundsatz, daß die Gerichtsstandsvereinbarungsgrenzen dem EuGVÜ selbst und nur diesem entnommen werden können, beschränkt sich freilich nicht nur auf solche ausdrücklichen Rechtssachen. Einigkeit besteht, daß sich auch aus Art. 17 EuGVÜ weitere europäische Mißbrauchskontrollen ergeben, und zwar durch Heranziehung der Rechtsgedanken von § 138 BGB und § 1025 Abs. 2 ZPO.[225] In diesem Zusammenhang sind vor allem zwei Fallgruppen zusätzlicher Prorogations- und Derogationsschranken ungeklärt: Die eine ist der Bezug zum forum prorogatum, und die andere die aus dem zwingenden autonomen Recht entspringenden Derogationsverbote in einzelnen materiellen Fällen.

2. Bezug zum forum prorogatum

Bei der ersten Fallgruppe ist fraglich, ob Art. 17 EuGVÜ ein sachliches Interesse der Parteien an der Wahl eines ausländischen Gerichtsstandes fordert. Zwar hat Art. 17 EuGVÜ nach einhelliger Ansicht auf jeden objektiven Zusammenhang zwischen dem streitigen Rechtsverhältnis und dem vereinbarten Gericht verzichtet. Es ist aber streitig, ob Art. 17 Abs. 1 EuGVÜ auch dann gilt, wenn zwei im Inland wohnhafte Vertragsparteien einen Gerichtsstand in einem anderen Vertragsstaat vereinbaren. Nach einer Auffassung ist eine solche Gerichtsstandsvereinbarung nicht zulässig, es sei denn, daß ein sachliches Interesse der Parteien an der Wahl eines ausländischen Gerichts vorhanden ist. Die Vertreter dieser Meinung sehen in dem ausreichenden Gemeinschaftsbezug des Sachverhalts einen dem Übereinkommen entsprechenden Auslandsbezug[226] oder eine immanente Schranke[227] des Art. 17 EuGVÜ. Der internationale Bezug ist aber in derartigem Falle schon deshalb gewahrt, weil der

224 *Geimer/ Schütze,* I/1, § 96 XI (S. 904).

225 *Kropholler*, EZPR, Art. 17 Rn. 72; MünchKommZPO/ *Gottwald*, IZPR, Art. 17 EuGVÜ Rn. 43; *Gottwald*, FS Firsching 1985, 104f; *Roth*, IPRax 1992, 67, 68f; *Reithmann/ Martiny/ Hausmann*, Rn. 1212; MünchKomm/ *Martiny*, IPR, Rn. 55 vor Art. 27 EGBGB; *Kohler*, IPRax 1983, 270.

226 *Jung*, S. 55ff, *Sandrock/ Jung/ Sandrock*, E Rn. 113.

227 *Kropholler*, EZPR, Rn. 71; *Roth,* IPRax 1992, 67, 69; *Schack,* IZVR, Rn. 464.

Wohnsitz der Parteien und die Wahl eines Gerichts in den Vertragsstaaten sozusagen auseinanderfallen. Es besteht kein gesetzlicher Grund, über die in der Vorschrift genannten Voraussetzungen hinaus den Wohnsitz beider Parteien noch in verschiedenen Vertragsstaaten kumulativ zu interpretieren.[228] Im übrigen kann der prorogierte Vertragsstaat anders als nach dem Haager Übereinkommen vom 25. 11. 1965 (Art. 15) unter dem System des EuGVÜ die Annahme der Prorogation vom Vorliegen einer Beziehung des Rechtsstreits zu dem gewählten Gericht nicht abhängig machen.[229] Die andere ungeklärte Frage ist, ob sich zusätzliche Schranken für Gerichtsstandsvereinbarungen auf das Fehlen konkreter Prorogationsbeschränkungen innerhalb des EuGVÜ berufen können. Die Möglichkeit, eine europäische Mißbrauchskontrolle hinsichtlich Gerichtsstandsvereinbarungen zu entwickeln, wird im Schrifttum vor allem i. V. mit den Besonderheiten einzelner Rechtsgebiete erörtert.

II. AGB-Kontrolle

Das EuGVÜ läßt für eine Überprüfung der Gerichtsstandsabrede nach dem AGB-Gesetz keinen Raum.[230] Dies ergibt sich schon aus dem Zweck des Übereinkommens, in seinem Anwendungsbereich die internationale Zuständigkeit der Gerichte der Vertragsstaaten einheitlich und abschließend zu regeln, und konsequenterweise aus dessen Vorrang vor dem autonomen deutschen Recht. Deshalb ist der Gegenmeinung zu widersprechen, daß auch im Anwendungsbereich des EuGVÜ die Wirksamkeit einer Gerichtsstandsklausel in AGB über die §§ 3, 9 AGBG auf ihre inhaltliche Angemessenheit kontrolliert werden kann.[231]

---

228 *Bülow/ Böckstiegel/ Müller*, Art. 17 Anm. III 3c; *Geimer/ Schütze*, I/1, § 96 XX 6. (S. 917f.); *Kohler*, IPRax 1983, 266.

229 S. *Kohler*, IPRax, 1983, 269; *Gottwald*, FS Firsching 1985, 104.

230 *Gottwald*, FS Firsching 1985, 103f; MünchKommZPO/ *Gottwald*, IZPR, Art. 17 EuGVÜ Rn. 49; *Rosenberg/ Schwab/ Gottwald,* ZPR, § 20 VI 4e; *Kropholler*, EZPR, Art. 17 Rn. 17; MüchKomm/ *Martiny*, IPR, Rn. 55 vor Art. 27 EGBGB; *Reithmann/ Martiny/ Hausmann*, Rn. 1211; *Brandner*, in: *Ulmer/ Brandner/ Hensen*, Anh. §§ 9-11 Rn. 401 (S. 829); *Staudinger/ Schlosser*, § 12 AGBG Rn. 6; *Geimer/ Schütze*, I/1, § 75 III 2 (S. 485) und § 96 VI 7 (S. 905); *Geimer*, IZPR, Rn. 1692; *Kohler*, IPRax 1983, 270; *Jung*, S. 154f; *Grüter*,DB 1978, 384; OLG Saarbrücken IPRax 1992, 165 m. Anm. *Rauscher* (S. 143).

231 *Landfermann*, RIW 1977, 438; *Rosenberg/ Schwab*, ZPR, § 20 VI 3c; *Wolf*, in: *Horn/ Wolf/ Lindacher*, AGBG § 9 Rn. G135; OLG Karlsruhe, NJW 1982, 1950 (für § 9 AGBG); OLG Düsseldorf NJW-RR 1989, 1330 (für § 3 AGBG).

Es kann nicht angenommen werden, daß der Gesetzgeber des EuGVÜ für die AGB-Kontrolle die nationalen Kontrollmaßstäbe heranziehen wollte. Auch ohne Heranziehung etwa des § 9 AGBG gibt es genügend Möglichkeiten innerhalb des EuGVÜ selbst, einen Kunden, dem gegenüber unangemessene Klauseln verwendet werden, gegen den Mißbrauch überlegener Verhandlungsmacht zu schützen.[232] Schon durch die Formanforderungen hat der EuGH einen gewissen Schutz des Kunden vor Gerichtsstandsklauseln in AGB erreicht.[233] Bei dieser Rechtsprechung des EuGH spricht man von einer "materiellen" Vereinbarung i. S. von Art. 17 EuGVÜ und von deren vertragsautonomer Auslegung.[234] Konsequent kann man nur sein, indem man das Vorliegen der Form vertragsautonom bestimmt. Wegen der unlösbaren Zusammenhänge zwischen Form und Einigung führt dies zur vertragsautonomen Auslegung über die Einigung und damit auch der inhaltlichen Seite der Prorogation. Im Anwendungsbereich des Art. 17 EuGVÜ besteht dadurch kein Raum für einen Rückgriff auf nationales Schutzrecht zur Abschlußkontrolle bei der Prorogation. Es ist daher davon auszugehen, daß Art. 17 EuGVÜ jenseits der Formanforderungen bewußt für die Mißbrauchskontrolle von AGBs einen vertragsautonomen Maßstab eingeschlagen hat. Geklärt ist dieses Verständnis endgültig, wenn die Anwendung des EuGVÜ auf die Fälle mit mißbräuchlichen Gerichtsstandsklauseln in AGB mit der Richtlinie 93/13/EWG über mißbräuchliche Klauseln in Verbraucherverträgen (s. ABlEG 1993 Nr.L95 v. 21. 5. 1993, S.29 = EuZW 1993, 352 = NJW 1993, 1838) harmoniert, an die das EuGVÜ bis zum 31. 12. 1994 angepaßt werden muß. Trotz der Meinungsverschiedenheiten über die systematische Einordnung der Richtlinie könnte man in der Bestrebung nach Auschließung mißbräuchlicher Klauseln in Verbraucherverträgen eine materiellrechtliche (einheitliche) Transformation der vom EuGH durch die Formanforderungen in Art. 17 Abs. 1 S. 2 EuGVÜ vorgenommenen AGB-Kontrolle sehen.

---

232 Vgl. *Kohler*, IPRax 1983, 270.

233 EuGH 14. 12. 1976 -Rs 24/76 und 25/76, RIW/AWD 1977, 104 ff. m. Anm. *Müller* (S. 163f.)

234 Hierzu s. oben § I 2 des 2. Teils.

III. Arbeitsverträge

Da Arbeitsverhältnisse unter die vom EuGVÜ erfaßten "Zivilsachen" fallen und das EuGVÜ keine besonderen Prorogationsbeschränkungen für arbeitsrechtliche Streitigkeiten vorsieht, sind Gerichtsstandsvereinbarungen unter den Voraussetzungen von Art 17 EuGVÜ auch auf arbeitsrechtlichem Gebiet zulässig. Eine in einem Arbeitsvertrag getroffene Vereinbarung über die Zuständigkeit ist zulässig und wirksam, wenn sie den in Art. 17 EuGVÜ niedergelegten Voraussetzungen genügt. Der Vorentwurf zum EuGVÜ hatte für arbeitsrechtliche Streitigkeiten ausschließliche Gerichtsstände vorgesehen, wonach für Verfahren, die sich aus Arbeitsverträgen im weiteren Sinne ergeben, ausschließlich die Gerichte des Vertragsstaates zuständig sein sollten, in dem sich das betreffende Unternehmen befindet oder in dem die Arbeit auszuführen war oder ausgeführt worden ist. Diese Regelung ist später insbesondere mit Rücksicht darauf gestrichen worden, daß die Entwicklungen zur Rechtsvereinheitlichung auf EU-Ebene abgewartet werden sollten.[235] Diese Entstehungsgeschichte läßt den Schluß zu, daß besondere Schutzgedanken vom EuGVÜ nicht gewollt sind. Aus dem Fehlen besonderer Bestimmungen für Arbeitssachen folgt vielmehr, daß auch die Gerichtswahl in Arbeitsverträgen nur den allgemeinen Schranken des Art. 17 I EuGVÜ unterliegt.[236] Besondere Beschränkungen von Gerichtsstandsvereinbarungen über arbeitsrechtliche Streitigkeiten, die in manchen EU-Staaten aus dem Gesichtspunkt des Arbeitnehmerschutzes bestehen, sind daher de lege lata nicht auf Gerichtsstandsvereinbarungen nach Art. 17 EuGVÜ übertragbar. Auch der EuGH erkärt die in einem Arbeitsvertrag enthaltene Gerichtsstandsvereinbarung als nach Art. 17 EuGVÜ wirksam, ohne daß es darauf ankommt, daß die Zuständigkeit der nationalen Gerichte für Rechtsstreitigkeiten aus Arbeitsverhältnissen nach einigen einzelstaatlichen Rechtsordnungen nicht abbedungen werden kann.[237] In der Bundesrepublik Deutschland ist ohnehin der vom BAG entwickelte besondere Arbeitnehmerschutz mit der Gerichtsstandsnovelle 1974 durchbrochen worden. Angesichts der strengen Formanforderungen an die Wirksamkeit einer Gerichtsstands-

---

235 *Jenard*-Bericht zu Art. 5 Nr. 1 (S. 24); *Bülow/ Böckstiegel/ Müller*, Art. 17 EuGVÜ Anm.III 3 b; *Kropholler*, EZPR, Rn. 74.

236 *Bülow/ Böckstiegel/ Müller*, Art. 17 EuGVÜ Anm. III 3b; *Capotorti*, in: Schlußanträge zu *Sanicentral/Collin*, Slg. 1979, 3431, 3433; *Samtleben*, IPRax 1981, 43, 44; *Reithmann/ Martiny/ Hausmann*, Rn. 1214.

237 EuGHE 1979, 3423 = NJW 1980, 1218 (LS).

vereinbarung hat man es dann als überflüssig angesehen, eine solche Schutznorm einzufügen.

Andererseits wird zunehmend das Bestreben deutlich, für die Einschränkung der Zulässigkeit der Prorogation unmittelbar aus Art. 17 EuGVÜ selbst eine "europäische Mißbauchskontrolle" zu entwickeln und die in Arbeitsverträgen enthaltene Gerichtsstandsvereinbarung daran zu messen. Im einzelnen gibt es zwei Ansichten. Nach der einen Ansicht ist ergänzend zu einer fehlenden sachadäquaten gesetzlichen Lösung auf eine konsequente Beachtung des Mißbrauchsgedankens der §§ 1025 Abs. 2 ZPO, 138 BGB zurückzugreifen, so daß dem Arbeitnehmer ein zwingender Gerichtsstand des gewöhnlichen Arbeitsortes zuzusprechen ist.[238] Ein solcher Ansatzpunkt wäre aber nicht mit dem Sinn der strengen Formanforderungen an Gerichtsstandsvereinbarungen vereinbar; die Formerfordernisse des Art. 17 Abs. 1 EuGVÜ schlagen vielmehr auch bei der inhaltlichen Seite der Vereinbarung durch.[239] Nach der anderen Meinung ist aufgrund allgemeiner, in allen Vertragsstaaten üblichen Arbeitnehmerschutzüberlegungen[240] eine gewisse Einschränkung der formalen Prorogationsfreiheit nach Art. 17 EuGVÜ anzunehmen.[241] Zu beachten ist dabei, daß ein gemeinschaftsrelevanter Mißbrauch nur bei einer Derogation des Gerichtsstands des Arbeitsortes in Betracht kommt.[242] Denn eine Gerichtsstandsvereinbarung ist auch bei einer solchen solchen Mißbrauchskontrolle nur dann als unwirksam zu erachten, wenn dadurch eine unzulässige Rechtsschutzverweigerung zu Lasten des Arbeitnehmers eintritt. Für die Einschränkung der prinzipiellen Prorogationsfreiheit ist die bloße "Mehrbelastung" durch einen Prozeß im prorogierten Staat nicht ausreichend. Ebensowenig läßt sich die Unzulässigkeit einer Gerichtsstandsvereinbarung auf autonome nationale Schutznormen im forum derogatum stützen, da bei einem solchen Rückgriff auf nationales Recht für einen relativ besseren Arbeitnehmerschutz von einer unzulässigen Rechtsschutzverweigerung keine Rede sein kann.[243] Dies trifft für alle EU-Vertragsstaaten zu. Da der Arbeitnehmerschutz in allen Vertragsstaaten und im materiellen EU-Recht institutionalisiert ist und innerhalb der Europäischen Union das

---

238 *Kropholler*, EZPR, Art. 17 Rn. 76; *Gottwald*, FS Firsching 1985, 105.

239 S. *Birk*, RdA 1983, 150.

240 Hierzu s. *Birk*, RdA 1983, 149; Schlußantrag des Generalanwalts *Capotorti* zu *Sanicentral/Collin*, Slg. 1979, 3431, 3433; *Kropholler*, EZPR, Rn. 75.

241 *Birk*, RdA 1983, 149ff; MünchKommZPO/ *Gottwald*, IZPR, Art. 17 EuGVÜ Rn. 44.

242 MünchKommZPO/ *Gottwald*, IZPR, Art. 17 EuGVÜ Rn. 44.

243 *Birk*, aaO., S. 150 befürchtet zu Unrecht die Nichtanwendung der §§ 99 oder 102 BetrVG.

Übereinkommen die Vollstreckbarkeit des Urteils eines anderen Vertragsstaates gewährleistet, sollte man nicht von einer unzulässigen Rechtsschutzverweigerung innerhalb des Anwendungsbereichs des EuGVÜ sprechen, und zwar auch nicht bei einer Derogation des Gerichtsstands des Arbeitsortes.[244]

Spätestens mit dem Inkrafttreten der Neuregelung des EuGVÜ von 1989 und des Lugano-Übereinkommen, nach der Gerichtsstandsvereinbarungen in Einzelarbeitsverträgen wie nach Art. 12 Nr. 1 EuGVÜ und Art. 15 Nr. 1 EuGVÜ nur dann rechtliche Wirkung haben, wenn sie nach der Entstehung der Streitigkeit getroffen werden oder dem Arbeitnehmer einen zusätzlichen Gerichtsstand gewähren (Abs. 5 des Art. 17 EuGVÜ), würde die Einschränkung der Zulässigkeit der Prorogation zugunsten des Arbeitnehmers die solange erhoffte gesetzliche Grundlage, die seit dem Inkrafttreten des EuGVÜ immer wieder abgewartet werden sollte.[245] Die Prorogationsfreiheit nach Art. 17 Abs. 1 EuGVÜ kann dann für Arbeitssachen kaum noch Bedeutung erlangen: Gerichtsstandsklauseln in Tarifverträgen oder sonstigen Kollektivvereinbarungen werden von vornherein nicht von Art. 17 EuGVÜ erfaßt, der sich auf eine Vereinbarung zwischen den streitenden Parteien bzw. zwischen dem Arbeitnehmer und Arbeitgeber -ohne Einschaltung Dritter. Auch bei individuellen Arbeitsverträgen wird die Zulässigkeit von Gerichtsstandsvereinbarungen durch den neu aufgenommenen Abs. 5 EuGVÜ/LugaÜ erheblich eingeschränkt.

IV. Durchsetzbarkeit international zwingender deutscher Normen

Wie bereits oben mehrfach dargelegt, darf die Prorogationsfreiheit nach Art. 17 EuGVÜ nicht durch nationale Vorschriften beschränkt werden. Dies gilt auch für das international zwingende Vertragsrecht.

In der Entscheidung *Sanicentral/Collin*[246] hatte der EuGH bereits klargestellt, "daß das Übereinkommen die Festlegung der innergemeinschaftsrechtlichen Zuständigkeit der Gerichte der Vertragsstaaten in Zivilsachen zum Ziel hat und daß daher die insoweit auf die zu entscheidenden Rechtsstreitigkeiten an sich anwendbaren

---

244 A. A. MünchKommZPO/ *Gottwald*, IZPR, Art. 17 EuGVÜ Rn. 44.

245 Statt vieler *Kohler*, IPRax 1983, 267.

246 EuGHE 1979, 3423 = RIW/AWD 1980, 285.

innerstaatlichen Verfahrensvorschreiften in den durch das Übereinkommen geregelten Bereichen hinter dessen Bestimmungen zurücktreten."

In einer neuen Entscheidung knüpft das OLG Stuttgart[247] hieran an[248] und betont zu Recht, diese Konsequenz gebiete der Vorrang des Gemeinschaftsrechts. Die Entscheidung entspricht allgemeiner Ansicht und hat weitgehende Zustimmung gefunden.[249] Soweit nicht die entsprechende Regelung für Prorogationsbeschränkungen nach dem EuGVÜ in Betracht kommt, steht das Differenzierungsverbot zwischen den gemeinschaftsrechtlichen Rechtssubjekten der Anwendung bzw. Durchsetzung des aus der jeweiligen nationalen Sicht international zwingenden Rechts entgegen. Nicht immer lassen sich freilich einem solchen eigenständigen "policy statute" allgemeine Ansätze für einen gleichen Rechtsschutz entnehmen. Daher erscheint aus Gründen gleicher Rechtsanwendung diese Tendenz der autonomen deutschen Rechtsprechung doch vorzugswürdig.

Zwar sieht das EuGVÜ selbst auf bestimmten Gebieten Prorogationsbeschränkungen vor, doch hat sich diese Regelung als zu eng erwiesen[250]. Deshalb wird seit der Neufassung des Übereinkommens vom 9. 10. 1978 (BGBl 1983 II, 802) diskutiert, ob aus den solchen zwingenden Normen zugrundeliegenden Regelungssinn nicht aus dem Übereinkommen heraus Prorogationsgrenzen zu entwickeln seien und damit diese doch den Verbraucherverträgen in der Neufassung gleichzustellen seien.

---

247 OLG Stuttgart U.v. 9. 11. 1990, IPRspr. 1990, Nr. 180 = RIW 1991, 333 = EuZW1991, 121 = IPRax 1992, 86 m. Anm. *Roth* (S. 67).

248 2. b der Entscheidungsgründe: " Art. 17 stellt jedoch, dies verkennt die Kl., eine in sich abgeschlossene Regelung des Rechts der grenzüberschreitenden Zuständigkeitvereinbarung dar, welche einer Korrektur oder Ergänzung durch nationale, die Zuständigkeit regelnde Rechte nicht zugänglich ist. ... wenn die gem. Art. 17 EuGVÜ vereinbarte konkrete örtliche und internationale Zuständigkeit einen ausschließlichen Gerichtsstand nach nationalem Verfahrensrecht mißachtet, (muß) das innerstaatliche Zuständigkeitsrecht zurücktreten."

249 *Geimer/ Schütze*, I/1, § 96 XI; *Samtleben*, IPRax 1981, 143, 144; *Koenigs* in: GemKomm, § 98 Abs. 2 GWB Rn. 135;MünchKommZPO/ *Gottwald*, IZPR, Art. 17 EuGVÜ Rn. 50; *Kropholler*, EZPR, Art. 17 Rn. 18f; *Roth*, IPRax 1992, 67, 68.-A. A. *Immenga/ Mestmäcker/ Rehbinder*, § 98 Abs. 2 GWB Rn. 266; *Kohler*, IPRax 1983, 271f; *Reithmann/ Martiny/ Hausmann*, Rn. 1213.

250 *Samtleben*, IPRax 1981, 44.

1) Anlegerschutz nach den Art. 13 ff. EuGVÜ ?

Angesichts des Vorrangs des EuGVÜ vor dem nationalen Recht könnten ausländische Anbieter einen sicheren Weg zur Umgehung des deutschen zwingenden Börsenrechts suchen. Dabei haben sie schon längst auf eine Rechtswahlklausel verzichtet, weil sie wissen, daß der zur Unvereinbarkeit des Termingeschäfts führende Termineinwand nach § 61 BörsG von deutschen Gerichten auch beachtet wird, wenn der Vertrag ansonsten ausländischem Recht unterliegt. Besser wissen sie auch jetzt, daß dabei die Zuständigkeitsverschiebung entscheidend ist. Zur Ausschaltung der internationalen Zuständigkeit deutscher Gerichte nützt ihnen eine Gerichtsstandsvereinbarung indessen wenig, da sich die internationale Zuständigkeit deutscher Gerichte üblicherweise in Gestalt von § 23 ZPO nach wie vor ihnen gegenüber begründen läßt, oder jedenfalls solchen zur Mißachtung deutscher Anlegerschutznormen führenden Vereinbarungen vom BGH regelmäßig die Anerkennung versagt wird. Nun berufen sie sich schließlich auf das Zuständigkeitssystem des EuGVÜ, wodurch die deutsche Zuständigkeiten weitgehend verdrängt sind. Zu dieser Situation kann es kommen, wenn Brokerfirmen aus Drittstaaten einen Repräsentanten oder eine Tochtergesellschaft in der Europäischen Union haben, und diese eine "Flucht vor der internationalen Zuständigkeit" der deutschen Gerichte anstreben. Der folgende Fall mag dies veranschaulichen:

Ein deutscher Privatanleger macht gegen eine New Yorker Brokerfirma einen Bereicherungsanspruch geltend. Die Warentermingeschäfte wurden für den klagenden Nichtkaufmann von einer Agentur (GmbH) des Beklagten mit Sitz in Frankfurt abgewickelt. An diese hat der Anleger die Geldbeträge, deren Rückzahlung begehrt wird, als Sicherheit für verlustbringende Geschäfte bezahlt. Die Ausführungsbestätigungen und monatlichen Kontoauszüge sind direkt durch die New Yorker Firma übersandt worden; diese bestreitet, an der deutschen GmbH beteiligt zu sein. Der Vertrag zwischen dem Kunden und der New Yorker Brokerfirma enthielt eine Gerichtsstandsklausel, wonach ein englisches Gericht allein zur Entscheidung der Rechtsstreitigkeiten zuständig ist.

Diese Gerichtsstandsvereinbarung unterliegt nach der hier vertretenen Ansicht dem Anwendungsbereich des Art. 17 EuGVÜ, da eine in der Bundesrepublik ansässige Partei mit einer Partei in einem Drittstaat ein Gericht eines Vertragsstaates prorogiert hat. Wenn die Parteien die Zuständigkeit der englischen Gerichte nach Maßgabe des

Art. 17 EuGVÜ vereinbart haben, ist die Zuständigkeit deutscher Gerichte insoweit ausgeschlossen. Daraus ergibt sich, daß der Kläger die Bereicherungsklage nur in England erheben kann. Angesichts des dortigen vom deutschen Recht abweichenden materiellen Rechts kann sich der deutsche börsentermingeschäftsunfähige Kläger nicht auf die Unwirksamkeit der getätigten Geschäfte berufen, die er nicht wirksam abschließen konnte. Daran ändert sich nichts, wenn der Kläger der Vereinbarung zuwider ein deutsches Gericht anruft. Denn dieses derogierte Gericht hat sich für unzuständig zu erklären (vgl. Art. 20 EuGVÜ), soweit die Voraussetzungen von Art. 17 EuGVÜ erfüllt sind und der Beklagte sich auf das Verfahren nicht einläßt.

Dadurch könnte die von *Rehbinder* befürchtete Umgehung von Art. 17 EuGVÜ zum Tragen kommen. Die Gegenmeinung betont daher, daß Art. 17 EuGVÜ wohl restriktiv i. S. eines Vorrangs des nationalen Derogationsverbots auszulegen ist.[251] Insoweit wird weiterhin das zwingende deutsche Börsenrecht unabhängig von der vereinbarten ausländischen Zuständigkeit gelten.[252] Der Kläger müßte dann für die Bereicherungsklage sein Heimatgericht anrufen, da die Klage nur dort Erfolg haben kann. Voraussetzung ist allein, daß ein internationaler Gerichtsstand in der Bundesrepublik Deutschland gegeben ist. Da im vorliegenden Fall die Beklagte keinen Sitz in einem Vertragsstaat des EuGVÜ hat, bestimmt Art. 4 Abs.. 1 EuGVÜ, daß sich die Zuständigkeit der Gerichte jedes Vertragsstaats grundsätzlich nach den eigenen Gesetzen bestimmt. Folglich kommen die Gerichtsstände der §§ 21 und 23 ZPO in Betracht, die im Verhältnis zu Drittstaaten häufig die deutsche internationale Zuständigkeit für die hier infrage stehende Bereicherungsklage begründen.

Nicht selten scheitern diese Gerichtsstände aber an der sorgfältigen Vorkehrung des Beklagten, durch entsprechende Gestaltung der faktischen Gegebenheiten der internationalen Zuständigkeit deutscher Gerichte auszuweichen. So hat der BGH ausgesprochen, daß eine Repräsentanz oder Agentur wie im vorliegenden Fall nicht die für die Annahme einer Niederlassung i. S. des § 21 ZPO erforderliche selbständige Vertretungs- und Verpflichtungsbefugnis gegenüber dem US-amerikanischen Brokerhaus besitzt.[253] Zweifelhaft ist ferner, ob für die Bereicherungsklage die deutsche internationale Zuständigkeit aus § 23 ZPO folgt. Die Rechtsprechung hat

---

[251] *Immenga/ Mestmäcker/ Rehbinder*, § 98 Abs. 2 GWB Rn. 266.

[252] S. BGH NJW 1984, 2037 = WM 1984, 1245 = IPRax 1985, 216 m. Anm. *Roth* (S. 198) = IPRspr. 1984, Nr. 135.

[253] S. BGH WM 1987, 1089 = WuB VII A § 21 ZPO 1. 88 auf S. 243 m. Anm. *Rössner/ Lachmair*.

zwar die Anwendbarkeit des § 23 ZPO je nach Fallgestaltung bejaht oder jedenfalls für möglich gehalten,[254] dann aber in dem zu vergleichenden Fall angesichts der Schwierigkeit des entsprechenden Beweisantritts des Klägers werden die Voraussetzungen des § 23 ZPO in der Regel nicht erfüllt seien.[255] In seiner Abschlußentscheidung zu Rs C-89/91[256] ist der BGH[257] der Begründung des Berufungsgerichts, zum Vermögen im Sinne von § 23 ZPO gehöre auch der Gesellschaftsanteil an einer GmBH, entgegentreten und betont zu Recht, daß die Bewertung einer mittelbaren Beteiligung des Beklagten an der Gesellschaft in der Bundesrepublik Deutschland nicht ausreichend ist, um die Voraussetzungen des Vermögensgerichtsstandes des § 23 ZPO zu erfüllen. Dementsprechend wird in der Literatur überwiegend die Ansicht vertreten, daß es zweifelhaft ist, ob die zwischen dem Brokerhaus und dem Kunden fließenden Gelder als inländisches Vermögen des US-amerikanischen Brokers gewertet werden können, weil die im Inland ansässigen Vermittler ohne eigene Berechtigung zum Abschluß von Verträgen auftreten.[258] Daher ist davon auszugehen, daß sich die internationale Zuständigkeit der deutschen Gerichte für die Bereicherungsklage nicht aus den §§ 21, 23 ZPO ergibt.

Angesichts dieser Patt-Situation des Anlegerschutzes besteht im deutschen Recht seit einigen Jahren eine starke Tendenz, die internationale Zuständigkeit deutscher Gerichte ohne Rückgriff auf die autonomen Gerichtsstände aus dem seit dem 1. 11. 1986 geltenden europäischen Verbrauchergerichtsstand der Art. 13 ff. EuGVÜ abzuleiten. Für die hier fragliche Bereicherungsklage sind danach gem. Art. 14 Abs. 1. 2. Alt. EuGVÜ i. V. mit Art. 13 Abs. 1 Nr. 3 und Abs. 2 EuGVÜ die Gerichte der Bundesrepublik Deutschland als dem Vertragsstaat, in dem der Kläger seinen (Wohn-)Sitz hat, international zuständig.

Folgt man dieser Ansicht, dann würde ein weiteres Standbein zur Begründung der internationalen Zuständigkeit für den Anlegerschutz geschaffen. Da der Gerichtsstand für Verbrauchersachen gem. Art. 13, 14 EuGVÜ nicht durch Gerichtsstands-

---

254 BGH WM 1987, 1153 = ZIP 1987, 1373 = EWiR 1987, 1083 (*Welter*); BGH WM 1987, 1353 = WuB VII A. § 23 ZPO 1. 88 (*Schütze*).

255 S. BGH WM 1987, 1089 = ZIP 1987, 1167 = WuB VII A. § 21 ZPO 1. 88 m. Anm. *Rössner/ Lachmair*; vgl. aber die Entscheidung des Berufungsgericht OLG Düsseldorf WM 1989, 50 = ZIP 1989, 228 = EWiR 1989, 513 (*Wach*).

256 EuGH NJW 1993, 1251.

257 BGH WM 1993, 1109.

258 *Wach/ Weberpals*, AK 1989, 193, 202 f; *Rössner/ Lachmair*, WuB VII A. § 21 ZPO 1. 88.

vereinbarungen unterlaufen werden kann (vgl. Art. 15 Nr. 1 EuGVÜ), ist der Kläger an die Vereinbarung zugunsten des englischen Gerichts nicht mehr gebunden. Darüber hinaus braucht der Kläger die rechtliche Selbständigkeit oder die Befugnis zum eigenständigen Vertragsschluß nicht darzulegen, da zur Begründung der internationalen Zuständigkeit eine "Agentur oder sonstige Niederlassung" ausreicht.

Die Anwendung des Verbrauchergerichtsstands des Art. 13 ff. EuGVÜ auf das Termingeschäft wirft natürlich eine Reihe ungelöster Probleme auf, wie die Vorlagefragen des BGH[259] zeigen. Es geht dabei um die Auslegung der Art. 13 und 14 EuGVÜ im Fall einer Klage aus Kommissionsverträgen, die auf die Durchführung von Warentermingeschäften gerichtet ist. Der Vorlagebeschluß des BGH betrifft im wesentlichen zwei Fragenkreise: Zum einen geht es um die Abgrenzung des Anwendungsbereichs der europäischen Zuständigkeitsordnung gegenüber Drittstaaten. Zum anderen bezieht sich die Frage hinsichtlich der einzelnen Voraussetzungen der Art. 13 und 14 EuGVÜ auf die Anwendbarkeit dieser Bestimmungen auf Börsentermingeschäfte. Sollte man der Auffassung folgen, daß der Verbrauchergerichtsstand aus Art. 14 EuGVÜ auch gegenüber außereuropäischen Vertragspartnern Anwendung findet,[260] weil diese unter bestimmten Bedingungen so behandelt werden, wie wenn sie ihren (Wohn-)Sitz im Geltungsbereich des EuGVÜ hätten, mag man aber generell bezweifeln, ob das spekulative Termingeschäft den in Art. 13 EuGVÜ geregelten Begriffsbestimmungen gerecht wird.

Problematisch ist insbesondere die Frage der Anwendbarkeit des Art. 13 Abs. 1 EuGVÜ auf Kapitalanleger, die an ausländischen Börsen Spekulationsgeschäfte tätigen. Nach der überwiegend vertretenen Meinung ist auch ein Spekulant in Termingeschäften als Verbraucher i. S. des Art. 13 Abs. 1 EuGVÜ anzusehen.[261] Die Gewinnerzielungsabsicht des Privatkunden begründet nach dieser Ansicht für sich allein weder eine berufliche noch eine gewerbliche Tätigkeit. Dies werde deutlich bei einem Vergleich etwa zum "hedger", der mit dem Warentermingeschäft sein Risiko aus einem auf tatsächliche Lieferung gerichteten Hauptgeschäft verringern oder

---

259 BGH, Beschl. v. 25. 5. 1993, ABl. EG Nr. C 204/1993, S. 9 = ZIP 1993, 993 = EWiR 1993, 675 (*Geimer*) = WM 1993, 1215 = WuB VII B 1. Art. 13 EuGVÜ 1. 93 m. Anm. *Nassall.*

260 Vgl. *Kropholler*, EZPR, Art. 13 Rn. 12; *Schlosser*-Bericht Nr. 153; *Geimer*, NJW 1986, 299 und RIW 1988, 222 und EWiR 1991, 369 und EWiR 1993, 676, der unter Verweis auf eine *partielle Anwendung* die Ausnahme des Art. 13 Abs. 2 EuGVÜ dem Grundsatz des Art. 4 Abs. 1 EuGVÜ gegenüberstellt.

261 *Wach/ Weberpals*, AK 1989, 193, 196; *Hartung*, ZIP 1991, 1185, 1191f; MüchKomm/ *Martiny*, IPR, Art. 29 EGBGB Rn. 9.

ausschalten will.[262] Daraufhin war der BGH in zwei Vorlagebeschlüssen davon ausgegangen, daß auch der Teilnehmer an Warentermingeschäften "Verbraucher" im Sinne des Art. 13 Abs. 1 EuGVÜ ist.[263] Zwar hat der EuGH zur ersten Vorlage die vorgelegten Fragen nicht im Kern beantwortet, weil sie nicht entscheidungserheblich waren (In dieser *Shearson-* Sache machte eine Münchener GmbH die von einem deutschen Anleger abgetretenen Ansprüche gegen die Broker-Gesellschaft in New York geltend.), er hat aber entgegen dem Ausgangspunkt des BGH die Vorfrage nach dem Begriff des Verbrauchers selbst (erneut) gestellt und auf den nicht berufs- oder gewerbebezogen handelnden privaten Endverbraucher abgestellt.

Einen Spekulanten zu solchen "End"verbrauchern zu zählen, ist rechtspolitisch fragwürdig. Die Begriffsbestimmung des Verbrauchers in Art. 13 Abs. 1 EuGVÜ folgt inhaltlich dem Artikel 5 des Vorentwurfs eines Übereinkommens über das auf vertragliche und außervertragliche Schuldverhältnisse anwendbare Recht,[264] nach dessen Bericht von Giuliano-Lagarde sich die Vorschrift auf Kreditkäufe wie auch auf Barkäufe, nicht dagegen auf den Kauf von Wertpapieren erstreckt[265]. Daraus wird gefolgert, daß der Besitzer von Wertpapieren nicht der Kategorie des Endverbrauchers zugeordnet werden darf. Spekulationsgeschäfte an der Börse richten sich vornehmlich auf Zwischengewinne. Spekulanten sind daher keine Endverbraucher i. S. des Art. 13 I EuGVÜ; sie handeln vielmehr gewerblich.[266] Insoweit gibt es keinen Grund, sie vom "hedger" zu unterscheiden. Hierzu kommt, daß die Gegenmeinung ein ungerechten Wertungswiderspruch zwischen dem spekulativen Anlegerschutz und echtem Verbraucherschutz zur Folge hätte, wenn den Spekulanten nach Art. 14 I EuGVÜ ein forum actoris geöffnet wird, während sich etwa ein Abzahlungskäufer in der Bundesrepublik Deutschland nicht mehr auf das Jurisdiktionsprivileg einer ausschließlichen Zuständigkeit seines Wohnsitzgerichts berufen kann.[267]

---

262 *Hartung*, ZIP 1991, 1191f.

263 BGH, Beschl. v. 29. 1. 1991, ZIP 1991, 1209 = EWiR 1991, 369 (*Geimer*) = WM 1991, 360 = WuB VII B 1. Art. 12 EuGVÜ 1. 91 m. Anm. *Thode* und BGH, Beschl. v. 25. 5. 1993, ZIP 1993, 993 = WM 1993, 1215.

264 *Schlosser*-Bericht, Nr. 155.

265 *Giuliano-Lagarde*- Bericht, S. 55.

266 So auch *Schütze*, EWiR 1989, 681, 682; *Triebel/ Peglow*, ZIP 1987, 613, 616.

267 Vgl. aber *Geimer*, EWiR 1993, 675, 676.

Für Spekulationsgeschäfte ist den Art. 13 ff. EuGVÜ somit keine Beschränkung der Gerichtswahl zu entnehmen. Im vorliegenden Fall könnte der Kläger seine Bereicherungsklage nur vor dem ausschließlich vereinbarten englischen Gericht erheben, und das ohne Aussicht auf Erfolg. Dies ist eine natürliche Folge der einheitlichen Anwendung des Übereinkommens. Kein Vertragsstaat ist zur Durchsetzung solcher partikularen Sonderregeln der einzelnen Vertragsstaaten verpflichtet. Sache des europäischen Zivilprozeßrechts ist es vielmehr, auf europäischer Ebene entsprechende Regelungen zu schaffen. Im Fall der Gerichtsstandsvereinbarung zugunsten eines Gerichts von Nichtvertragsstaaten hängt der Ausgang der Bereicherungsklage davon ab, ob nach autonomem deutschem Zuständigkeitsrecht die deutsche internationale Zuständigkeit zur Entscheidung über die Klage gegeben ist, da das angerufene deutsche Gericht die Gerichtsstandsvereinbarung als unwirksam erklären würde.

Vierter Teil:
Wirkungen von Gerichtsstandsvereinbarungen

§ 12. Allgemeiner Grundsatz zur Bestimmung der Wirkungen einer Gerichtsstandsvereinbarung

I. Anwendbares Recht und Auslegungsfrage

Eine wirksame und zulässige Gerichtsstandsvereinbarung bewirkt eine Kompetenzverschiebung. Sie modifiziert die gesetzliche Zuständigkeitsordnung. Aufgrund einer Gerichtsstandsvereinbarung kann die internationale Zuständigkeit deutscher Gerichte ungeachtet dieser gesetzlichen Zuständigkeitsordnung begründet werden. Vereinbaren ein Seouler und ein Londoner die ausschließliche Zuständigkeit des LG Frankfurt, dann ist dieses Gericht auch dann international zuständig, wenn die §§ 12 ff. ZPO sonst keinen gesetzlichen Gerichtsstand vorsehen. Vereinbaren dagegen ein Seouler und ein Frankfurter die ausschließliche Zuständigkeit des High Court of London, dann sind die ansonsten nach Art. 2 ff. EuGVÜ (nach anderer Auffassung, die bei bloßem Auslandsfall von der Unanwendbarkeit des EuGVÜ ausgeht, nach §§ 12 ff. ZPO) gegebenen deutschen Gerichtsstände derogiert. Im ersten Fall richten sich die prozessualen Wirkungen einer solchen Prorogation nach autonomem deutschem Recht. Im zweiten Derogationsfall bestimmt das EuGVÜ die prozessualen Wirkungen. Die prozessualen Wirkungen der Prorogation und Derogation sind demgemäß jeweils nach §§ 38 ff. ZPO und Art. 17 EuGVÜ zu beurteilen. Man spricht daher von einem lex fori-Grundsatz für die Wirkungen internationaler Gerichtsstandsvereinbarungen. Ob einer Gerichtsstandsvereinbarung prozessuale Wirkungen zukommen, bestimmt sich nach den Vorschriften der lex fori des angerufenen Gerichts. Die deutsche lex fori für die Bestimmung der Wirkungen von Gerichtsstandsvereinbarungen ist das deutsche Prozeßrecht, da die Parteivereinbarung über den Gerichtsstand als Prozeßvertrag zu bewerten ist. Ausschließlich das deutsche Prozeßrecht bestimmt, wann deutsche Gerichte eine internationale Prorogation anzunehmen haben und welche prozessualen Wirkungen die Derogationsvereinbarung hat. Das gleiche gilt für das EuGVÜ in seinem Anwendungsbereich.

Dieser Grundsatz der lex fori für die Bestimmung der Wirkungen von Gerichtsstandsvereinbarungen schlägt auch für die dabei häufig auftretenden Auslegungsprobleme durch. Nach der hier vertretenen Auffassung, nach der auch das Zustandekommen internationaler Gerichtsstandsvereinbarungen der lex fori unterliegt, ist dies außer Zweifel. Denn für die Gerichtsstandsvereinbarung und der behauptete Hauptvertrag liegen in der gleichen Willenseinigung. Zustandekommen und Inhalt der Vereinbarung sind zwei Seiten derselben Medaille.[1] Und eine Gerichtsstandsvereinbarung wirkt nach dem Inhalt der Vereinbarung. Inhalt und Tragweite einer Gerichtsstandsvereinbarung werden primär durch den Parteiwillen festgelegt.[2] Zustandekommen und Wirkungen basieren insoweit auf dem demselben Inhalt der Vereinbarung. Es scheint deshalb keineswegs eine sachgerechte Lösung zu sein, die Beurteilung für das Zustandekommen und die Wirkungen einer Gerichtsstandsvereinbarung von einer zweispurigen Anknüpfung an das anwendbare Recht abhängig zu machen.[3] Immerhin gelangt die abweichende herrschende Meinung zum gleichen Ergebnis.[4]

Der lex fori-Grundsatz für die Bestimmung der Wirkungen von Gerichtsstandsvereinbarungen könnte zwar den internationalen Zuständigkeitseinklang stören. Solche Störungen werden aber dann vermieden, wenn es bei der Auslegung, wie nach den meisten einschlägigen nationalen Rechtssätzen, auf den Parteiwillen ankommt. Insoweit ist es berechtigt zu sagen, daß die Streitfrage, welchem Recht die Auslegung der Klausel untersteht, "eine übertriebene dogmatische Zuspitzung" darstellt.[5] Im Zusammenhang mit Wirkungen von Gerichtsstandsvereinbarungen treten drei Fallgruppen auslegungsbedürftiger Gerichtsstandsvereinbarungen auf: Die Ausschließlichkeit der Gerichtsstandsvereinbarung an sich, der objektive Umfang und die subjektive Bindungskraft der Gerichtsstandsvereinbarung.

---

1 *Schack*, IZVR, Rn. 456.

2 MünchKommZPO/ *Gottwald*, IZPR, Art. 17 EuGVÜ Rn. 54 m. Nachweis.

3 Vgl. *Reiser*, S. 68, spricht von "unübersehbaren Schwächen dieser Lösung".

4 Hierzu s. *Jayme/ Haack*, IPRax 1985, 323; *Schack*, IZVR, Rn. 456.

5 W. *Lorenz*, IPRax 1989, 22, 23.

II. Ausschließlichkeit des forum prorogatum

1. Ausgangsfall

Dem Unterschied zwischen ZPO und EuGVÜ kommt bei der Frage, ob ein ausschließlicher oder nur ein zusätzlicher Gerichtsstand vereinbart ist, erhebliche Bedeutung zu. Die Parteien können freilich anhand der Prorogationsfreiheit vereinbaren, daß ein Gericht ausschließlich oder nur konkurrierend zuständig sein soll. In der Gerichtsstandsvereinbarung können sie ferner bestimmen, daß eine vereinbarte Zuständigkeit für die eine der Parteien ausschließlich, für die andere dagegen nur fakultativ sein soll. Im Zweifel ist es Gegenstand der Auslegung, ob die Parteien eine ausschließliche oder fakultative oder eine hinkende Gerichtsstandsvereinbarung schließen wollten[6]. Um dies zu verdeutlichen, sei im folgenden eine Entscheidung des OLG München[7] auf zwei Auslegungsmöglichkeiten hin untersucht.

Fall: Eine niederländische Linzenzgeberin macht aus einem Lizenzvertrag die letzte, unstreitig fällige Rate der Mindestlizenz in Höhe von 125.000, US$ gegen eine deutsche Filmfirma geltend. Die Beklagte rügt die internationale Zuständigkeit des LG München I im Hinblick auf die im Vertrag enthaltene Gerichtsstandsklausel, deren Übersetzung und Bedeutung unter den Parteien streitig ist. Dieser Streit bezieht sich auf die Auslegung der in englischer Sprache abgefaßten Gerichtsstandsklausel. In Ziff. 24 Abs. 4 des Vertrages war die Zuständigkeit der kalifornischen Gerichte wie folgt vereinbart: "Any litigation hereunder may be brought in the courts in the State of California, and in any such action any summons...."

Die Beklagte beruft sich darauf, daß die einschlägige Satzkonstruktion mit "may" beiden Parteien die Möglichkeit, Rechtsstreitigkeiten vor ein kalifornisches Gericht zu bringen, vor allem dann gebe, wenn die beklagte Partei am an sich international zuständigen, nicht kalifornischen Gericht verklagt werde. Die Klausel sei "mandatory" und nicht "permissive". Hiergegen sieht die Klägerin im Wortlaut "may" nur eine Möglichkeit.

---

6 S. *Kohler*, IPRax 1986, 340, 341; OLG Bamberg IPRspr. 1988 Nr. 163, S. 355, 358 und Anmerkung von *Prinzing*, IPRax 1986, 85.

7 OLG München IPRspr. 1988, Nr. 155 = IPRax 1989, 42 m. Anm. W. *Lorenz* (S. 22).

2. § 38 II ZPO

Das LG und das Berufungsgericht haben nach deutschem Recht geprüft, ob die an sich bestehende internationale Zuständigkeit deutscher Gerichte -gestützt auf Art. 2 Abs. 1 EuGVÜ- durch eine Vereinbarung ausgeschlossen werden sollte. Dabei haben sie festgestellt, für die Auslegung der Klausel sei der Parteiwille maßgeblich. Es könne nicht angenommen werden, daß die Behauptung der Beklagten dem zur Zeit des Vertragsabschlusses bestehendden Parteiwillen entspreche. Die Gerichte haben sich insoweit der in der Lehre gängigen Ansicht[8] und ständigen Rechtsprechung[9] angeschlossen, daß keine Vermutung für oder gegen die Ausschließlichkeit des vereinbarten Gerichtsstands besteht und diese vielmehr durch konkrete Auslegung zu ermitteln ist, wobei es auf die Vorstellung der Parteien, die Umstände des Einzelfalles sowie auf die Interessenlage der Beteiligten ankommt.

Auch im vorliegenden Fall kommt es darauf an, ob die Vereinbarung für die Klägerin zwingend war oder nur fakultativen Charakter hatte. Die Vereinbarung war diesbezüglich nicht eindeutig und daher auslegungsbedürftig. Zunächst hat das Gericht den Wortlaut der Klausel geprüft. Aus der Formulierung in dem Vertrag die Ausschließlichkeit des vereinbarten kalifornischen Gerichts abzuleiten, hat es mit dem Hinweis verneint, daß dafür etwa die Formulierung: "... shall be brought (oder litigated) only in..." oder: "shall be decided by the...courts" hätte gewählt werden können.

Als ein anderer möglicher Anhaltspunkt für die gewollte Ausschließlichkeit der Prorogation war die parallel getroffene Rechtswahl für den Hauptvertrag in Betracht gekommen. Die Formulierung in dem Vertrag: " This agreement shall be interpreted

8 *Staudinger/ Firsching*, Rn. 187 vor Art. 12 EGBGB; *Kropholler*, Handbuch IZVR I Kap. III, Rn. 583f; *Reithmann/ Martiny/ Hausmann*, Rn. 1281; *Geimer*; IZPR, Rn. 1736; *Zöller/ Geimer*, IZPR, Rn. 80; *Zöller/ Vollkommer*, § 38 Rn. 14; *Jayme/ Haack*, IPRax 1985, 323; MünchKommZPO/ *Patzina*, § 38 Rn. 40; *Prinzing*, IPRax 1990, 83, 85; *Rosenberg/ Schwab/ Gottwald*, ZPR, § 20 II 2.- A. A.: *Thomas/ Putzo,* Anm. 4b zu § 38 ZPO; *Wirth*, NJW 1974, 460, 462.

9 RGZ 159, 254, 256 = IPRspr. 1935-44, Nr. 534; BGH, LM Nr. 6 zu § 38 ZPO = IPRspr. 1968-69, Nr. 198; BAG NJW 1970, 2180 = SAE 1971, 178 m. Anm. *Fikentscher* = AWD 1970, 577 m. Anm. *Trinkner* = AP Nr. 4 zu § 38 ZPO Internationale Zuständigkeit m. Anm. E. *Lorenz*; BGHZ 59, 116, 119f. = NJW 1972, 1671 m. Anm. *Geimer* (S. 2179) = IPRspr. 1972, Nr. 160; OLG Hamburg RIW 1983, 125 = IPRspr. 1982, Nr. 133; OLG München RIW 1986, 125 = IPRax 1985, 341 m. Anm. *Jayme/ Haack* (S. 323) = IPRspr. 1984, Nr. 141; OLG München NJW 1987, 2166 = IPRspr. 1987, Nr. 126; OLG Bamberg NJW-RR 1989, 371 = IPRax 1990, 105 m. Anm. *Prinzing* (S. 83) = IPRspr. 1988, Nr. 163.

and construed under and pursant to the laws of the State of California, USA:" wurde vom ergangenen Gericht als wirksame Rechtswahl interpretiert. Dieses legitime Interesse der Parteien an der Rechtswahl kann zur Ausschließlichkeit des Gerichts des Vertragsstatutes führen. Im Hinblick hierauf hat schon das OLG München[10] die Vereinbarung der Zuständigkeit englischer Gerichte in einem Linzenzvertrag mit einem deutschen Unternehmen als ausschließlich erachtet. Diese Koppelung ist aber keineswegs notwendig. Das Berufungsgericht hat zu Recht darauf hingewiesen, daß die Parteien in einem solchen Fall ein "neutrales" Recht wählen können. Hinter der Auslegung des Wortlauts der Gerichtsstandsvereinbarung tritt vielmehr ein etwaiger Anhaltspunkt der Rechtswahl für die Ausschließlichkeit des kalifornischen Gerichts zurück. Dieser Auslegungsvorgang bestätigt alles in allem weder eine Vermutung für noch gegen die Ausschließlichkeit eines vereinbarten Gerichtsstands nach deutschem Recht.

3. EuGVÜ

Im Lizenzfall stützt sich die internationale Zuständigkeit deutscher Gerichte auf Art. 2 Abs. 1 EuGVÜ. Ob diese deutsche internationale Zuständigkeit durch die Parteivereinbarung ausgeschlossen werden sollte, hat das angerufene Gericht zu Recht nach deutschem Recht geprüft. Es hat sich insoweit hinsichtlich des Anwendungsbereichs des Art. 17 I EuGVÜ der h. M. angeschlossen, wonach diese Vorschrift nicht anzuwenden ist, wenn die Parteien aus verschiedenen Vertragsstaaten die Zuständigkeit der Gerichte in einem Nichtvertragsstaat vereinbaren. Die Gegenmeinung[11] läßt dagegen, wie schon dargelegt, auch diesen Fall unter den Anwendungsbereich des Art. 17 Abs. 1 EuGVÜ fallen. Danach ist die Derogationswirkung einer solchen Vereinbarung nicht nach der nationalen lex fori des angerufenen Gerichts eines Vertragsstaates, sondern nach Art. 17 Abs. 1 EuGVÜ zu beurteilen. Wenn man dieser Ansicht folgt, dann sollte man den Derogationseinwand der Beklagten nach Art. 17 Abs. 1 EuGVÜ beurteilen. Man würde dann zu einem anderen Ergebnis als zu § 38 II ZPO gelangen, soweit die Vermutung zugunsten der Ausschließlichkeit des vereinbarten kalifornischen Gerichts gemäß Art. 17 I EuGVÜ durch die Klägerin nicht widerlegt worden ist. Die Vereinbarung verdrängt dann die aus dem EuGVÜ fließenden Gerichtsstände.[12]

---

10 OLG München NJW 1987, 2186.

11 *Geimer/ Schütze*, I/1, § 29 VI 7b.

12 Bei dieser Gegenmeinung ist es unklar, ob die Ausschließlichkeit einer Vereinbarung auch dann nach dem EuGVÜ zu beurteilen ist, wenn das vereinbarte Gericht nicht in einem

Angesichts der Prorogationsfreiheit nach Art. 17 I EuGVÜ ist es den Parteien unbenommen, die Ausschließlichkeit des Gerichtsstands zu vereinbaren. Sie können aber entgegen dem Wortlaut von Art. 17 I EuGVÜ durch Vereinbarung auch einen Gerichtsstand schaffen, der mit den Gerichtsständen des Übereinkommens konkurriert. Eine Prorogation nach Art. 17 I EuGVÜ begründet insoweit nicht notwendig eine ausschließliche Zuständigkeit.[13] Dabei wird vorausgesetzt, daß ein entsprechender Wille der Parteien in der Vereinbarung eindeutig zum Ausdruck gekommen ist.[14] Ein Unterschied zum deutschen Recht hinsichtlich der Auslegung der Ausschließlichkeit einer Gerichtsstandsvereinbarung kommt somit nur dort zum Tragen, wo Zweifel am Parteiwillen verbleiben. So hat der EuGH in seiner bisherigen Rechtsprechung zu Art. 17 EuGVÜ den Gedanken betont, in der Ausschließlichkeit der Vereinbarung nach 17 EuGVÜ liege ein konzeptioneller Unterschied zur Zuständigkeit des Gerichts des Erfüllungsortes nach Art. 5 Nr. 1 EuGVÜ. Eine Zuständigkeitsvereinbarung im Sinne des Art. 17 Abs. 1 EuGVÜ hat in solchen Fällen die ausschließliche Zuständigkeit des prorogierten Gerichts zur Folge. Die bei der Auslegung der Vereinbarung im Sinne des § 38 ZPO in Betracht kommenden Gesamtumstände des Einzelfalles werden daher in diesem Rahmen nicht berücksichtigt. Diese Auslegung entspricht zunächst dem eindeutigen Wortlaut der Vorschrift. Die Regelung soll vom Zeitpunkt des Vertragsschlusses an möglichst Klarheit über das anzurufende Gericht schaffen. Der möglichen Entstellung der Parteiinteressen, die mit dem Fehlen bei der Auslegung herbeigeführt werden könnte, könnte durch die in Art. 17 Abs. 4 EuGVÜ eingeräumte Möglichkeit, die Zuständigkeitsvereinbarung nur zugunsten einer Seite zu treffen, hinreichend begegnet werden.

Vertragsstaat, sondern in einem Drittstaat liegt. Sie würde diese Frage bejahen, soweit bei einer prorogationwidrigen Klage vor einem Gericht des derogierten Vertragsstaates überwiegend (*Geimer/Schütze,* I/1, § 96 XX II 2; *Reithmann/ Martiny/ Hausmann*, Rn. 1216) angenommen wird, daß dieses die Wirkungen der Vereinbarung nach Maßstab von Art. 17 EuGVÜ prüft.

13 *Gottwald*, IPRax 1987, 81, 82; MünchKommZPO/ *Gottwald,* IZPR, Art. 17 EuGVÜ, Rn. 55; *Geimer/ Schütze* I/1, § 16 V 4; *Geimer,* EWiR 198xx S.167; *Schack*, IZVR, Rn. 476; *Kropholler*, EZPR, Art. 17 Rn. 87.

14 *Kropholler*, EZPR, Art. 17 Rn. 87.

4. Auslegung des Art. 17 Abs. 4 EuGVÜ

Art. 17 Abs. 4 EuGVÜ ist seinerseits auslegungsbedürftig, wenn im Vertrag nicht ausdrücklich zum Ausdruck gekommen ist, daß die Gerichtsstandsvereinbarung nur zugunsten einer der Parteien getroffen wird. Diese Vorschrift enthält freilich wie Art. 17 Abs. 1 EuGVÜ eine gesetzliche Vermutung, wonach die einseitig begünstigende Prorogation für den Beklagten nur einen konkurrierenden Gerichtsstand begründet, während die Ausschließlichkeit nur für die Gegenpartei gilt.[15] Für die Reichweite einer solchen Vereinbarung ist daher entscheidend, wann man eine nur einseitige Begünstigung einer Seite anerkennen will.

Die Befürworter[16] für eine extensive Auslegung des Art. 17 Abs. 4 EuGVÜ gehen zunächst davon aus, daß Art. 17 Abs. 1 EuGVÜ eine Ausnahme zu dem System der Vertragsgerichtsstände nach den Art. 2, 5, 6 EuGVÜ ist. Da Art. 17 EuGVÜ selbst Ausnahmevorschrift etwa zu Art. 2 EuGVÜ ist, "wird er mit der Anwendung von Art. 17 Abs. 4 EuGVÜ weniger ausgehöhlt, sondern die Grundnorm des Art. 2 EuGVÜ bestätigt."[17] Damit soll Art. 17 Abs. 4 EuGVÜ eine Rückkehr zu den gesetzlichen Gerichtsständen ermöglichen: Bei jeder Abweichung vom Beklagtengerichtsstand des Art. 2 EuGVÜ sei zu vermuten, daß dadurch der Kläger einseitig begünstigt werden solle.[18] Folgerichtig sei daher, eine einseitige Begünstigung i. S. des Art. 17 Abs. 4 EuGVÜ nicht nur aus dem von den Parteien erklärten subjektiven Willen zu entnehmen. Zustimmend hat das OLG Saarbrücken[19] eine solche Begünstigung darin gesehen, daß die Vertragsparteien den Wohnsitzgerichtsstand des Klägers vereinbart hatten.

Die Gegenansicht fordert demgegenüber die auf den gemeinsamen Willen der Kontrahenten abstellende restriktive Interpretation. Die Vertreter dieser Meinung sehen

---

15 *Bülow/ Böckstiegel/ Müller*, Art. 17 EuGVÜ Anm. IV 2; *Geimer/ Schütze*, I/1, § 96 XXI 4; *Kohler*, IPRax 1986, 343; *Reithmann/ Martiny/ Hausmann*, Rn. 1219; *Gottwald*, IPRax 1987, 81, 82; MünchKommZPO/ *Gottwald*, IZPR, Art. 17 EuGVÜ Rn. 51.

16 *Jayme*, zust. Anm. zu LG Bonn, IPRax 1983, 243 und auch zu LG Gießen, IPRax 1984, 160.

17 *Jayme*, IPRax 1983, 243.

18 So die Kommission der Europäischen Gemeinschaften in der Anhörung vor dem EuGH, RS 22/85 Rn.12.

19 RIW 1984, 478: Eine Prorogation , in der der allgemeine Gerichtsstand einer Seite als Forum festgelegt werde, erfolge ausschließlich zugunsten dieser Partei.

Art. 17 IV EuGVÜ als Ausnahme zu der in Abs. 1 enthaltenen Regel. Art. 17 IV EuGVÜ wolle lediglich klarstellen, daß neben einer ausschließlichen Prorogation auch einseitig ein zusätzlicher konkurrierender Gerichtsstand geschaffen werden könne.[20] Die Bestimmung greife daher nur ein, wenn sich eine einseitige Begünstigung zweifelsfrei aus dem Parteiwillen ergebe.[21] Ein rein objektives Verständnis der einseitigen Begünstigung würde darüber hinaus den Belangen der Beteiligten nicht gerecht.

Der EuGH ist der subjektiven Auslegung gefolgt. Der in der Praxis wichtigste Fall einer Vereinbarung des Klägerwohnsitzes als Gerichtsstand lag der Entscheidung *Anterist* gegen *Credit Lyonnais*[22] zugrunde. Eine Gesellschaft mit beschränkter Haftung, *Anterist & Schneider* mit Sitz in Frankreich konnte ihre Schuld bei Fälligkeit nicht zahlen, deswegen verklagte die Bank den Saarbrücker Bürgen vor dem LG Saarbrücken auf Erfüllung des Bürgschaftsvertrags. Der Bürge berief sich auf folgende im Bürgschaftsformular enthaltene Gerichtsstandsklausel: „... le tribunal dans le ressort duquel cette agence est situee sera seul competent pour statuer sur tout ce qui concerne l'execution des presentes, quelle que soit la partie defenderesse (Das Gericht, in dessen Bezirk diese Zweigstelle liegt, ist für die Entscheidung über alle mit der Erfüllung des vorliegenden Vertrags zusammenhängenden Fragen ausschließlich zuständig, unabhängig davon, welche Partei verklagt wird)". Das Landgericht Saarbrücken folgte dem Vorbringen des Beklagten, daß nach dem Bürgschaftsvertrag das Gericht in Sarreguemines (Frankreich) ausschließlich zuständig sei.

Das OLG hob das Urteil des Landesgerichts auf und verwies die Sache an das LG zurück, mit der Begründung, daß die fragliche Klausel nur für die Klägerin Vorteile mit sich bringe und deshalb im Sinne von Art. 17 Abs. 4 EuGVÜ als nur zu ihren Gunsten getroffen angesehen werden müsse. Der EuGH verneinte die Vorlagefrage, ob eine schlichte Vereinbarung der Zuständigkeit der Gerichte des Wohnsitzstaates

---

20 *Bülow/ Böckstiegel/ Müller*, Art. 17 EuGVÜ Anm. IV 2; *Kohler* IPRax 1983, 265, 272; *Tosi/ Hesse*, RIW 1984, 481; OLG München IPRspr. 1980, Nr. 139.; *Kohler*, IPRax 1983, 265 Fn. 65 und 1986, 344; *Kropholler*, EZPR, Art. 17 Rn. 67; *Schack*, IZVR, Rn. 476; *Kropholler*, EZPR, Art. 17 Rn. 91.

21 *Geimer*, EWiR Art. 17 EuGVÜ 1/85; *Tosi/ Hesse*, RIW 1984, 481; *Reithmann/ Martiny/ Hausmann*, Rn. 1221; *Schack*, IZVR, Rn. 476; *Gottwald*, IPRax 1987, 81, 83; MünchKommZPO/ *Gottwald*, IZPR, Art. 17 EuGVÜ Rn. 53; OLG München, IPRspr. 1980, Nr. 139 = RIW 1982, 281.

22 EuGHE 1986, 1951, 1957 = RIW 1986, 636 = IPRax 1987, 105 m. Anm. *Gottwald* (S. 81).

einer Partei überhaupt den Anforderungen des Art. 17 Abs. 4 EuGVÜ genüge und hat für die Annahme einer Gerichtsstandsvereinbarung i. S. d. Art. 17 Abs. 4 EuGVÜ eine eindeutig in diesem Sinne formulierte Klausel verlangt. Der EuGH sieht in Art. 17 EuGVÜ eine Bestätigung des Grundsatzes der Parteiautonomie und legt Abs. 4 daher so aus, daß der gemeinsame Wille der Parteien bei Abschluß des Vertrages respektiert werde. Der Parteiwille zur einseitigen Begünstigung müsse sich daher "klar aus dem Wortlaut der Gerichtsstandsvereinbarung oder aus der Gesamtheit der dem Vertrag zu entnehmenden Anhaltspunkte oder der Umstände des Vertragschlusses ergeben."[23] Diese Anforderungen erfüllen allenfalls zwei Arten von Vereinbarungen; zum einen solche, die den Begünstigten ausdrücklich nennt, und zum anderen solche, die zwar angeben, vor welchen Gerichten jede Partei die andere verklagen muß, die aber einer der Parteien insoweit eine größere Wahlmöglichkeit einräumen.[24]

Dieser Rechtsprechung des EuGVÜ ist zuzustimmen. Art. 17 Abs. 4 EuGVÜ bedarf einer vom EuGH für gebotenen erachten "parteiautonomiekonformen" Auslegung. Im Hinblick hierauf bedarf es einer restriktiven Auslegung der subjektiven Begünstigung. Auch die deutsche gerichtliche Praxis, die bis dahin darauf abgestellt hatte, welche Partei durch die Klausel begünstigt wurde, hat sich zu Recht in Anlehnung an die Ansicht des EuGH einer Wandelung für die subjektive Auslegung unterzogen.[25]

III. Subjektive Wirkungen der Gerichtsstandsvereinbarung

1.Die subjektiven Grenzen der Wirkungen einer Gerichtsstandsvereinbarung

Da § 38 ZPO und Art. 17 Abs. 1 EuGVÜ eine Vereinbarung zwischen den Parteien des Rechtsstreits verlangen, beschränkt sich deren Wirkung grundsätzlich auf das Verhältnis zwischen denjenigen, die an ihrem Abschluß beteiligt waren. Bei mehreren Beklagten ist die internationale Zuständigkeit für jeden selbständig zu prüfen.[26] Für die Wirkung der Vereinbarung wird daher der in den § 62 ZPO und Art. 6 Nr. 1

---

23 EuGHE 1986, 1951, 1962 Rn. 14.

24 EuGHE, 1986, 1962 Rn. 15.

25 OLG Koblenz RIW 1987, 144 = IPRax 1987, 308 m. Anm. *Schwarz* (S. 291).

26 *Geimer/ Schütze*, I/1, § 96 XX III 2; *Geimer*, IZPR Rn. 1726; *Stein/Jonas/ Bork*, § 38 Rn. 50.

EuGVÜ enthaltene Rechtsgedanke von Streitgenossenschaft nicht berücksichtigt. Das gleiche gilt auch dann, wenn mehrere Parteien aus verschiedenen Ländern bzw. Vertragsstaaten an einer Gerichtsstandsvereinbarung beteiligt sind. Dies ist insofern unbedenklich, als angesichts des in dieser Arbeit[27] vorgeschlagenen lex fori-Prinzips für die gesamte Vereinbarung die "unübersehbare Schwach der Anknüpfung an die lex causae"[28] nicht zum Tragen kommen kann.

Das inter partes- Prinzip hindert dagegen nicht, daß Prozeßverträge nach allgemeinen Grundsätzen auch für und gegen den Rechtsnachfolger gelten.[29] Die Bindung des Einzel- und Gesamtrechtsnachfolgers an eine Gerichtsstandsvereinbarung läßt sich mit der prozessualen Gesamtheit der Normen von § 265, § 325 und § 727 ZPO begründen.[30] Die Gerichtsstandsvereinbarung wirkt daher auch gegenüber den Erben[31], bei der Abtretung[32] einer Forderung für[33] und gegen[34] den neuen Gläubiger (Zessionar), bei einer Pfändung gegenüber dem Vollstreckungsgläubiger[35]. Die von einer Gesellschaft getroffene Gerichtsstandsabrede erstreckt sich ferner auf den

---

27 S. vorne § 4 II.

28 S. *Reiser*, S. 68.

29 *Soehring*, NJW 1969, 1093, 1094; *Schumann*, JA 1975, 423, 427; *Geimer/ Schütze* I/1, § 96 XXIII 3; *Geimer*, NJW 1985, 534 und IZPR, Rn. 1723; *Kropholler*, Handbuch IZVR I Kap. III, Rn. 470 und EZPR, Art. 17 Rn. 44; MünchKommZPO/ *Patzina*, § 38 Rn. 19; *Stein/Jonas/ Bork*, § 38 Rn. 48; *Zöller/ Vollkommer*, § 38 Rn. 10; MünchKommZPO/ *Gottwald*, IZPR, Art. 17 EuGVÜ Rn. 33.- A. A.: *Baumbach/ Lauterbach/ Albers/ Hartmann*, § 38 Anm. 3 A, die schon bereit sind, einer Gerichtsstandsvereinbarung jede Wirkung gegenüber den Rechtsnachfolgern der Vertragsparteien abzusprechen.

30 *Ackmann*, ZIP 1982, 462, 463; *Meyer-Lindemann*, JZ 1982, 592, 593f; *Stein/Jonas/ Bork*, § 38 Rn.48; *Rosenberg/ Schwab/ Gottwald*, ZPR, § 66 V 2.

31 MünchKomm/ *Gottwald*, § 328 BGB, Rn. 75; OLG Köln, NJW-RR 1992, 571.

32 MünchKomm/ *Gottwald*, § 328 BGB, Rn. 75.

33 OLG Bremen RIW 1985, 894, 895 = IPRspr. 1985, Nr. 142 auf S.389, wonach auch ein Transportversicherer, der das abgetretene Recht gegenüber dem beklagten Verfrachter beansprucht, als Rechtsnachfolgerin des Empfängers an die Gerechtsstandsklausel im Konnossement gebunden sein soll.

34 BGHZ 77, 32 = NJW 1980, 2022 = IPRax 1981, 53 m. Anm. *Samtleben* (S. 43) = IPRspr. 1980, Nr. 183, wo die Einrede der Beklagten, daß der Rechtsstreit durch ein Schiedsgericht zu entscheiden sei, vom BGH als begründet angesehen wurde, so daß sich die beklagte auf die Scchiedsklausel auch gegenüber der Klägerin, die einen ihr von einer deutschen Exportfactoring-Firma abgetretenen Anspruch aus Factoring-Geschäften geltend macht, berufen kann.

35 *Stein/Jonas/ Bork*, § 38 Rn. 48; *Zöller/ Vollkommer*, § 38 Rn.10; *Geimer*, IZPR Rn. 1723 und 3276.

persönlich haftenden Gesellschafter.[36] Ansprüche gegen den Gesellschafter können demgemäß nur vor einem bestimmten Gericht erhoben werden.[37] Dabei handelt es sich aber um einen beschränkten Streitgegenstand, nämlich um die Schulden bzw. die Ansprüche der Gesellschaft als solcher.[38]

Fraglich ist andererseits, ob sich die Bindungswirkung einer Gerichtsstandsvereinbarung auch auf den nicht prorogationsbefugten Rechtsnachfolger erstreckt. Die Bindung eines solchen Personenkreises an die Gerichtsstandsvereinbarung zwischen den Vorgängern mag man bezweifeln, insbesondere wenn die beiden kaufmännischen Parteien eines Mietvertrages oder eines Pachtvertrages gemäß § 38 Abs. 1 ZPO eine wirksame Gerichtsstandsvereinbarung getroffen haben, und die an der Abrede nicht beteiligte Alleinerbin des Vermieters oder des Verpächters die Kaufmannseigenschaft nicht besitzt, so daß die Erbin selbst die Vereinbarung nicht hätte abschließen können. Unter Berufung auf den Schutzzweck des in der Gerichtsstandsnovelle geltenden Grundsatzes des Prorogationsverbots wird im Schrifttum teilweise die Ansicht vertreten, der Rechtsnachfolger müsse zum Zeitpunkt der Gerichtsstandsvereinbarung zum Kreis der uneingeschränkt prorogationsfähigen Personen gehören, beim Fehlen der persönlichen Voraussetzungen für ihren Abschluß sei daher die Bindung abzulehnen.[39]

Dieser Auslegung ist aber die überwiegende Auffassung[40] mit dem zutreffenden Hinweis entgegengetreten, für das Vorliegen der subjektiven Voraussetzungen der Vereinbarung komme es auf den Zeitpunkt ihres Abschlusses an. An die wirksam getroffene Gerichtsstandsvereinbarung sei daher der Rechtsnachfolger gebunden, selbst wenn dieser nicht zu dem prorogationsbefugten Personenkreis gehört. Zu beachten ist aber, daß dieser Streitfrage bei der internationalen Gerichtsstandsver-

---

36 *Stein/Jonas/ Bork*, § 38, Rn. 48; *Zöller/ Vollkommer*, § 38, Rn. 10; *Geimer*, IZPR, Rn. 1723.

37 OLG Bamberg RIW 1989, 221 = IPRax 1990, 105 m. Anm. *Prinzing* (S. 83) = IPRspr. 1988, Nr. 163, ist zutreffend bei einem eine Gerichtsstandsklausel enthaltenen Alleinvertriebsvertrag zwischen einer Schweizer und einer KG deutschen Rechts davon ausgegangen, daß auch der beklagte Gesellschafter sich auf die Abrede berufen und die Unzuständigkeit des angerufenen Gerichts rügen kann.

38 Vgl. BGH MDR 1991, 737.

39 *Baumbach/ Lauterbach/ Albers/ Hartmann*, § 38 Anm. 3 A; MünchKommZPO/ *Patzina*, § 38 Rn. 19; LG Trier, NJW 1982, 286 = ZIP 1982, 460 m. abl. Anm. *Ackmann*.

40 *Meyer-Lindemann*, JZ 1982, 592ff; *Stein/Jonas/ Leipold*, § 38 Rn. 8; *Stein/Jonas/ Bork*, § 38 Rn. 48 m. Fn. 178; *Zöller/ Vollkommer*, § 38 Rn. 10; *Rosenberg/ Schwab/ Gottwald*, ZPR, § 66 V 1; OLG Köln NJW-RR 1992, 571.

einbarung nur wenig Bedeutung zukommt, da bei den persönlichen Voraussetzungen der Kaufmannseigenschaft bei der abschließenden Sonderregelung des § 38 Abs. 2 ZPO - ebenso wie im Art. 17 EuGVÜ - kein Unterschied besteht.

2. Gerichtsstandsklausel mit Wirkung für Dritte

(a) Gerichtsstandsvereinbarungen zugunsten Dritter

Zuständigkeitsvereinbarungen zugunsten Dritter sind zulässig.[41] Sie können insoweit auch gegenüber dem Dritten wirken. Die rechtliche Grundlage dafür läßt sich damit begründen, daß dadurch die Klagemöglichkeit des an der Vereinbarung nicht beteiligten Dritten erweitert, der Dritte also nur begünstigt wird. Von praktischer Bedeutung ist die Einhaltung der Form im Verhältnis zwischen den vertragsschließenden Parteien, die auch für den Begünstigten wirkt, ohne daß das Erfordernis der formgerechten Vereinbarung auch in seiner Person vorliegen müßte.[42]

Das EuGVÜ enthält eine ausdrückliche Regelung einer solchen Zuständigkeitsvereinbarung zugunsten Dritter. Art. 12 Nr. 2 EuGVÜ erlaubt die Vereinbarung, die dem Versicherungsnehmer, Versicherten oder Begünstigten die Befugnis einräumt, andere als die im 3. Abschnitt des Übereinkommens angeführten Gerichte anzurufen. So kann sich der von einem Versicherungsvertrag begünstigte Dritte auf einen zwischen Versicherer und Versicherungsnehmer formwirksam vereinbarten, dem Interesse des Versicherungsnehmers dienenden Gerichtsstand berufen.[43] Diese Vorschrift ist Ausdruck des allgemeinen Prinzips der Zulässigkeit von Gerichtsstandsvereinbarungen zugunsten Dritter.[44]

---

41 MünchKomm/ *Gottwald*, § 328 BGB, Rn. 75; MünchKommZPO/ *Gottwald*, IZPR, Art. 17 EuGVÜ Rn. 33; MünchKommZPO/ *Patzina*; § 38 Rn. 38; *Geimer*, NJW 1985, 533, und IZPR Rn. 1730; *Hübner*, IPRax 1984, 232, 238f; *Zöller/ Vollkommer*, § 38 Rn. 7.

42 *Zöller/ Vollkommer*, § 38 Rn. 27; MünchKommZPO/ *Gottwald*, IZPR, Art. 17 EuGVÜ Rn. 33.

43 MüchKomm/ *Gottwald*, § 328 BGB, Rn. 75; MünchKommZPO/ *Gottwald*, IZPR, Art. 17 EuGVÜ Rn. 36; *Geimer*, NJW 1985, 533; *Kropholler*, EZPR, Art. 17 Rn. 45; *Reithmann/ Martiny/ Hausmann*, Rn. 1209; MüchKomm/ *Martiny*, IPR, Rn. 63 vor Art. 27 EGBGB; wohl auch EuGHE 1983, 2503 = RIW 1984, 62 = NJW 1984, 2760 = IPRax 1984, 259 m. zust. Anm. *Hübner* (S. 237).

44 So *Geimer*, NJW 1985, 533.

(b) Zuständigkeitsvereinbarungen zu Lasten Dritter

Gerichtsstandsvereinbarungen zu Lasten Dritter, die eine Erweiterung der Gerichtspflichtigkeit des Beklagten bewirkt, sind dagegen unzulässig.[45] Eine solche Vereinbarung braucht der Belastende daher nicht gegen sich gelten zu lassen, es sei denn, daß er an der entsprechenden Willensbildung und Einhaltung der Formvorschriften beteiligt war.

(c) Die besondere Rechtsstellung des Empfängers im Konnossement

(aa) Deutsches Recht

Streitigkeiten aus dem Konnossement entstehen regelmäßig zwischen Verfrachter und Empfänger. Gerade für solche Streitigkeiten will der Verfrachter also seinen heimischen Gerichtsstand vereinbaren. Mit der üblichen Gerichtsstandsklausel zugunsten des Gerichts an seinem Hauptsitz versucht der Verfrachter, die Gerichtspflichtigkeit am Bestimmungsort der Ware zu vermeiden und den Erfüllungsort des Transportvertrages abweichend zu vereinbaren. Damit stellt sich aber die Frage, ob und aus welchem Grund der Empfänger an die Vereinbarung gebunden ist.

Gegen die Bindung des Empfängers an eine solche Gerichtsstandsklausel könnte man nun einwenden, daß die Jurisdiktionsklausel des Verfrachters typischerweise zu Lasten des Empfängers wirkt, der zwar Inhaber des Konnossements, aber an dessen Zustandekommen nicht beteiligt ist. Es ist zuzugeben, daß auf Grund der einem Verzicht auf den Rechtsschutz gleichkommenden Nichtanerkennung des ausländischen Urteils und damit dessen Unvollstreckbarkeit durch den deutschen Empfänger der Güter in Deutschland die Wirksamkeit der Gerichtsstandsabrede von deren Anerkennungsfähigkeit und Vollstreckbarkeit im deutschen Bestimmungshafen als abhängig anzusehen ist.[46] Es ist indessen für das deutsche Recht in der Literatur[47]

---

45 *Geimer*, NJW 1985, 533 und IZPR, Rn. 1731; MünchKommZPO/ *Gottwald*, IZPR, Art. 17 EuGVÜ Rn. 33.

46 Siehe vorne § 10 II.

47 *Geimer*, NJW 1985, 533, 534; *Stein/Jonas/ Bork*, § 38 Rn. 48; *Baumbach/ Lauterbach/ Albers/ Hartmann*, § 38 Rn. 30.

und in der Rechtsprechung[48] anerkannt, daß das deutsche Verfahrensrecht nicht hindert, für Streitigkeiten aus Konnossementen mit Wirkung gegen den deutschen Empfänger die ausschließliche Zuständigkeit eines ausländischen Gerichts zu vereinbaren. Angesichts der Funktion internationaler Gerichtsstandsvereinbarung ist es geboten, daß diesem liberalen Schritt zur internationalen Zuständigkeitsordnung, deutsche Staatsangehörige den vereinbarten ausländischen Gerichtswahlklauseln zu unterwerfen, beizupflichten ist. Das in Art. 21 der Hamburg-Regeln vorgesehene Verbot solcher Vereinbarungen wäre insofern wohl eher als Rückschritt anzusehen. Für die deutsche internationale Zuständigkeitsordnung ist dadurch eine Drittwirkung zu Lasten des Empfängers eingeräumt, der sich eine ausschließliche Gerichtsstandsklausel im Konnossement entgegenhalten lassen muß.

Demgegenüber behaupten manche[49], der Empfänger sei als Rechtsnachfolger des Befrachters an Gerichtsstandsvereinbarungen mit dem Verfrachter gebunden. Zu den Rechtsnachfolgern gehöre auch der Empfänger i. S. von §§ 446 I, 656 I HGB. Zu einem gewollten Unterschied zu Gerichtsstandsvereinbarungen zu Lasten Dritter scheinen sie dabei das Konzept von Rechtsnachfolge einzuschalten. Abgesehen von der Förmlichkeit dieser Argumentation ist eine solche Qualifikation nicht mit der Konstruktion des deutschen Rechts vereinbar.[50] § 643 Nr. 1 HGB sieht vor, daß der Name des Verfrachters im Konnossement anzugeben ist. Fehlt er, so greift § 644 S.1 HGB ein, so daß dann der Reeder, dessen Vertreter ein solches Konnossement ausgestellt hat, als Verfrachter gilt. In diesem Zusammenhang stellt sich die Zweifelsfrage, ob der Empfänger als Rechtsnachfolger des Befrachters angesehen werden kann, wenn der Reeder mit dem Verfrachter nicht identisch ist. Es scheint sachgerechter zu sein, daß auf Grund der Verpflichtung aus den §§ 446 I, 656 I HGB eine unmittelbare Drittwirkung gegen den Empfänger im Konnossement anzusehen ist.

---

48 BGH, VersR 1971, 336 = NJW 1971, 325 m. Anm. *Geimer* (S. 1525) = IPRspr. 1970, Nr. 112; VersR 1974, 470 = AWD 1974, 221 m. Anm. *Hoffmann* = ZZP 88 (1975), 318 m. Anm. *Walchshöfer* = IPRspr. 1973, Nr. 128b; OLG Bremen VersR 1985, 987.

49 *Stein/Jonas/ Bork*, § 38 Rn. 48; *Geimer*, NJW 1985, 534 und IZPR, Rn. 1731.

50 So EuGHE 1984, 2417 = RIW 1984, 909 m. Anm. *Schlosser* = IPRax 1985, 152 m. Anm. *Basedow* (S. 133); MünchKommZPO/*Gottwald*, IZPR, Art. 17 EuGVÜ Rn. 34.

(bb) EuGVÜ

Der EuGH hat auch für Art. 17 EuGVÜ den Rechtsgedanken der Rechtsnachfolge herangezogen. In der Rechtssache *Russ/Nova* hat er auf die Vorlagefrage entschieden, daß der Drittinhaber der Konnossemente die zwischen dem Verfrachter und dem Befrachter getroffene gültige Gerichtsstandsvereinbarung dann gegen sich gelten lassen müsse, wenn er nach dem anwendbaren nationalen Recht mit dem Erwerb der Konnossemente in die Rechte und Pflichten des Befrachters eingetreten sei. Dieses Urteil erregt Betroffenheit; warum hat der EuGH sich vom "eleganten Weg" , die Bindung des Empfängers kraft Handelsbrauchs anzuerkennen, abgewandt, obwohl das Geschäft in der im internationalen Warenkauf üblichen Weise[51] abgewickelt worden ist? Das EuGVÜ ist dadurch in der Entwicklung der Vereinbarung kraft Handelsbrauchs weit zurückgeworfen worden.

Die Verwendung der Rechtsfigur der "Rechtsnachfolge" war keineswegs notwendig. Sicher ist richtig, daß der Drittinhaber mit dem Erwerb des Konnossements in die Rechte und Pflichten des Befrachters eintritt. Diese Einschränkung zugunsten des Empfängers richtet sich aber, wie nach dem § 614 HGB, hauptsächlich auf die Gewährleistung der Annahme der Güter. Damit kann man noch nicht sagen, daß der Empfänger an der Vereinbarung gar nicht beteiligt ist. Der Auslieferungsanspruch des Empfängers der Güter ist schon als die Kehrseite der Auslieferungspflicht des Verfrachters zur Zeit der Ausstellung des Konnossements vorgesehen. Dies bekräftigt sich dadurch, daß mitunter das Konnossement einseitig vom Verfrachter dem Ablader ausgestellt wird, ohne daß es vom Befrachter unterzeichnet ist. Die Besonderheit der Rechtsstellung des Empfängers gegenüber der des Rechtsnachfolgers liegt darin, daß ihm zugemutet wird, an die Gerichtsstandsklausel gebunden zu sein. Die Beteiligung des Empfängers an der Gerichtsstandsklausel kann daher nicht wie bei jedem Rechtsnachfolger durchaus beseitigt werden. Vielmehr ist der Empfänger als Gesamtvertragspartei an die Gerichtsstandsklausel gebunden. Ein anderes Problem, das sich aus der Qualifikation der Rechtsnachfolge ergibt, liegt darin, daß das Gericht

---

51 Die im Namen des Verfrachters von seinem amerikanischen Agenten ausgestellte Konnossemente wurde zwar als "Short form bill of lading" (not negotiable unless consigned "to order", in casu dementsprechend an die order of Befrachters ausgestellt) bezeichnet, verwiesen sie aber auf die Bedingungen der "Long form of lading" des Verfrachters und machten diese zu seinem Bestandteil und ist die in diesen Bedingungen enthaltene Gerechtsstandsklausel weder vom Befrchter noch vom Empfänger unterzeichnet worden. Zum deutschen Praxis in diesem Zusammenhang s. Hans OLG Hamburg MDR 1958, 519; BGH, MDR 1959, 370.

die Konkretisierung der Vertragsbasis für die Bindung des Empfängers an die Gerichtsstandsklausel dem nationalen Recht überlassen müßte. Dies würde zu einer komplizierten Prüfung der Rechtsnachfolge nach dem anwendbaren nationalen Recht einschließlich des unnötigen dogmatischen Streits zwischen lex fori und lex causae führen.[52] Auch nach europäischem Zivilprozeßrecht ist daher der Empfänger -wie im deutschen Recht- an eine Gerichtsstandsvereinbarung in einem Konnossement als eines Vertrages zu Lasten des berechtigten Dritten gebunden. Die Prüfung einer wirksamen Rechtsnachfoge ist von vornherein entbehrlich. Den gesetzliche Grund für eine solche Konstellation bietet allerdings die Neufassung des Art. 17 Abs. 1 S. 2 EuGVÜ.[53]

3. Die Bindungswirkungen der Gerichtsstandsvereinbarungen

(a) Pflichten der Parteien

Nach der herrschenden Meinung im deutschen zivilprozessualen Schrifttum erschöpft sich die Gerichtsstandsvereinbarung als ein Prozeßvertrag in der "unmittelbaren"[54] Wirkung einer Veränderung der Zuständigkeit. Dementsprechend unterscheidet man in diesem Zusammenhang auch zwischen positiver und negativer Verfügungswirkung. Die Gerichtsstandsvereinbarung nur mit dieser Verfügungswirkung begründet daher keine Verpflichtung der Parteien, etwa vor einem bestimmten Gericht zu klagen oder nicht zu klagen.[55] Sie schafft keine materielle Grundlage für den Erfüllungsanspruch einer Partei und damit für die korrespondierende Pflicht der anderen, nur vor dem verabredeten Gericht zu klagen. Auch bei einer prorogationswidrigen Klage bleibt dem Beklagten nur eine prozessuale Einredemöglichkeit, den Derogationseinwand im Gerichtsstaat zu erheben. Dies rechtfertigt aber keine Klage des Beklagten gegen den Kläger auf Unterlassung der Klageerhebung bei einem anderen als dem prorogierten Gericht bzw. auf Rücknahme der Klage am forum derogatum. Dieser Billigung des Verhaltens des Klägers, welcher abredewidrig vor einem derogierten Forum klagt,

---

52 Hierzu siehe *Kropholler/ Pfeifer*, FS Nagel 1987, 157, 165.

53 So *Basedow*, IPRax 1985, 137; *Kropholler*, EZPR, Art. 17 Rn. 43; *Kropholler/ Pfeifer*, aaO., S. 164f; MünchKommZPO/ *Gottwald*, IZPR, Art. 17 EuGVÜ Rn. 34.

54 *Schiedermair*, S. 95; *Baumgärtel*, Wesen und Begriff, S. 221; *Matscher*, S. 20; *Konzen*, Rechtsverhältnis zwischen Prozeßparteien, S. 66; *Stein/Jonas/ Leipold*, Rn. 246 vor § 128 ZPO; *Rosenberg/ Schwab*, ZPR, § 37 I 6.

55 *Schiedermair*, S. 100; *Baumgärtel*, aaO., S. 221; *Konzen*, aaO., S. 66; *Kropholler*, Handbuch IZVR I Kap. III, Rn. 586; *Geimer/ Schütze*, I/1, § 96 XXXIII; *Geimer*, WM 1986, 117, 122; *Stein/Jonas/ Bork*, § 38 Rn. 44; *Rosenberg/ Schwab*, ZPR, § 37 I 6; *Reiser*, S. 138.

liegt die deutsche Zivilprozeßrechtsdogmatik zugrunde, wonach Zuständigkeitsvereinbarungen außer der unmittelbaren prozeßgestaltenden Wirkung kein Verpflichtungsinhalt beizumessen ist. Dieser Verfügungscharakter der Gerichtsstandsvereinbarung schließt dann die Möglichkeit der Entwicklung eines privatrechtlichen Schadensersatzanspruchs wegen einer nicht eingehaltenen Prorogation aus.

Entgegen dieser deutschen Rechtslehre hat die Aussage[56] von Lord *Diplock*, einer der Verfasser der "*Laker*-Entscheidung", die Streitfrage, ob man Zuständigkeitsvereinbarungen nicht eine verpflichtende Wirkung beimessen kann, ausgelöst. Daraufhin wollen einige Autoren[57] eine internationale Zuständigkeitsvereinbarung als Grundlage für das Recht einer Partei, nicht im Ausland verklagt zu werden, auffassen, so daß eine gegenseitige Pflicht der anderen Partei, am prorogierten Forum Klage zu erheben, anzunehmen sei. Abgesehen von den rechtsvergleichenden Erwägungen mit einer Reihe anglo-amerikanischer Entscheidungen zeigt die Entscheidung des Hoge Raad v. 1. 2. 1985 im Fall des "*Piscator*-Arrestes", daß die deutsche Lehre nicht den Bedürfnissen des modernen internationalen Zivilprozeßrechts gerecht wird. Der bereits in § 2 I erwähnten Entscheidung liegt folgender Sachverhalt zugrunde: "Laut des Schleppvertrags zwischen einer maltesischen Gesellschaft und einer koreanischen Hyundai-Baugesellschaft sollten "Netherlands Towage Conditions" Anwendung finden. Danach lag die ausschließliche Zuständigkeit bei der Rechtbank Rotterdam. Da der Bagger als Schleppgegenstand im Arabischen Golf sank, ließ *Hyundai* den Schlepper *Piscator* in Bahrain beschlagnahmen und begann dort einen Schadensersatzprozeß."

Nach der Gegenmeinung richtet sich das Unbehagen an der deutschen Rechtsdogmatik nicht gegen das Verhalten des Klägers. Vielmehr wird es durch die mit dem Fehlen des Rechtsanspruchs aus der getroffenen Vereinbarung herbeigeführte Rechtslage ausgelöst, wonach dem Beklagten nichts anderes übrig bliebe, als an dem Prozeß in Bahrain mit dem Kostenrisiko festhalten zu müssen.[58] Da die negative Verfügungswirkung der Gerichtsstandsvereinbarung -die Einrede der Unzuständigkeit

---

56 British Airways Board v. Laker Airways Ltd. (1985) A. C. 58, 81 (H. L. (E)): "A right not to be sued upon a particular cause of action in a particular foreign court by the person against whom the injunction is sought may be contractual in orgin. A common example of this is an exclusive jurisdiction clause in a contract".

57 *Schröder*, FS Kegel 1987, 523ff; *Kurth*, Inländischer Rechtsschutz gegen Verfahren vor ausländischen Gerichten, S. 60ff.

58 *Schröder*, S. 532.

des angerufenen Gerichts- für die Partei, die -entgegen der Abrede- vor einem bahrainischen Gericht verklagt wird, dessen Recht die Derogation seiner Zuständigkeit verbietet, nutzlos wäre, werde die Annahme eines Rechtsanspruchs, "not to be sued abroad", der angemessenen Lösung gerecht.

Zu Unrecht führt diese Annahme einer verpflichtenden Wirkung zu gewissen Einschränkungen der internationalen Gerichtsstandsvereinbarung. Dem Versuch, Gerichtsstandsvereinbarungen einen verpflichtenden Inhalt beizumessen, sollten Grenzen gesetzt werden, soweit dadurch der mit Hilfe der internationalen Gerichtsstandsvereinbarung erweiterte Zugang zu den ausländischen Gerichten wiederum ungebührlich blockiert wird. Die Maßnahmen gegen den abredewidrig handelnden Kläger sind de lege lata ausschließlich auf die prozessuale Einredemöglichkeit und auf die Anerkennungszuständigkeit zugeschnitten. Sollten die sich aus dem Pflichtverstoß ergebenden Schadensersatzansprüche nicht die privatrechtlichen, sondern die prozeßrechtlichen Ansprüche darstellen,[59] dann könnte der angebliche Geschädigte die Spesen im Erfolgsfall als Prozeßkostenersatz beanspruchen.[60]

(b) Pflichten des angerufenen Gerichts

(aa) Pflicht zur Annahme der Prorogation

Schließen Parteien eine den §§ 38 ff. ZPO entsprechende Gerichtsstandsvereinbarung zugunsten der deutschen Gerichte, so sind diese nach § 38 Abs. 2 ZPO zwingend zur Justizgewährung verpflichtet. Dabei bedarf es keines Inlandsbezugs der Streitsache. Eine Einschränkung hierfür besteht im Verhältnis zum EuGVÜ, wo eine Annahmepflicht des prorogierten Gerichts eines Vertragsstaates mit der persönlichen Beziehung, nämlich mit dem Wohnsitz der anderen Partei in einem anderen Vertragsstaat verbunden ist. Wenn nach den Regeln der §§ 38 ff. ZPO für deutsche Gerichte eine beachtenswerte Prorogation vorliegt, darf das angerufene Gericht ein Versäumnisurteil gegen den Beklagten erlassen.

---

59 So auch *Kurth*, S. 69.

60 *Matscher*, S. 20.

(bb) Bindung des derogierten Gerichts

Die Prüfung einer wirksamen Derogation der deutschen Zuständigkeit nach der lex fori des angerufenen prorogierten Gerichts korrespondiert notwendigerweise mit der Prüfung der Wirksamkeit der Vereinbarung nach Maßgabe des angerufenen derogierten deutschen Rechts. Erhebt eine der Parteien -entgegen der ausschließlichen Zuständigkeitsvereinbarung- Klage vor dem derogierten deutschen Gericht, so prüft dieses die Wirksamkeit der Vereinbarung. Dabei ist es aber nicht zur Prüfung von Amts wegen verpflichtet, ob die an sich nach Art. 2 ff. EuGVÜ bzw. §§ 12 ff. ZPO zu bejahende internationale Zuständigkeit der deutschen Gerichte derogiert ist. Eine solche Prüfung scheitert beim Fall der rügelosen Einlassung sogar am gesetzlichem Grund (vgl. § 39 ZPO, Art. 18 EuGVÜ). Vielmehr ist es Sache des Beklagten, die Einrede der Derogation vorzubringen.[61]

Dazu enthält das EuGVÜ die Vorschriften, die innerhalb der Europäischen Union den Entscheidungsaustausch erleichtern und das Verfahren beschleunigen. So dürfen de conventione lata die zeitlich eher angerufenen Gerichte eines derogierten Vertragsstaates die Wirksamkeit der Gerichtsstandsvereinbarung selbständig prüfen und je nach dem Ergebnis dieser Prüfung entscheiden. Ruft eine Partei der Vereinbarung zuwider zuerst das Gericht eines derogierten Vertragsstaates an, so prüft dieses die Wirksamkeit der Vereinbarung nach Maßgabe von Art. 17 EuGVÜ. Hält es dessen Voraussetzungen für erfüllt und läßt der Beklagte sich nicht ein, so hat es sich von Amts wegen für unzuständig zu erklären (Art. 20 I EuGVÜ). Nach Klageerhebung vor dem prorogierten Gericht sind die derogierten Gerichte nach Maßgabe der Art. 21 und 25 ff. EuGVÜ an das ausländischen Verfahren gebunden.[62] Während dieses Verfahrens muß das angerufene, derogierte Gericht ohne eigene Prüfung der Gerichtsstandsvereinbarung die Klage abweisen oder das Verfahren aussetzen. Die Entscheidungen des derogierten bzw. prorogierten Gerichts sind gemäß Art. 25 ff. EuGVÜ in dem jeweils anderen Vertragsstaat anzuerkennen, und zwar sowohl ein Sachurteil aufgrund der Annahme der Prorogation als auch ein Prozeßurteil aufgrund der Verwerfung der Prorogation.

---

61 *Reiser*, S. 137.

62 *Geimer/ Schütze*, I/1, § 96 XXII 2; *Kropholler*, EZPR, Art. 17 Rn. 89; *Reithmann/ Martiny/ Hausmann*, Rn. 1218; MünchKommZPO/ *Gottwald*, IZPR, Art. 17 EuGVÜ Rn. 56.

IV. Objektive Wirkungen einer Zuständigkeitsvereinbarung

Der Umfang der Gerichtsstandsvereinbarung wird durch den Parteiwillen bestimmt[63]. Dies gilt auch für die Frage, ob die Gerichtsstandsvereinbarung deliktische Ansprüche mitumfaßt. Zu Recht wird im Zweifel überwiegend angenommen, daß die Vereinbarung neben vertraglichen auch konkurrierende deliktische Ansprüche erfaßt.[64] Dieser Sachzusammenhang bei Anspruchsgrundlagenkonkurrenz ist auch bei Ansprüchen aus einem Konnossement anzunehmen, die oft aus dem Frachtvertrag und aus unerlaubter Handlung (Eigentumsverletzung) entstehen.[65] Nichts anderes gilt bei Ansprüchen wegen vorsätzlich falscher Konnossementsausstellung.[66]

---

63 *Geimer/ Schütze*, I/1, § 96 XXIV; *Geimer*, IZPR, Rn. 1719; *Schütze*, DIZPR, S. 57; MünchKommZPO/ *Gottwald*, IZPR, Art. 17 EuGVÜ Rn. 54.

64 Hierzu s. vorne § 6 I.

65 S. *Geimer*, IZPR, Rn. 1720.

66 A. A.: OLG Bremen RIW 1985, 895 = IPRspr. 1985, Nr. 142.

§ 13. Wirkungen internationaler Gerichtsstandsvereinbarung auf Widerklage- und Aufrechnungszuständigkeit

I. Widerklage

1. Widerklage und internationale Gerichtsstandsvereinbarung

Als ein Gegenangriff führt die Widerklage einen neuen Streitgegenstand in den Prozeß ein. Sie ist insoweit den Regeln der Klage zu unterstellen. Daraus erklärt sich, daß die Widerklage die Gegenforderung rechtshängig macht, und daß das Gericht der Hauptklage auch für die Widerklage örtlich zuständig ist. Der Gesetzgeber hat andererseits für die Widerklage eine besondere Zulässigkeitsvoraussetzung geschaffen. Nach § 33 Abs. 1 ZPO ist für die Erhebung der Widerklage vor dem Gericht der Hauptklage vorausgesetzt, daß sie mit der Hauptklage in Zusammenhang steht. Ohne den Zusammenhang i. S. des § 33 I ZPO ist die Widerklage nicht zulässig.[67] Auch Art. 6 Nr. 3 EuGVÜ begründet unter unter Wahrung des Konnexitätserfordernis, daß die Widerklage sich auf denselben Vertrag oder Sachverhalt stützt wie die Klage selbst, die Zuständigkeit des mit der Klage angerufenen Gerichts. Damit übernehmen ZPO und EuGVÜ die Figur der außerordentlichen Zuständigkeit kraft Sachzusammenhangs. Im internationalen Rechtsverkehr wird mitunter diese, auf das Zusammenhangs- und Konnexitätserfordernis gerichtete Zuständigkeit des Sachzusammenhangs betont. Manche behaupten daher, daß es in der Regel unnötig sei, daß das angerufene Gericht auch für die Gegenforderung international zuständig ist.[68]

Zwar stützt sich die Akzessorietätszuständigkeit für die Gegenforderung auf die in § 33 Abs. 1 ZPO und Art. 6 Abs. 1 EuGVÜ geregelten besonderen Voraussetzungen, diese Koppelung ist aber nicht zwingend. Dies folgt daraus, daß die Widerklage keinen ausschließlichen Gerichtsstand begründet.[69] Bei gesetzlicher ausschließlicher

---

67 S. hierzu und zum Meinungsstand *Rosenberg/ Schwab/ Gottwald*, ZPR, § 98 II 2d.

68 Soergel/ Kegel, BGB, 11. Auf. 1983, vor Art. 7 EGBGB, Rn. 442; Stein/ Jonas/ Leipold, § 145 Rn. 39.

69 (für das deutsche Recht) BGHZ 52, 30; 59, 116; BGH NJW 1981, 2644; NJW-RR 1987,228; *Geimer*, NJW 1962, 2181; *Eickhoff*, S. 130ff; *Thomas/ Putzo*, Anm. 1c zu § 33; - a. A. *Eisner*, NJW 1970, 2141; v. *Falkenhausen*, RIW/AWD 1982, 386.(für das EuGVÜ)

internationaler Zuständigkeit ist die Koppelung leicht aufzulösen und damit lebt der Klagecharakter der Widerklage wieder auf. Ungeachtet einer negativen Prorogation sind die deutschen Gerichte für eine Widerklage international zuständig, soweit sie für die Entscheidung über die Gegenforderung ausschließlich international zuständig sind. Denn die Derogation kann gemäß § 40 II 1 ZPO nur insoweit Wirkung zeitigen, als nicht eine ausschließliche deutsche Zuständigkeit entgegensteht. Auch Art. 16 EuGVÜ verbietet es den Gerichten eines anderen Vertragsstaates, über die in den Anwendungsbereich des Art. 16 EuGVÜ fallende Gegenforderung mit Verbindlichkeit zu entscheiden, wenn ein anderer Vertragsstaat dafür ausschließlich international zuständig ist.

Beruht dagegen die ausschließliche internationale Zuständigkeit eines ausländischen Gerichts bzw. eines anderen Vertragsstaates auf der Vereinbarung der Parteien (§ 38 II ZPO, Art. 17 EuGVÜ), so fragt es sich, ob der in § 11 dargelegte allgemeine Grundsatz für die Bestimmung der Wirkung einer Gerichtsstandsvereinbarung auch für die Widerklagezuständigkeit gilt.

In Anbetracht des Akzessorietätscharakters der Widerklage sollte man die Betonung auf den Willen der Parteien legen. Da der Gerichtsstand der Widerklage alteingewurzelten Gerechtigkeitsvorstellungen entspricht und zugleich im Gerichtsinteresse liegt, liegt es nahe, daß eine schlichte Zuständigkeitsvereinbarung eine flexible, ökonomische Prozeßführung nicht behindern kann. Es bedarf daher besonderer Anhaltspunkte für die Durchbrechung der Koppelung zwischen Haupt- und Widerklage. Es genügt nicht, daß die derogierende Wirkung einer Gerichtsstandsvereinbarung die Widerklagezuständigkeit umfaßt. Bei der Frage, ob in einer Gerichtsstandsvereinbarung zugleich der Ausschluß der Widerklagezuständigkeit gewollt ist, ist vielmehr auf den expliziten Parteiwillen abzustellen. Nur eine solche Auslegung entspricht dem Parteiwillen, insbesondere dem des Beklagten, der sich durch den Ausschluß der Widerklage die Möglichkeit verwehrt, seine Gegensprüche im einfachen Wege in demselben Verfahren geltend zu machen, und der in einem gesonderten Verfahren mit erhöhten Schwierigkeiten und Risiken bei der Realisierung seiner Gegenforderungen zu rechnen hat. Die Beurteilung über die Widerklagezuständigkeit weicht insoweit von dem bisherigen Auslegungsgrundsatz ab.

Kropholler, EZPR, Art. 17 Rn. 93; *Reithmann/ Martiny/ Hausmann*, Rn. 1222; *Kohler*, IPRax 1983, 272; MünchKommZPO/ *Gottwald*, IZPR, Art. 17 EuGVÜ Rn. 59.

Zunächst gibt die Vermutung der Ausschließlichkeit von Gerichtsstandsvereinbarungen nach Art. 17 Abs. 1 EuGVÜ keinen Hinweis auf den Ausschluß der Widerklagezuständigkeit. Denn aus einer normalen ausschließlichen Prorogation, die mit der Vermutung ihrer Ausschließlichkeit begründet werden könnte, kann der Parteiwille für den Ausschluß der Widerklagezuständigkeit nicht entnommen werden.[70] Die Gegenmeinung,[71] wonach die Zuständigkeit für eine Widerklage anhand der Ausschließlichkeit des nach Art. 17 I EuGVÜ gewählten Gerichtsstands nur bei dem vereinbarten Gericht gegeben sei, würde dem Regelungssinn der Widerklagezuständigkeit nicht gerecht. Ein anderes Problem ergibt sich daraus, daß in Art. 16 EuGVÜ Art. 6 Nr. 3 EuGVÜ nicht gennant ist. Dies steht der Konstruktion des Vorrangs von Gerichtsstandsvereinbarungen vor der Geltendmachung der Widerklage nach Art. 6 Nr. 3 EuGVÜ nicht entgegen, wenn man die Voraussetzungen in Art. 17 I EuGVÜ dem Konnexitätserfordernis gleichstellt.

2. Prorogationswidrige Widerklage

Selbst wenn die Auslegung ergibt, daß auch die Widerklagemöglichkeit derogiert sein soll, ist es fraglich, ob die Derogation des Widerklagegerichtsstandes ihre Wirkung nicht durch eine prorogationswidrige Klageerhebung verliert. Nach der überwiegenden Meinung[72] bleibt der Ausschluß der Widerklagezuständigkeit auch dann wirksam, wenn der Kläger vor dem derogierten Gericht klagt und der Beklagte sich rügelos darauf einläßt. Die Vertreter dieser Ansicht sehen in der prorogationswidrigen Klageerhebung durch den Kläger kein Einverständnis mit der prorogationswidrigen Widerklage. Der Kläger könne daher die Widerklagezuständigkeit des angerufenen (derogierten) Gerichts auch dann rügen, wenn er vor dem an sich unzuständigen Gericht klagt. Die Kritik aus den Nachteilen des Beklagten sei nicht tragfähig, weil dieser es in der Hand habe, eine Einlassung von einer Zustimmung des Klägers zu einer Aufhebung des Aufrechnungsverbots abhängig zu machen. Die Gegenauffassung[73] stellt stärker auf die Natur der Widerklage als Akzessorietätszuständigkeit sowie auf die Waffengleichheit der Parteien ab. Bei prorogationswidriger Klage und

---

70 *Geimer/ Schütze*, I/1, § 96 XXI. 10; wohl auch *Gottwald*, IPRax 1986, 10 ff.

71 *Kropholler*, EZPR, Art. 17 Rn. 93; *Kohler*, IPRax 1983, 272.

72 *Eickhoff*, S. 142; *v. Falkenhausen*, RIW 1982, 386, 388; *Kropholler*, Handbuch IZVR I Kap. III, Rn. 588; *Reithmann/ Martiny/ Hausmann*, Rn. 1285; MünchKommZPO/ *Patzina*, § 38 Rn. 42; *Stein/ Jonas/ Bork*, § 39 Rn. 6a; *Schack*, IZVR, Rn. 461; *Thomas/ Putzo*, Anm. 1c zu § 33 ZPO.

73 *Pfaff*, ZZP 96 (1983), 334, 348f; *Geimer*, IZPR, Rn. 1776; *Zöller/ Geimer*, IZPR, Rn. 88; *Schütze*, DIZPR, S. 57; *Zöller/ Vollkommer*, § 33 Rn. 30.

anschließender rügeloser Einlassung sei der auf der Prozeßökonomie und der Waffengleichheit beruhende Regelungssinn[74] des Widerklagegerichtsstandes dagegen zu setzen. Die vertragswidrige Klageerhebung vor einem unzuständigen Gericht sei demgemäß als Angebot zur Derogation des vereinbarten Gerichtsstandes und die Einlassung des Beklagten als Annahme dieses Angebots zu bewerten.[75]

Die letztere Lösung verdient Zustimmung. Für die Lösung dieses Problems muß man von der Natur der Widerklage ausgehen. Mit dem abredewidrigen Verhalten verliert die derogierende Wirkung der Gerichtsstandsvereinbarung ihren Grund dafür, die Nachteile und Risiken des Beklagten bei der Durchsetzung der Gegenforderung zu rechtfertigen. Erhebt der Kläger vor einem unzuständigen Gericht Klage, so läßt er sich damit auch auf die prorogationswidrige Widerklage ein. Mit der Vereinbarung einer ausschließlichen Zuständigkeit kann die Widerklagezuständigkeit zwar abbedungen werden. Und auch die internationale Zuständigkeit ist durch rügelose Einlassung begründbar. Zur Durchbrechung der gesetzlichen Koppelung zwischen Haupt- und Widerklage bei demselben Gericht sind die Parteien aber gerade nicht befugt. Auch die Berufungsmöglichkeit des Klägers auf die vereinbarte Zuständigkeit läßt sich keineswegs mit dem Rügeverzicht des Beklagten begründen. Dies hält Pfaff dem BGH zu Recht entgegen: " Im vorliegenden Falle hat der Beklagte... sich *ganz bewußt* auf die Hauptsache eingelassen und damit sein Einverständnis mit dem Abgehen von der vereinbarten Zuständigkeit signalisiert[76]." Wegen des konkludenten Abbedingens[77] des zunächst vereinbarten Gerichtsstandes zugunsten des allgemeinen Gerichtsstandes des Beklagten kann der Kläger sich nicht unter Hinweis auf die rügelose Einlassung auf die Unzuständigkeit für die Widerklage berufen.

In seiner vielfach kritisierten Entscheidung[78] hat der BGH die prorogationswidrige Klageerhebung durch den Kläger dahin ausgelegt, daß dadurch auf die vereinbarte Heimatzuständigkeit für die gegen ihm gerichtete Klage nicht verzichtet worden sei.

---

74 Vgl. hierzu näher *Pfaff*, S. 351ff. mwN.; siehe ferner BGH TranspR 1983, 44, 46 = GRUR 1983, 1017, 1018, wo im Hinblick darauf der BGH für den Bereich des CMR den vertraglichen Ausschluß der Widerklagemöglichkeit sogar für unwirksam erklärt hat.

75 *Pfaff*, S. 349.

76 *Pfaff*, S. 348.

77 Dies folgert *Gottwald*, IPRax 1986, 13 zu Recht auch aus der Subjektionstheorie, die in der rügelosen Einlassung einseitige Unterwerfung des Beklagten unter die jeweilige Jurisdiktion blickt.

78 BGH NJW 1981, 2644 = RIW 1981, 703 = WM 1981, 938; siehe hierzu *Pfaff*, ZZP 96 (1983), 334; *v. Falkenhausen*, RIW 1982, 388.

Dies wurde vor allem damit begründet, daß die Beklagten den Rügeverzicht davon hätten abhängig machen können, daß die Klägerin seinerseits auf die Rüge der Unzuständigkeit für die Widerklage verzichtet. Im konkreten Fall hatte die inländische Beklagte mit der Widerklage gegen die Warenlieferantin eine einer (zugunsten des finnischen Gerichts getroffenen) Gerichtsstandsvereinbarung unterliegende Gegenforderung geltend gemacht und überdies Stufenwiderklage erhoben, u. a. mit dem Ziel, die Klägerin auf Auskunftserteilung über weitere Verkäufe und Lieferungen in die dem Beklagten allein zugewiesenen Vertriebsregionen zu verurteilen. Da die Gerichtsstandsvereinbarung auch lediglich zugunsten einer Partei getroffen werden kann, erscheint es gerade hier besonders zweifelhaft, ob nur aus der ausschließlichen Vereinbarung des Sitzes der Lieferantin als Gerichtsstand zwingend auf die Aufrechterhaltung der Bindungswirkung der Vereinbarung auch bei der prorogationswidrigen Klageerhebung geschlossen werden kann. Denn der Kläger würde dann in der gleichen Lage befinden wie bei einer Gerichtsstandsvereinbarung zu seinen Gunsten. Nur in Ausnahmefällen von Gerichtsstandsvereinbarungen nur zugunsten des Klägers -üblicherweise der alleinige Gerichtsstand des Sitzes des Verkäufers für Klagen beider Vertragsparteien und zugleich ein Klagevorbehalt am Sitz des Klägers[79]- rechtfertigt sich die Auslegung, eine Derogation des Widerklagegerichtstandes verliere ihre Wirkung auch nicht dadurch, daß der Kläger ein aufgrund der Vereinbarung unzuständiges Gericht anruft.[80]

II. Internationale Gerichtsstandsvereinbarung und Aufrechnung

1. Aufrechnungseinwand und internationale Zuständigkeit

Die Einordnung der Aufrechnung als materielles Gestaltungsrecht (etwa §§ 387ff. BGB) sowie als bloßes Verteidigungsmittel im Prozeß (vgl. §§ 146, 296 ZPO) hat keine prozeßrechtliche Hürde für eine selbständige Geltendmachung der Aufrechnungsforderung vor dem Gericht der Klage zur Folge. So macht die Geltendmachung

---

79 S.BGH 52, 30 = NJW 1969, 1536 = BB 1969, 188 = LM Nr.9-10 zu § 38 ZPO (LS) m. Anm. *Mormann* = IPRspr. 1968-69, Nr. 225.

80 So auch BGHZ 59, 116, 120f. = NJW 1972, 1671, 1672 m. Anm. *Geinmer* (S. 2179) = LM Nr. 16 zu § 38 ZPO (LS) m. Anm.*Mormann*; (für Art. 17 IV EuGVÜ): *Kropholler*, EZPR, Art. 17 Rn. 93; MünchKommZPO/ *Gottwald*, IZPR, Art. 17 EuGVÜ Rn. 59; vgl. aber BGH MDR 1985, 911 = GRUR 1986, 325 = NJW-RR 1989, 228; (für Art. 18 EuGVÜ) *Rauscher*, RIW 1985, 889; *Reithmann/ Martiny/ Hausmann*, Rn. 1222.

der Aufrechnung im Prozeß die Gegenforderung nicht rechtshängig.[81] Nichts anderes gilt grundsätzlich auch für die Zuständigkeit des Gerichts. In der Literatur[82] wird demgemäß überwiegend angenommen, daß die Rüge der Aufrechnung nicht von der Zuständigkeit des Gerichts für die Gegenforderung abhängt. Jedenfalls steht die fehlende *örtliche* Zuständigkeit des Gerichts für die Klage aus der Gegenforderung einer im Prozeß erklärten Aufrechnung nicht entgegen.

Umstritten ist aber, ob diese Grundkonzeption über die Aufrechnung auch auf die internationale Zuständigkeit übertragen werden kann. Die eine Ansicht hält an der Natur der Aufrechnung fest. Der Aufrechnende begehre wie bei anderen rechtsvernichtenden Verteidigungsmitteln keine selbständige Entscheidung, das Erlöschen der Klageforderung durch Aufrechnung festzustellen.[83] Die qualitativ unterschiedlichen Parteiinteressen zwischen der örtlichen und der internationalen Zuständigkeit fiellen daher wenig ins Gewicht. Wegen der erhöhten Schwierigkeit der Anspruchsdurchsetzung im internationalen Geschäftsverkehr habe die Sicherungsfunktion der Aufrechnung vielmehr eine noch größere Bedeutung als im innerstaatlichen Verhältnis.[84] Über dieses Beklagteninteresse hinaus sieht keine Zuständigkeitsregel- anders als bei der Widerklage- für die Aufrechnung auch eine Beschränkung der Aufrechnungsfunktion auf die innerstaatliche Ebene vor.[85] Das für die Klageerhebung örtlich und international zuständige Gericht könne daher in vollem Umfange auch über die Gegenforderung entscheiden, und zwar auch bei dessen Unzuständigkeit für die Entscheidung über die zur Aufrechnung gestellte Gegenforderung.

Die Gegenmeinung[86] will dem angerufenen Gericht dagegen die Entscheidung über die Geltendmachung des der Aufrechnung zugrundeliegenden Anspruchs nur bei

---

81 Hierzu näher *Rosenberg/ Schwab/ Gottwald*, ZPR, § 105 IV 2 mwN.

82 *Schreiber*, ZZP 90 (1977), 395 405; *Eickhoff*, S. 159ff; *Zöller/ Greger*, § 145 Rn. 19; MünchKommZPO/ *Patzina*, § 38 Rn. 43; *Thomas/ Putzo*, § 145 Rn. 25; *Baumbach/ Lauterbach/ Albers/ Hartmann*, § 145 Rn. 17; *Rosenberg/ Schwab/ Gottwald*, ZPR, § 105 IV 1.

83 Vgl. *Gottwald*, IPRax 1986, 10 ff..

84 v. *Hoffmann*, AWD 1973, 168f..

85 *Kropholler*, Handbuch IZVR I Kap. III, Rn. 439.

86 *Schröder*, S. 595ff; *Geimer*, NJW 1973, 951 und IPRax 1986, 208, 211f; *Eickhoff*, S. 175; MünchKommZPO/ *Peters*, § 145 Rn. 36; *Dageförde*, RIW 1990, 873, 876; *Baumbach/ Lauterbach/ Albers/ Hartmann*, § 145 Rn. 17; *Zöller/ Stephan*, § 145 Rn. 19; *Stein/ Jonas/ Leipold*, § 145 Rn. 39; *Jauernig*, ZPR, § 45 III.

dessen internationaler Zuständigkeit überlassen. Bei Fehlen der internationalen Zuständigkeit könne das Forumgericht über die Gegenforderung grundsätzlich nicht selbst entscheiden, weil eine solche Entscheidung in Rechtskraft erwachse (vgl. § 322 II ZPO) und das Gericht damit seine internationale Zuständigkeit überschreiten würde. Wegen der Unzuständigkeit müsse in solchen Fällen das Verfahren nach dem Erlaß eines Vorbehaltsurteils ausgesetzt werden.

Da auch die Prozeßvoraussetzungstheorie gewisse Ausnahmen[87] -etwa bei konnexer, unbestrittener oder rechtskräftig festgestellter Gegenforderung, aber auch bei der rügelosen Einlassung- vom Grundsatz der Unzuständigkeit der Entscheidung über den Aufrechnungseinwand bei fehlender internationaler Zuständigkeit für die klagweise Geltendmachung der Gegenforderung zuläßt, gewinnt der Meinungsunterschied nur bei den streitigen und inkonnexen Gegenforderungen praktische Bedeutung. Bei der Frage, ob das angerufene Gericht die Klage aus der Gegenforderung abweisen kann, handelt es sich um verfahrensrechtliche Fragen. Hierfür ist stets das deutsche Recht als lex fori maßgeblich.[88] Nach deutschem Recht ist die Aufrechnung ein materielles Gestaltungsrecht. Die Konnexität von Klageforderung und Gegenforderung würde daher unabhängig vom Aufrechnungsstatut nach deutschem materiellen Recht zu bestimmen sein. Dies birgt aber die Gefahr von Doppelprozessen in sich, wenn das angerufene deutsche Gericht trotz seiner Unzuständigkeit über die Aufrechnungsforderung deshalb entscheidet, weil diese auch aus deutscher Sicht[89] begründet ist. Es erscheint daher nicht als sachgerecht, das Gericht trotz fehlender internationaler Zuständigkeit zur *rechtskräftigen* Entscheidung über im Wege der Prozeßaufrechnung geltend gemachte bestrittene und inkonnexe Gegenforderung befugt zu halten. § 322 Abs. 2 ZPO macht insoweit eine innere Rechtfertigung für die Grenzen der internationalen Zuständigkeit der Bundesrepulik Deutschland ersichtlich.[90]

Da es das Ziel des EuGVÜ ist, im EU-Bereich auch für den Rechtsschutz soweit möglich einen echten Binnenmarkt herzustellen, erscheint es gerade hier zweifelhaft, ob dieser auf den eigenen Staat beschränkte Standpunkt im Bereich der europäischen Prozeßaufrechnung aufrechterhalten werden kann. Nachdem der BGH die Geltend-

---

87 Hierzu *Dageförde*, RIW 1990, 873, 876 mwN..

88 *Geimer*, NJW 1973, 953; MüchKomm/ *Martiny*, IPR, Art. 32 EGBGB Rn. 40.

89 Für die Zulässigkeit der Aufrechnung ist nach § 387 BGB die Konnexität der Forderungen nicht erforderlich.

90 So auch *Geimer* NJW 1973, 951; *Zeiß*, NJW 1973, 202.

machung der Aufrechnung wegen der internationalen Unzuständigkeit der deutschen Gerichte für die zur Aufrechnung gestellte Gegenforderung als unzulässig erachtet hat,[91] hat er seine Rechtsprechung auch auf das europäische Zivilprozeßrecht ausgedehnt und entschieden, daß sich die Beachtung des Aufrechnungseinwandes durch den Forumstaat auch bei internationaler Unzuständigkeit nicht mit dem eindeutigen Grundkonzept des EuGVÜ vereinbaren ließe.[92] Bei der Verneinung der Zuständigkeit der deutschen Gerichte und damit der Prozeßaufrechnung mit den vom Handelsvertreter der italienischen Klägerin abgetretenen Ausgleichsansprüchen, hat er eine in diesem Zusammenhang stehende Rechtsprechung[93] des EuGH, wo die Annahme eines generellen Aufrechnungsverbots im forum prorogatum abgelehnt worden war, so ausgelegt, daß das Urteil nur einen Ausnahmefall für einen dem Art. 6 Nr. 3 EuGVÜ entsprechenden Sachzusammenhang betreffe. Folglich hat er die unterschiedliche Beurteilung der internationalen Zuständigkeit für im Wege der Prozeßaufrechnung geltend gemachte Gegenforderungen gegenüber dem in Art. 6 Nr. 3 EuGVÜ geregelten Fall geleugnet, so daß die internationale Zuständigkeit sich in solchen Fällen indirekt aus den Vorschriften über die Widerklage ergebe. Der BGH hat sich damit der zur Interpretation der Rechtsprechung überwiegend vertretenen Meinung[94] angeschlossen, nach welcher die nicht auf Art. 6 Nr. 3 EuGVÜ gestützte inkonnexe Gegenforderung nicht auf dem Wege der Prozeßaufrechnung geltend gemacht werden dürfe. Diese Meinung im Schrifttum beruft sich auf eine einheitliche Lösung des Problems innerhalb des Anwendungsbereichs des EuGVÜ. Angesichts des wesentlichen Unterschieds zwischen den nationalen Rechtsordnungen in der technischen Ausgestaltung der Aufrechnung sei davon auszugehen, daß die Aufrechnung mit einer inkonnexen Gegenforderung nur beachtet werden könne, wenn der Gerichtsstaat für die Geltendmachung der Gegenforderung nach Art. 2 ff. EuGVÜ international zuständig wäre.

Man darf wohl daran zweifeln, ob diese Auslegung der deutschen Rechtsprechung und Literatur dem Ziel des EuGVÜ gerecht wird. Wenn man nur an die Gewährleistung der Anerkennungszuständigkeit und der Rechtshängigkeit innerhalb der Europäischen Union erinnert, dann sollte man nicht bei der Prozeßaufrechnung das

---

91 BGHZ 60, 85 (87 f.) = NJW 1973, 421 m. Anm. *Geimer* (S. 951) = AWD 1973, 165 m. Anm. *Hoffmann* = ZZP 86 (1973), 332 m. Anm. *Walchshöfer* = JR 1973, 202 m. Anm. *Zeiß* = LM Nr. 17 zu § 38 ZPO (LS) Anm. *Mormann* = IPRspr. 1972, Nr. 143.

92 BGH RIW 1993, 846 = EuZW 1993, 576; siehe ferner BGH NJW 1993, 1399.

93 EuGHE 1978, 2133 = RIW/AWD 1978, 814 = NJW 1979, 1100 (LS).

94 *Geimer*, IPRax 1986, 208, 212; *Eickhoff*, S. 164, 168, 179, 180f; *Schack*, IZVR, Rn. 355.

Spannungsverhältnis zwischen Beklagtenschutz und effektivem Rechtsschutz für den Kläger über Gebühr betonen. Die Rechtslage der europäischen Prozeßaufrechnung ist nicht anders als bei der innerstaatlichen Prozeßaufrechnung. Im Rahmen des EuGVÜ trifft daher die Aussage von *Kegel* zu: "Der Kläger ist meist nicht erheblich beschwert, wenn die Gegenforderung in einem Prozeß geltend gemacht wird, den er selbst gegen den Beklagten führt."[95] Es ist keineswegs gerechtfertigt, daß der Beklagte seine angebliche Forderung selbständig erneut im Ausland einklagen muß. Für die europäische Prozeßaufrechnung besteht keine Grenze, die sich bei dem Verhältnis zum Drittstaat ergeben könnte. Die Zurückweisung der Aufrechnung wegen Inkonnexität der Gegenforderung würde insbesondere den europäischen Justizgewährleistungsanspruch verletzen.

2. Aufrechnungsverbot infolge internationaler Gerichtsstandsvereinbarung

Soweit es um Fragen der ausschließlichen Zuständigkeit und der Gegenforderung geht, gelten für die Aufrechnung ähnliche Erwägungen wie für die Widerklage. In Rechtsprechung und Schrifttum ist man sich weitgehend darüber einig, daß ein ausschließlicher Gerichtsstand für die Aufrechnungsforderung deren Geltendmachung verhindert und daß dies auch bei der Ausschließlichkeit der Zuständigkeit infolge Parteivereinbarung gilt.[96] Zwar ist die Frage der Zulässigkeit der Prozeßaufrechnung kein kompetenzrechtliches Problem, doch kommt Kompetenzrechtliches in solchen Fällen wieder ins Spiel.[97] Ob in der Gerichtsstandsabrede zugleich ein prozessuales Aufrechnungsverbot liegt, hängt als Auslegungsfrage von dem Willen der Parteien ab.[98] Dabei ist aber fraglich, ob im Zweifel der ausschließlichen Vereinbarung über den Gerichtsstand auch ein Aufrechnungsverbot entnommen werden kann.

---

95 *Soergel/ Kegel*, Vor Art. 7 EGBGB Rn. 442.

96 BGHZ 60, 85, 91; BGH, NJW 1973, 421, xxx; BGH NJW 1981, 2644f; BGH WM 1986, 199, 202; *Zöller/ Geimer*, IZPR, Rn. 89; *Zöller/ Vollkommer*, § 38 Rn. 14; MünchKommZPO/ *Patzina*, § 38 Rn. 43; *Baumbach/ Lauterbach/ Albers/ Hartmann*, § 145 Rn. 18; *Dageförde*, RIW 1990, 877.

97 *Geimer/ Schütze*, I/1, § 80 IX.

98 So (für das deutsche Recht) *Kropholler*, Handbuch IZVR I Kap. III, Rn. 590; MünchKommZPO/ *Peters*, § 145 Rn. 37; *Geimer*, IZPR, Rn. 1778; *Reithmann/ Martiny/ Hausmann*, Rn. 1288; (im Rahmen von Art. 17 Abs. 1 EuGVÜ) *Kropholler*, EZPR, Art. 17 Rn. 95; *Reithmann/ Martiny/ Hausmann*, Rn. 1223; *Geimer*, IPRax 1986, 212; *Zöller/ Geimer*, IZPR, Rn. 89; MünchKommZPO/ *Gottwald*, IZPR, Art. 17 EuGVÜ Rn. 58.

Den Grundsatz, daß die Prorogation eines ausländischen Gerichts grundsätzlich ein vertragliches Aufrechnungsverbot enthalte, hat der BGH in zwei Urteilen[99] aus dem Jahre 1972 aufgestellt: Wer für Streitigkeiten aus einem Vertrag mit einem ausländischen Partner dessen Heimatgerichte als allein zuständig vereinbart habe, könne grundsätzlich auch nur vor diesen Gerichten die Aufrechnung mit einer Forderung aus dem Vertrag einwenden. Dem folgt die überwiegend vertretene Meinung.[100] Als Begründung dafür wird angeführt, daß die Prozeßführungslast für den Schuldner der Gegenforderung bei der Aufrechnung keine geringere sei als bei der Verteidigung gegen eine Klage oder Widerklage.[101]

Entgegen der Ansicht des BGH ist die Ausgangsfrage jedoch zu verneinen. Bei der Auslegung sind auch das Interesse der Parteien an einer ökonomischen Prozeßführung und das Gebot der Waffengleichheit der Parteien zu berücksichtigen.[102] In Anbetracht dieser Aufrechnungsfunktion ist für das Aufrechnungsverbot davon auszugehen, daß die in Frage stehende Gerichtsstandsvereinbarung die direkte Aussage zur Aufrechnungsbefugnis zu enthalten hat. Soweit die Abrede die Aufrechnung nicht erwähnt und kein ausdrücklich erklärter Parteiwille feststellbar ist, ist die Aufrechnung mit einem der Abrede unterliegenden Anspruch daher als zulässig anzusehen.[103] Dementsprechend hat der EuGH im Verfahren *Meeth v. Glacetal*[104] ausgesprochen, aus Art. 17 EuGVÜ allein folge kein Aufrechnungsverbot. Eine ausschließliche Gerichtsstandsvereinbarung hindere danach nicht schon kraft Gesetzes die Aufrechnung mit einem der Abrede unterliegenden Anspruch. Zu Recht weist

---

99 BGH U. v. 20. 12. 1972 -VIII ZR 186/70 und 113/71, NJW 1973, 421 und 422 m. Anm. *Geimer* (S. 951) = AWD 1973, 165 m. Anm. *Hoffmann* = ZZP 86 (1973), 332 und 329 m. Anm. *Walchshöfer*.

100 *Kropholler*, Handbuch IZVR I Kap. III, Rn. 590; *Reithmann/ Martiny/ Hausmann*, Rn. 1288; *Schütze*, DIZPR, S. 57; *Schlosser*, EWiR 1985, 781, 782; *Dageförde*, RIW 1990, 877; MünchKommZPO/ *Patzina*, § 38 Rn. 43; *Stein/Jonas/ Bork*, § 38 Rn. 19a; *Zöller/ Stephan*, § 145 Rn. 20; (im Rahmen von Art. 17 I EuGVÜ) *Kropholler*, ZZP 100 (1987), 352, 354f. und EZPR, Art. 17 Rn. 95; *Kohler*, IPRax 1983, 272.

101 *Kropholler*, ZZP 100 (1987), 355 und EZPR Art. 17 Rn. 95; *Reithmann/ Martiny/ Hausmann*, Rn. 1288.

102 So *Gottwald*, IPRax 1986, 10, 11; MünchKommZPO/ *Gottwald*, IZPR, Art. 17 EuGVÜ Rn. 58; *Pfaff* ZZP 90 (1983), 334; *Reithmann/ Martiny/ Hausmann*, Rn. 1223; wohl auch MüchKomm/ *Martiny*, IPR, Art. 32 EGBGB Rn. 40a.

103 *v. Falkenhausen,* RIW 1982, 388; *Hoffmann*, AWD 1973, 169; *Gäbel,* S. 215; *Geimer*, IPRax 1986, 212 und IZPR, Rn. 1779; *Geimer/ Schütze*, I/1, § 80 IX, § 96 XXI 9; *Zöller/ Geimer*, IZPR, Rn. 89; MüchKomm/ *Martiny*, IPR, Art. 32 EGBGB Rn. 40a; *Gottwald*, IPRax 1986, 10, 12; MünchKommZPO/ *Gottwald*, IZPR, Art. 17 EuGVÜ Rn. 58.

104 EuGHE 1978, 2133 = RIW 1978, 814 = NJW 1979, 1100.

Gottwald unter Berücksichtigung des autonomen Rechts Englands und Frankreichs daraufhin, daß dann eine möglichst EU-einheitliche Auslegung erzielt werden kann.[105] Weiter ist zu bedenken, daß der Dispositionsfreiheit Grenzen aus den gesetzlichen Mitteln zur Rechtsverfolgung zu setzen sind. Dann entfällt jeder Grund, das Aufrechnungsverbot aus Gründen der Rechtssicherheit anzunehmen.[106] Da es sich hierbei um eine Auslegungsfrage, nicht aber um eine überschreitende nationale Rechtsausübung handelt, überzeugt es nicht, für die Prüfung des Aufrechnungsverbots unterschiedliche Kriterien je nach Geltungsbereich des EuGVÜ oder der ZPO aufzustellen.[107] Deshalb sollte sowohl für das EuGVÜ als auch für die ZPO das einfache Prinzip der Auslegung gelten: *Im Zweifel kein Aufrechnungsverbot.*[108]

3. Prorogationswidrige Klage und Aufrechnung

Die Suche nach dem rechten Mittelweg zwischen den Wirkungen der grenzüberschreitenden Prorogation und einer ökonomischen Prozeßführung hält weiter an. "Wie unangemessen es ist, ein Aufrechnungsverbot aufgrund eines "objektiven" Willens der Parteien zu unterstellen, zeigen schließlich besonders deutlich die Fälle, in denen der Kläger entgegen einer ausschließlichen Prorogation seines ausländischen Heimatgerichtes im Inland klagt und sich der Beklagte jetzt mit einer Aufrechnung verteidigt." So beginnt die Aufforderung *Gottwalds*[109] zum Überdenken der Auslegung des "vertraglichen" Aufrechnungsverbots durch die Rechtsprechung. Es fragt sich zudem, ob diese rechtspolitischen Bedenken gegen die derogierende Wirkung der Prorogation bereits bei der prorogationswidrigen Klage überwunden werden können oder ob die Prozeßaufrechnung am forum derogatum erst mit der Hilfe der Rechtsfigur der rügelosen Einlassung beachtet werden darf. An diesen Fragen scheiden sich im wesentlichen drei Blickpunkte.

---

105 *Gottwald*, IPRax 1986, 11; MünchKommZPO/ *Gottwald*, IZPR, Art. 17 EuGVÜ Rn. 58.

106 So aber *Schlosser*, EWiR 1985, 782.

107 So aber *Reithmann/ Martiny/ Hausmann*, Rn. 1223 und 1288.

108 Vgl. aber Abschlußentscheidung des BGH RIW/AWD 1979, 713 = NJW 1979, 2477 zu EuGHE 1978, 2133 -*Meeth/Glacetal*; kritisch hierzu *Gottwald* 1986, 11; *Rauscher* RIW 1985, 888.

109 *Gottwald*, IPRax, 1986, 13.

Nach deutschem Recht hielt der BGH[110] auch bei rügeloser Einlassung an der derogierenden Wirkung der Prorogation fest. Rufe der ausländische Kläger ein nach der Abrede international unzuständiges deutsches Gericht an und lasse sich der Beklagte rügelos ein, so könne er ihm gleichwohl weiterhin das Aufrechnungsverbot entgegenhalten. Diese Meinung ist aber insoweit überholt, als im allgemeinen angenommen wird, daß für die zur Aufrechnung gestellte Forderung die rügelose Einlassung nach Art. 18 EuGVÜ und § 39 ZPO die internationale Zuständigkeit begründet.[111]

Eine Reihe von Autoren[112] schließt sich zwar der Meinung an, daß das Aufrechnungsverbot durch rügelose Einlassung des Klägers auf die Aufrechnungsforderung überwunden werden kann, behauptet aber, daß dafür die prorogationswidrige Klage allein nicht ausreichen soll. Der Kläger könne sich daher auch bei der abredewidrigen Klageerhebung vor einem derogierten Gericht auf den Ausschluß der Aufrechnung durch die Zuständigkeitsvereinbarung berufen, es sei denn, er lasse sich rügelos hierauf ein.

Nach anderer Ansicht[113] gilt das angebliche Aufrechnungsverbot nur so lange, wie sich der Kläger an die Gerichtsstandsvereinbarung hält. Da es keinen Grund gibt, die Parteien an der einmal getroffenen Prorogation festzuhalten, könne der Beklagte seine Gegenforderung vor dem angerufenen derogierten Gericht im Wege der Aufrechnung geltend machen.

Nach Auffassung von *v. Falkenhausen*[114] entsteht bei der Unzulässigkeit der Aufrechnung die Gefahr der Entstehung eines Titels, der nicht der materiellen

---

110 BGH NJW 1981, 2644 = RIW 1981, 703 = WM 1981, 938 = ZZP 96 (1983), 364; noch folgend, MünchKommZPO/ *Patzina*, § 38 Rn. 43.

111 H.M. *Geimer/ Schütze*, I/1, § 96 XXVIII; *Geimer*, IZPR, Rn. 1418, 1734; MüchKomm/ *Martiny*, IPR, Art. 32 EGBGB Rn. 41; *Schack*, IZVR, Rn. 488; *Stein/Jonas/ Bork*, § 38 Rn. 62; *Kropholler*, EZPR, Art. 18 Rn. 18f; MünchKommZPO/ *Gottwald*, IZPR, Art. 17 EuGVÜ Rn. 58; BGH NJW 1993, 1399; EuGHE 1976, 1831 = NJW 1977, 494; EuGHE 1985, 787, 798 = NJW 1985, 2893 = IPRax 1986, 27 m. Anm. *Gottwald* (S. 10) = RIW 1985, 313 m. Anm. *Rauscher* (S. 887) = = EWiR 1985, 781 (*Schlosser*) Abschußentscheidung OLG Koblenz RIW 1987, 629 = IPRax 1987, 381 (LS) von *Henrich*.

112 *Kropholler*, Handbuch IZVR I Kap. III, Rn. 593; *Geimer*, IZPR, Rn. 1777; *Zöller/ Geimer*, IZPR, Rn. 89; *Stein/Jonas/ Bork*, § 39 Rn. 6a.

113 *v. Falkenhausen,* RIW 1982, 387f; *Stein/ Jonas/ Leipold*, § 145 Rn. 41; *Geimer/ Schütze*, I/1, § 80 IX, § 96 XXI 9, *Schütze*, DIZPR, S. 57; *Eickhoff*, S. 179f; *Gottwald*, IPRax 1986, 13; *Dageförde*, RIW 1990, 879.

114 *v. Falkenhausen*, RIW 1982, 387.

Rechtslage entspricht. Es widerspreche vor allem dem Grundsatz des fairen Verfahrens, wenn der Kläger zwar eine Forderung vor dem an sich unzuständigen Gericht einklagen, seinem Gegner aber die Verteidigung mit einer Gegenforderung aus demselben Vertrag durch Berufung auf die Zuständigkeitsvereinbarung abschneiden könne.

Auch *Gottwald*[115] geht von der Unübertragbarkeit der zur Widerklage ergangenen Rechtsprechung auf die Aufrechnungsmöglichkeit des Beklagten als einem der wichtigsten Verteidigungsmittel des Beklagten im Zivilprozeß aus. Seine Argumentation erfolgt in drei Ebenen: Ein Vergleich zur Fallgruppe in Art. 17 Abs. 4 EuGVÜ, die daraus folgende ungerechtfertige Interessenabwägung bei prorogationswidriger Klage und anschließender rügeloser Einlassung und der Verweis auf das praxisgemäße Gebot im internationalen Rechtsverkehr. Die Aussage des BGH, die rügelose Einlassung des Beklagten beseitige nicht das Aufrechnungsverbot, soll dann zu Falle kommen, wenn der Kläger von der in Art. 17 IV EuGVÜ vorbehaltenen Möglichkeit Gebrauch macht, den Beklagten an seinem gesetzlichen Gerichtsstand zu verklagen. Mit dieser einseitigen Begünstigung seien nunmehr die Nachteile des Beklagten vergleichbar, wenn man der vom BGH vertretenen objektiven Auslegung der Vereinbarung folgt. Damit die gesetzliche Möglichkeit der Rechtsverfolgung mit der internationalen Vertragspraxis, die zunehmend von den Machtverhältnissen geprägt ist, Schritt hielte, seien internationale Gerichtsstandsvereinbarungen eng auszulegen.

Dieser dritten Lösung ist zuzustimmen. Denn die Zulassung der Aufrechnung bei rügeloser Klageerhebung dürfte keine Einschränkung internationaler Wirkungen von Gerichtsstandsvereinbarungen zur Folge haben. Insoweit gibt es in solchen Fällen keinen Grund, die Verteidigung des Beklagten zu erschweren, und auch die ökonomische Prozeßführung abzuschirmen. Die gegenteilige Ansicht, die nur den Rügeverzicht des Beklagten annimmt oder betont, wird der angemessenen Interessenabwägung nicht gerecht. Als ein Kompromiß mit der Gewährleistung internationaler Wirkungen einer Zuständigkeitsvereinbarung genügt die Voraussetzung, daß die Aufrechnungsforderung rechtkräftig festgestellt oder unstreitig ist.[116] Allerdings läßt sich auch hier eine unterschiedliche Behandlung zwischen einer innerstaatlichen und einer europäischen Gerichtsstandsvereinbarung nicht begründen.

---

115 *Gottwald*, IPRax 1986, 13.

116 Vgl. EuGHE 1985, 787; *Reithmann/ Martiny/ Hausmann*, Rn. 1223; MünchKommZPO/ *Gottwald*, IZPR, Art. 17 EuGVÜ Rn. 57.

Literaturverzeichnis

Abraham, Klaus H.: Urteilsanmerkung, in: WuB VII A. § 38 ZPO 1. 87.

Ackmann, Hans-Peter: Urteilsanmerkung, in: ZIP 1982, S. 462-464.

Alternativkommentar zum Bürgerlichen Gesetzbuch, Band 1: Allgemeiner Teil, Neuwied und Darmstadt 1987.

Alternativkommentar zur Zivilprozeßordnung, Neuwied und Darmstadt 1987.

Bajons, Ena-Malis: Zur Nationalität internationaler Schiedssachen, FS für Kralik 1986, S. 11 ff. (zit.: Bajons, FS Kralik 1986)

von Bar, Christian: Internationales Privatrecht, Erster Band, Allgemeine Lehren, München 1987. (zit.: v. Bar, IPR I); Zweiter Band, Besonderer Teil, München 1991 (zit.: v. Bar, IPR II)

Basedow, Jürgen: Das forum non conveniens der Reeder im EuGVÜ, IPRax 1985, S. 133-137. (zit.: Basedow, IPRax 1985)

– Das Statut der Gerichtsstandsvereinbarung nach der IPR-Reform, IPRax 1985, S. 15-16. (zit.: Basedow, IPR-Reform, IPRax 1985)

– Das internationale Zivilprozeßrecht im Visier des Gesetzgebers, Das Standesamt 1983, S. 233-240. (zit.: StAZ 1983)

– Die Neuregelung des Internationalen Privat- und Prozeßrecht, NJW 1986, S. 2971-2979. (zit.: NJW 1986)

Baumbach/ Lauterbach/ Albers/ Hartmann: Zivilprozeßrechtordnung mit Gerichtsverfassungsgesetz und anderen Nebengesetzen, 52. Aufl., München 1994. (zit.: Baumbach/ Lauterbach/ Albers/ Hartmann)

Baumgärtel, Gottfried: Wert und Unwert der Prorogationsnovelle, in: FS für Weber 1975, S. 23-39. (zit.: Baumgärtel, FS Weber 1975)

– Die Vereinbarung der internationaler Zuständigkeit nach dem EWG-Übereinkommen vom 27. September 1968 und § 38 ZPO Abs. 2 ZPO, in: FS für Kegel 1977, S. 285-303. (zit.: Baumgärtel, FS Kegel 1977)

Behrens, Peter: Internationale Gerichtsstandsvereinbarungen vor amerikanischen Gerichten, RabelsZ 38 (1974), S. 590-613. (zit.: Behrens, RabelsZ 38)

– Zuständigkeit und forum-non convenience im amerikanischen Zivilprozess, RabelsZ 41 (1977), S. 39-67. (zit.: Behrens, RabelsZ 41)

Beitzke, Günther: Gerichtsstandsklauselnin auslandsbezogenen Dienst- und Arbeitsverträgen, AWD/RIW 1976, S. 7-10. (zit.: Beitzke, AWD/RIW 1976)

Bender, Rolf: Zivilprozeß und Ideologie, JZ 1982, S. 709-712. (zit.: Bender, JZ 1982)

Birk, Rolf: Die internationale Zuständigkeit in arbeitsrechtlichen Streitigkeiten nach dem Europäischen Gerichtsstands- und Vollstreckungsübereinkommen,Recht der Arbeit 1983, S. 143-152. (zit.: Birk, RdA 1983)

Bleutge, Peter: Einschränkung von Gerichtsstandsvereinbarungen, BB 1970, S. 733-735. (zit.: Bleutge, BB 1970)

Böhm, Peter: Die Rechtsschutzformen im Spannungsfeld von lex fori und lex causae, in: FS für Fasching 1988, S. 107-138. (zit.: Böhm, FS Fasching 1988)

Böhmer, Christof : Bericht über das deutsche Gesetz zur Neuregelung des Internationalen Privatrechts von 1986, in: RabelsZ 50 (1986), S. 646-662. (Böhmer, RabelsZ, 50)

- Der Entwurf eines Gesetzes zur Neuregelung des Internationalen Privatrechts, JA 1986, S. 235-239. (zit.: Böhmer, JA 1986)

Bork, Reinhard: Gerichtsstandsklauseln in Satzung von Kapitalgesellschaften, ZHR 157 (1993), S. 48-64. (zit.: Bork, ZHR 157)

– Urteilsanmerkung, in: EWiR 1992, 101.

Breuleux, Gerald: Internationales Zuständigkeit und anwendbares Recht: Wechselseitige Beziehungen und Bedeutung ihrer Regelung im internationalen Zivilprozeß- und Privatrecht, Zürich 1969.

Bülow, Arther: Vereinheitliches Internationales Zivilprozeßrecht in der Europäischen Wirtschaftsgemeinschaft. Der Entwurf eines Abkommens über die internationale Zuständigkeit, die Anerkennung und Vollstreckung gerichtlicher Entscheidungen, RabelsZ 29 (1965), S. 473-510. (zit.: Bülow, RabelsZ 29)

Bülow/ Böckstiegel: Internationaler Rechtsverkehr in Zivil- und Handelssachen, B I Art. 17 EuGVÜ, München 1977. (zit.: Bülow/ Böckstiegel/- Bearbeiter).

Coester-Waltjen, Dagmar: Internationales Beweisrecht, Ebelsbach 1983.

– Tagungsbericht, in: JZ 1986, 434.

– Urteilsanmerkung, in: WuB VII B 1. Art. 17 EuGVÜ 1. 89.

Dageförde, Carsten: Aufrechnung und Internationale Zuständigkeit, RIW 1990, S. 873-879. (zit.: Dageförde, RIW 1990)

Dulckeit, Gerhard: Zur Lehre vom Rechtsgeschäfte im klassischen römischen Recht, FS für Schulz 1951, Erster Band, S. 148- 190. (zit.: Dulckeit, FS Schulz 1951 I)

Diederischen, Uwe: die neuen Grenzen für Gerichtsstandsvereinbarungen, BB 1974, S. 377-384. (zit: Diederischen, BB 1974)

Ebenroth, Carsten Thomas: Das kaufmännische Bestätigungsschreiben im internationalen Handelsverkehr, ZVglRWiss 1978, S. 161-203. (zit.: Ebenroth, ZVglRwiss 1978)

Ehricke, Ulrich: Buchbesprechung: Dieter Jasper, Forum Shopping in England und Deutschland, in: ZZP 105 (1992), S. 238-245.

Eickhoff, Wolfgang: Inländische Gerichtsbarkeit und internationale Zuständigkeit für Aufrechnung und Widerklage unter besonderer Berücksichtigung des Europäischen Gerichtsstands- und Vollstreckungsübereinkommens, Berlin 1985.

Eisner, Friedrich W.: Gerichtsstandsvereinbarungen und Widerklage im Internationalen Wirtschaftsrecht, NJW 1970, S. 2141-2144. (zit.: Eisner, NJW 1970)

von Falkenhausen, Joachim: Ausschluß von Aufrechnung und Widerklage durch internationale Gerichtsstandsvereinbarungen, RIW 1982, S. 386-389. (zit.: v. Falkenhausen, RIW 1982)

–: Internationale Gerichtsstandsvereinbarungen und unerlaubte Handlung, RIW 1983, S. 420-422. (zit.: v. Falkenhausen, RIW 1983)

Fasching, Hans W.: Zivilprozeßrecht, 2. Aufl., Wien 1990. (zit.: Fasching, ZPR)

–: Österreich und das "Europäische Zivilprozeßrecht", ZZP 105 (1992), S. 457-468. (zit.: Fasching, ZZP 105)

Ferid, Murad: Internationales Privatrecht, 3. Aufl., Frankfurt am Main 1986. (zit.: Ferid, IPR)

Fikentscher, Wofgang: Urteilsanmerkung, in: SAE 1971, 180.

Firsching, Karl: Einführung in das internationale Privatrecht, 3. Aufl. München 1987. (zit.: Firsching, IPR)

–: Der gegenwärtige Stand des IPR (einschließlich des internationalen Verfahrensrechts) unter Berücksichtigung neuerer bedeutsamer Literatur, IPRax 1985, S. 125-131. (zit.: Firsching, IPRax, 1985)

–: Entwicklungstendenzen im deutschen IPR, ZfRV 1975, S. 99-113. (zit.: Firsching, ZfRV 1975)

– Die deutsche IPR-Reform und das deutsche internationale Verfahrensrecht, ZZP 95 (1982), S. 121-135. (zit.: Firsching, ZZP 95)

Fischer, Klaus: Zum "hinreichenden Inlandsbezug eines Rechtsstreits" nach § 23 ZPO, RIW 1992, S. 57-59. (zit.: Fischer, RIW 1992)

– Zur internationalen Zuständigkeit deutscher Gerichte nach § 38 ZPO, RIW 1990, S. 794-797. (zit.: Fischer, RIW 1990)

Flume, Werner: Allgemeiner Teil des Bürgerlichen Rechts, Zweiter Band. Das Rechtsgeschäft, 3. Aufl. 1979. (zit.: Flume, AT/BGB)

Gäbel, Johannes K.: Neuere Probleme zur Aufrechnung im internationalen Privatrecht, München 1983.

Geimer, Reinhold: Internationales Zivilprozeßrecht, 2. Aufl., Köln 1993. (zit.: Geimer, IZPR)

– Verfassung, Völkerrecht und Internationales Zivilverfahrensrecht, ZfRV 1992, S. 321-357. (zit.: Geimer, ZfRV 1992)

– Das Zuständigkeitssystem des EWG-Übereinkommens vom 27. September 1968, WM 1976, S. 830 ff.. (zit.: Geimer, WM 1976)

– Zur Rechtfertigung des Vermögensgerichtsstandes, JZ 1984, S. 979-981. (zit.: Geimer, JZ 1984)

– Zur Vereinbarung der ausschließlichen Zuständigkeit eines ausländischen Gerichts, WM 1975, S. 910-912. (zit.: Geimer, WM 1975)

– Zuständigkeitsvereinbarungen zugunsten und zu Lasten Dritter, NJW 1985, S. 533-534. (zit.: Geimer, NJW 1985)

– EuGVÜ und Aufrechnung: Keine Erweiterung der internationalen Entscheidungszuständigkeit- Aufrechnungsverbot bei Abweisung der Klage wegen internationaler Unzuständigkeit, IPRax 1986, S. 208-216. (zit.: Geimer, IPRax 1986)

– Unbeschriebene Anwendungsgrenzen des EuGVÜ: Müssen Berührungspunkte zu mehreren Vertragsstaaten bestehen?, IPRax 1991, S. 31-35. (zit.: Geimer, IPRax 1991)

– Rechtsschutz in Deutschland künftig nur bei Inlandsbezug?, NJW 1991, S. 3072-3074. (zit.: Geimer, NJW 1991)

– Urteilanmerkungen, in: NJW 1971, 323 und 1525; NJW 1972, 1266; NJW 1973, 951; EWiR 1992, 353; EWiR 1987, 405; EWiR 1989, 885; EWiR 1992, 203; EWiR 1992, 989; EWiR 1993, 675; EuZW 1993, 518.

Geimer/ Schütze, Internationale Urteilsanerkennung, Band I 1. Halbband, Kommentar zum EWG-Übereinkommen über die gerichtliche Zuständigkeit und die Vollstreckung gerichtlicher Entscheidungen in Zivil- und Handelssache, München 1983 (zit.: Geimer/ Schütze, I/1)

Gemeinschaftskommentar zum GWB, (hrsg.) W. Benisch, 4. Aufl. 1981 ff., 10 Lieferung 1985.

Gilles, Peter: Zum Bedeutungszuwachs und Funktionswandel des Prozeßrechts, JuS 1981, S. 402-409. (zit.: Gilles, JuS 1981)

Gottwald, Peter: Auf dem Weg zur Neuordnung des internationalen Verfahrensrecht, ZZP 95 (1982), S. 3-17. (zit.: Gottwald, ZZP 95)

– Grenzen internationaler Gerichtsstandsvereinbarungen, in: FS Firsching 1985, S. 89-110. (zit.: Gottwald.: FS Firsching 1985)

– Grenzen zivilgerichtlicher Maßnahmen mit Auslandswirkung, FS für Habscheid 1989, S. 119-130. (zit.: Gottwald, FS Habscheid 1989)

– Die Freizügigkeit von Entscheidungen in Zivil- und Handelssachen in Westeuropa, in: Ein internationales Zivilprozeßrechts für Gesamteuropa, E. Jayme (Hrsg.), 1992, S. 155-171.

– Das internationale Verfahrensrecht im Entwurf eines IPR-Gesetzes, IPRax 1984, S. 57-61. (zit.: Gottwald, IPRax 1984)

– Die einseitig bindende Prorogation nach Art. 17 Abs. 3 EuGVÜ, IPRax 1987, S. 81-83. (zit.: Gottwald, IPRax 1987)

– Die Prozeßaufrechnung im europäischen Zivilprozeß, IPRax 1986, S. 10-13. (zit.: Gottwald, IPRax 1986)

– Europäische Gerichtspflichtigkeit kraft Sachzusammenhangs, IPRax 1989, S. 272-274. (zit.: Gottwald, IPRax 1989)

– Die internationale Zwangsvollstreckung, IPRax 1991, S. 285-292.

–	Die Stellung des Ausländer im Prozeß, in: Grundfragen des Zivilprozeßrechts, Habscheid und Beys (Hrsg.), Athen/ Bielefeld 1991, S. 1-99.
–	Urteilsanmerkung, in: ZZP 92 (1979), S. 365
Grüter, Karl:	Gerichtsstandsvereinbarung durch Korrespondenz in EWG-Handel, DB 1978, S. 381-386. (zit.: Grüter, DB 1978)
Grunsky, Wolfgang:	Lex fori und Verfahrensrecht, ZZP 89 (1976), S. 241-259. (zit.: Grunsky, ZZP 89)
–	Internationales Prozeßrecht, in: Towards a Justice with a Human face, Storme/ Casman (Hrsg.), Antwerpen/Deventer 1978, S. 69-101.
–	EWG-Übereinkommen über die gerichtliche Zuständigkeit und die Vollstreckung gerichtlicher Entscheidungen in Zivil- und Handelssachen im deutsch-italienischen Rechtsverkehr, RIW 1977, S. 1-9. (zit.: Grunsky, RIW 1977)
–	Arbeitsgerichtsgesetz, 5. Aufl. Verlag Franz Vahlen München 1987.
Habscheid, Walther J.:	Parteivereinbarung über die internationale Zuständigkeit nach deutschem und schweizerischem Recht, FS für H. Schima 1969, S. 175-203. (zit.: Habscheid, FS Schima 1969)
–	Zur Reform des internationalen Zivilverfahrensrechts, insbesondere im Ehe-, Kindschafts- und Vormundsschaft in der Schweiz, ZZP 95 (1982), S. 135-150. (zit.: Habscheid, ZZP 95)
–	Der Rechtsmittelverzicht im Zivilprozeß, NJW 1965, S. 2370-2376.
Hahn, E.:	Die Gesamten Materialien zur Civilprozeßordnung, Band 2, 1. Abteilung, Berlin 1880.
Häuser, Franz/ Welter, Reinhard:	Nationale Gestaltungsschranken bei ausländischen Börsengeschäften, WM Sonderbeilage Nr. 8/1985, S. 1 ff.. (zit.: Häuser/ Welter, WM Sonderbeilage 8/1985)

Häsemeyer, Ludwig; Die Bedeutung der Form im Privatrecht, JuS 1980, S. 1-9. (zit.: JuS 1980)

Hanisch, Hans: Die "versteckte" Rückverweisung im internationalen Familienrecht, NJW 1966, S. 2085-2092. (zit.: Hanisch, NJW 1966)

Hartung, Klaus Jochim: Termineinwand bei Warentermingeschäten an Auslandsbörsen, ZIP 1991, S. 1185-1192. (zit.: Hartung, ZIP 1991)

Hausmann, Rainer: Einheitliche Anknüpfung internationaler Gerichtsstand- und Schiedsvereinbarung?, FS für W. Lorenz 1991, S. 359-378. (zit.: Hausmann, FS W. Lorenz 1991)

Heidenberger, Peter: Neue Interpretationdes Haager Beweisübereinkommens durch die US-Regierung, RIW 1984, S. 841. (zit.: Heidenberger, RIW 1984)

Heini, Anton: Der Entwurf eines Bundesgesetzes über das Internationale Privat- und Zivilprozeßrecht (IPR-Gesetz), Schweizerische Juristen-Zeitung 1978, S. 249-258. (zit.: SJZ 1978)

Heldrich, Andreas: ie Interessen bei der regelung der internationalen Zuständigkeit , in: FS für H. G. Ficker 1967, S. 205-224. (zit.: Heldrich, FS Ficker 1967)

_ Internationale Zuständigkeit und anwendbare Recht. Beiträge zum ausländischen und Internationalen Privatrecht, Band 36, Berlin, Tübingen 1969.

Henrich, Dieter: Internationales Familienrecht, Frankfurt am Mein 1989.

_ Zum Stand der deutschen IPR-Reform, IPRax 1981, S. 2-4. (zit.: Henrich, IPRax 1981)

_ Urteilsanmerkung, in: IPRax 1983, S. 81.

Heß, Burkhard: Gerichtsstandsvereinbarungen zwischen EuGVÜ und ZPO, IPRax 1992, S. 358-361. (zit.: Heß, IPRax 1992)

von Hoffmann, Bernd: Gegenwartsprobleme internationaler Zuständigkeit, IPRax 1982, S. 217-222. (zit.: Hoffmann, IPRax 1982)

– Ausschließliche oder fakultative Gerichtsstände in internationalen Geschäftsbedinungen?, AWD 1972, S. 571-573.

– Das EWG-Übereinkommen über die gerichtliche Zuständigkeit und die Vollstreckung gerichtlicher Entscheidungen in Zivil- und Handelssachen, AWD 1973, S. 57-64. (zit.: Hoffmann, AWD 1973)

– Urteilanmerkungen, in: AWD 1973, 168-169; AWD 1974, 222-223.

Horn, Nobert: Börsentermingeschäfte nach neuem Recht, ZIP 1990, S. 2-18. (zit.: ZIP 1990)

Hoyer, Hans Die Neuregelung des internationalen Zivilverfahrensrechts in Österreich, ZZP 95 (1982), S. 151-170. (zit.: Hoyer, ZZP 95)

Hübner, Ulrich: Der Umfang des Schriftformerfordernisses des Art. 17 EuGVÜ bei (Versicherungs-)Verträgen zugunsten Dritter und die Folgen der hilfsweisen Einlassung nach Rüge der Zuständigkeit im Hinblick auf Art. 18 EuGVÜ, IPRax 1984, S. 237-239. (zit.: Hübner IPRax 1984)

Immenga-Mestmäcker, GWB Kommentar zum Kartellrecht, 2. Aufl. 1992. (zit.: Immenga/ Mesmäcker/ Bearbeiter)

Jakobs, Arnold: Vorprozessuale Vereinbarungen über die deutsche internationale Zuständigkeit, Manheim 1974. (zit.: Jakobs)

Jasper, Dieter: Forum shopping in England und Deutschland, Duncker & Humblot. Berlin 1990.

Jauernig, Othmar: Zivilprozeßrecht, 24. Aufl., München 1993. (zit.: Jauernig, ZPR)

Jayme, Erik: Möglichkeiten und Modelle einer Vereinheitlichung des Internationalen Zivilverfahrens, in: Ein internationales Zivilprozeßrecht für Gesamteuropa, Jayme (Hrsg.), 1992 S. 6

– Art. 17 EuGVÜ und kein Ende, IPRax 1985, S. 261-262. (zit.: Jayme, IPRax 1985)

– Gerichtsstand und abgelaufener Hauptvertrag in Art. 17 EuGVÜ, IPRax 1989, S. 361- 362. (zit.: Jayme, IPRax 1989)

– Das neue IPR-Gesetz -Brennenpunkte der Reform, IPRax 1986, S. 265-270. (zit.: Jayme, IPRax 1986)

– Tagungsbericht, in: IPRax 1985, S. 308.

– Urteilsanmerkungen, in: IPRax 1983, 243; 1984, 160.

Jayme, Erik/ Kohler, Christian: Das Internationale Privat- und Verfahrensrecht der Europäischen Gemeinschaft - Jüngste Entwicklungen, IPRax 1988, S. 133-140. (zit. Jayme/Kohler,IPRax 1988)

– Das Internationale Privat- und Verfahrensrecht der EG - Stand 1989. IPRax 1989, S. 337-346. (zit.: Jayme/ Kohler, IPRax 1989)

– Das Internationale Privat- und Verfahrensrecht der EG 1991 - Harmonisierungsmodell oder Mehrspurigkeit des Kollisinsrechts, IPRax 1991, S. 361-356. (zit. Jayme/ Kohler, IPRax 1991)

– Das Internationale Privat- und Verfahrensrecht der EG 1993 - Spannungen zwischen Staatsverträgen und Richtlinien, IPRax 1993, S. 357-371. (zit. Jayme/ Kohler, IPRax 1993)

Juenger, Friedrich K.: Der Kampf ums Forum: Forum Shopping, RabelsZ 46 (1982) S. 708-716. (zit.: Juenger, RabelsZ 46)

Jung, Harald: Vereinbarungen über die internationale Zuständigkeit nach dem EWG-Gerichtsstands- und Vollstreckungsübereinkommen und nach § 38 Abs. 2 ZPO, Bochum 1980. (zit.: Jung)

Jung, Harald/ Sandrock: Handbuch der internationalen Vertragsgestaltung, Band. 2., 1980. (zit.: Jung/ Sandrock)

Junker, Abbo: Der lange Arm amerikanischer Gerichte: Gerichtsgewalt, Zustellung und Jurisdictional Discovery, IPRax 1986, S. 197-208. (zit.: Junker, IPRax 1986)

– Discovery im deutschen-amerikanischen Rechtsverkehr - Entwicklungslinien und Perspektiven, RIW 1987, S.1-7. (zit.: Junker, RIW 1987)

Kahn-Freund, Otto:	Jurisdiction Agreement: Some Reflections, I. C. L. Q. 26 (1977), S. 825-855.
Katholnigg, Oskar:	Internationale Zuständigkeitsvereinbarungen nach neuem Recht, BB 1974, S. 395-397. (zit.: Katholnigg, BB 1974)
Kaye, Peter:	Civil Jurisdiction und Enforcement of Foreigen Judgements, 1987.
Kegel, Gerhard:	Internationales Privatrecht, 6. Aufl., München 1987. (zit.: Kegel, IPR)
-	Begriffs- und Interessenjurisprudenz im internationalen Privatrecht, in: FS für Lewald 1953, S. 259-288. (zit.: Kegel, FS Lewald 1953)
-	Leo Raape und das IPR der Gegenwart, RabelsZ 30 (1966), S. 1 ff. (zit.: Kegel, RabelsZ30)
Koch, Harald:	Internationale Prorogation im Statut einer Aktiengesellschaft?, IPRax 1993, S. 19-21. (zit.: Koch, IPRax 1993)
Kötz, Hein:	Rechtsvereinheitlichung -Nutzen, Kosten, Methoden, Ziele, RabelsZ 50 (1986), S. 1-17. (zit.: Kötz, RabelsZ 50)
Kohler, Christian:	Internationale Gerichtsstandsvereinbarungen: Liberalität und Rigorismus im EuGVÜ, IPRax 1983, S. 265-272. (zit.: Kohler, IPRax 1983)
-	Integration und Auslegung -Zur Doppelfunktion des Europäischen Gerichtshofes, in: Ein internationales Zivilprozeßrecht für Gesamteuropa, E. Jayme (Hrsg.), 1992.
-	Ein Weg zur Rechtsvereinheitlichung -Zur Übernahme des EG-Übereinkommens vom 19. Juni 1980 über das auf vertragliche Schuldverhältnisse anzuwendende Recht-, EuR 1984, S. 155-173.
-	Zur Revision des Europäischen Gerichtsstands- und Vollstreckungsübereinkommens, IPRax 1987, S. 201- 206. (zit. Kohler, IPRax 1987)

–	Die zweite Revision des Europäischen Gerichtsstands- und Vollstreckungsübereinkommens, EuZW 1991, S. 303- 307. (zit.: Kohler, EuZW 1991)
–	Pathologisches im EuGVÜ: Hinkende Gerichtsstandsvereinbarungen nach Art. 17 Abs. 3, IPRax 1986, S. 340-345.
Konzen, Horst:	Rechtsverhältnis zwischen Prozeßparteien, Berlin 1976.
Kornblum, Udo:	Bemerkungen zur Gerichtsstandsvereinbarung, FamRZ 1973, S. 416-423. (zit.: Kornblum, FamRZ 1973)
Kralik, Winfried:	Die internationale Zuständigkeit, ZZP 74 (1961), S. 2-48. (zit.: Kralik, ZZP 74)
Kronke, Herbert:	Neue Entwicklung im englischen Recht der internationalen Zuständigkeit, RIW/AWD 1977, S. 613-615.
Kropholler, Jan:	Europäisches Zivilprozeßrecht, 4. Aufl., Heidelberg 1993. (zit.: Kropholler, EZPR)
–	Internationale Zuständigkeit, in.: Handbuch des Internationalen Zivilverfahrensrechts, Band I, Tübingen 1982. (zit.: Kropholler, Handbuch IZVR I Kap. III)
–	Internationales Privatrecht, Tübingen 1990. (zit.: Kropholler, IPR)
–	Internationales Einheitsrecht, Allgemeine Lehren, J.C.B. Mohr (Paul Siebeck) Tübingen 1975. (zit.: Kropholler, Internationales Einheitsrecht)
–	Nationale IPR-Reform und internationale Rechtsvereinheitlichung, FS für Müller-Freienfels 1986, S. 409-420. (zit.: Kropholler, FS Müller-Freienfels 1986)
–	Möglichkeiten einer Reform des Vermögensgerichtsstandes, ZfRV 1982, S. 1-10. (zit.: Kropholler, ZfRV 1982)
–	Das Unbehagen am forum shopping, in: FS für Firsching 1985, S. 165-173. (zit.: Kropholler, FS Firsching 1985)

– Rezension: Wolfgang Eickhoff, Inländische Gerichtsbarkeit und internationale Zuständigkeit für Aufrechnung und Widerklage, Berlin 1985, in: ZZP 100 (1987), S. 352-355. (zit.: Kropholler, ZZP 100)

Kropholler, Jan/ Pfeifer, Axel: Das neue europäische Recht der Zuständigkeitsvereinbarung, in: FS für Nagel 1987, S. 157-166. (zit.: Kropholler/ Pfeifer, FS Nagel 1987)

Künzel, Thomas: Prozeßverträge, MDR 1988, S. 720-726.

Kühne, Günter: IPR-Gesetze-Entwurf, Karlsruhe 1980.

Kurth, Jürgen: Inländischer Rechtsschutz gegen Verfahren vor ausländischen Gerichten, Duncker & Humblot, Berlin 1989.

Lando, Ole: Die Aufgabe des Gerichtshofes und das System des Brüsseler Übereinkommens, in: Internationale Zuständigkeit und Urteilsanerkennung in Europa, Herausgegeben vom Gerichtshof der Europäischen Gemeinschaften 1993, S. 21-34.

Lange, Hermann: Der Justizkonflikt zwischen den U. S. A. und Europa dargestellt am Beispiel des Falles "Laker", in: Walter J. Habscheid (Hrsg.), Der Justizkonflikt mit den Vereinigten Staaten von Amerika, Bielefeld 1986, S. 65-92.

Leipold, Dieter: Lex fori, Souveränität, Discovery, Heidelberg 1989.

Linke, Hartmut: Internationales Zivilprozeßrecht. Köln, Berlin-Bonn-München 1990.

– EG-Gerichtsstands- und Vollstreckungsübereinkommen, RIW 1985, S. 1-9 und RIW Beilage 5 zu Heft 12/1991.

Löwe, Walter: Das neue der Gerichtsstandsvereinbarung, NJW 1974, S. 473-478. (zit.: Löwe, NJW 1974)

Lorenz, Werner: Internationaler Filmverleih: Forum Selection, Choice of Law, Unconscionability, IPRax 1989, S. 22-25. (zit.: W. Lorenz, IPRax 1989)

Lüderitz, Alexander: Fortschritte im deutschen internationalen Privatrecht, FS der Rechtswissenschaftlichen Fakultät 600-Jahr-Feier der Universität Köln 1988, S. 271-292. (zit.: Lüderitz, FS Kölner Universität)

– Gerhard Kegel und das deutsche internationale Privatrecht, RabelsZ 46 (1982), S. 475-489. (zit.: Lüderitz, RabelsZ 46)

– Anküpfung im Privatinteresse, FS für Kegel 1977, S. 31-54. (zit.: Lüderitz, FS Kegel 1977)

Lüke, Wolfgang: Urteilsanmerkung, in.: ZZP 105 (1992), 321.

Maier, Hans: Rechtsverfolgung und Rechtsvereitelung im internationalen Rechtsverkehr durch Gerichtsstandsvereinbarungen, NJW 1959, S. 1470-1473.

Majoros, Ferenc: Konflikte zwischen Staatsverträgen auf dem Gebiet des Privatrechts, RabelsZ 46 (1982), S. 84-117. (zit.: Majoros, RabelsZ 46)

– Zur Krise der internationalen Kodifikationskrise, ZRP 1973, S. 65-73. (zit.: Majoros, ZRP 1973)

Mann, F. A.: Die Gültigkeit der Rechtswahl- und Gerichtsstandsklausel und das internationale Privatrecht, NJW 1984, S. 2740-2742. (zit.: Mann, NJW 1984)

Martiny, Dieter: Autonome und einheitliche Auslegung im Europäischen Internationalen Zivilprozeßrecht, RabelsZ 45 (1981), S. 427-447. (zit.: Martiny, RabelsZ 45)

– Zustandekommen von Gerichtsstandsvereinbarungen und stillschweigende Rechtswahl bei Vertragshändlerverträgen, AWD 1972, S. 165-171. (zit.: Martiny, AWD 1972)

Matscher, Franz: Zuständigkeitsvereinbarungen im österreichschen und im internationalen Zivilprozeßrecht, Wien 1967. (zit.:Matscher)

– Buchbesprechung zu Handbuch des österreichischen Internationalen Privatrechts von Fritz Schwind, ZZP 90 (1977), S. 445-449. (zit.: Matscher, ZZP 90)

– Zur Funktion und Tragweite der bestimmung des § 28 JN, FS für Schwind 1978, S. 173-185. (zit.: Matscher, FS Schwind 1978)

– Multilaterale Staatsverträge *erga ommes* und deren INkorporation in nationale IPR-Kodifikationen -Vor- und Nachteile einer solchen Rezeption, in: Bericht der Deutschen Gesellschaft für Völkerrecht, Heft 27, Heidelberg: C.F.Müller 1986, S. 37 ff.. (zit.: BerGesVR 27)

Matthies, Heinrich: Die deutsche internationale Zuständigkeit, Frankfurt/Main 1955.

Meili, Friedrich: Das internationale Civilprozeßrecht auf Grund der Theorie, Gesetzgebung und Praxis, Zürich 1906.

– Das internationale Privatrecht und die Staatenkonferenzen im Haag, Zürich 1900.

Meyer-Lindemann, Hans-Jürgen: Gesamtrechtsnachfolge bei Gerichtsstandsvereinbarungen gemäß § 38 Abs. 1 ZPO, JZ 1982, S. 592-595. (zit.: Meyer-Lindemann, JZ 1982)

Meyer-Sparenberg, Wolfgang: Staatsvertragliche Kollisionsnormen, Berlin 1990.

Mezger, Ernst: Auflockerung der französischen Regeln über die internationale Zuständigkeit der Gerichte, FS für Nagel 1987, S. 246.

– Die Beurteilung der Gerichtsstandsvereinbarung nach dem Vertragsstatut und die des Vertrags nach dem Recht des angeblich gewählten Gerichts, insbesondere im deutsch-französischen Rechtsverkehr, FS für Wengler, Band 2, 1973, S. 541-571.

Müller, Gerd: Urteilsanmerkungen, in: RIW 1977, 163.

Münchener Kommentar zum Bürgerlichen Gesetzbuch, Band 7: Einführungsgesetz, Internationales Privatrecht, München 1990. (zit.: MünchKomm/-Bearbeiter, IPR)

Münchener Kommentar zur Zivilprozeßordnung, Band 1 und 3, München 1992. (zit.: MünchKommZPO/(Bearbeiter)

Münzberg, Reinhard: Prorogation und Schiedsvereinbarungen im internationalen Zivilverfahren, in: Zeitgenössischen Fragen des internationalen Zivilverfahrensrechts. Referate zur III. Münchener Ost-West-Rechtstagung 1972, Tübingen, Basel 1972, S. 177-197.

Nagel, Heinrich: Internationales Zivilprozeßrecht, 3. Aufl., Münster 1991. (zit.: Nagel, IZPR)

Nassel, Wendt: Anmerkung zu BGH, Beschluß v. 23. 5. 1993, WuB VII B 1. Art. 13 EuGVÜ 1. 93.

Neuhaus, Paul Heinrich: Internationales Zivilprozeßrecht und internationales Privatrecht, RabelsZ 20 (1955), S. 201-269. (zit.: Neuhaus, RabelsZ 20)

_ Die Grundbegriffe des Internationalen Privatrechts. Beiträge zum ausländischen und Internationalen Privatrecht, Band 30, 2. Aufl.Berlin, Tübingen 1976.

_ Savigny und die Rechtsfindung aus der Natur der Sache, RabelsZ 15 (1949/50), S. 364-381. (zit.: Neuhaus, RabelsZ 15)

_ Der Schweizer IPR-Entwurf -ein einheitliches Modell?, RabelsZ 43 (1979), S. 276 ff. (zit.: Neuhaus, RabelsZ 43)

Neuhaus, Paul Heinrich/ Kropholler, Jan: Zur Reform des deutschen Internationalen Verfahrensrechts, ZZP 95 (1982), S. 494-495. (zit.: Heuhaus/ Kropholler, ZZP 95)

_ Rechtsvereinheitlichung - Rechtsverbesserung?, RabelsZ 45 (1981), S. 73-89. (zit.: Neuhaus/ Kropholler, RabelsZ 45)

Neuner, Robert: Internationale Zuständigkeit, Manheim-Berlin-Leipzig 1929.

Nicklisch, Fritz: Internationale Zuständigkeit bei vereinbarten Standardvertragsbedingungen (VOB/B), IPRax 1987, 286 ff.. (zit.: Nicklisch, IPRax 1987)

Nussbaum, Arther: Deutsches Internationales Privatrecht, Tübingen 1932. (zit.: Nussbaum, IPR)

Palandt: Bürgerliches Gesetzbuch, 53 Aufl., München.

Pfaff, Dieter: Widerklagezuständigkeit bei prorogationswidriger Klageerhebung, ZZP 96 (1983), S. 334-356. (zit.: Pfaff, ZZP 96)

Piltz, Burghard: Die Zuständigkeitsordnung nach dem EWG-Gerichtsstands- und Vollstreckungsübereinkommen, NJW 1979, S. 1071-1075. (zit.: Piltz, NJW 1979)

Prinzing, Gerhard: Internationale Gerichtsstandsvereinbarung nach § 38 ZPO, IPRax 1990, S. 83-87. (zit.: Prinzing, IPRax 1990)

Rahmann, Detlef: Ausschluß staatlicher Gerichtszuständigkeit, Köln-Berlin-Bonn-München 1984.

Rauscher, Thomas: Gerichtsstandsbeeinflussende AGB im Geltungsbereich des EuGVÜ, ZZP 104 (1991), S. 271-320. (zit.: Rauscher, ZZP 104)

– Neues internationales Kindschaftsrecht -Schwerpunkte der Reform, StAZ 1987, S. 121-134. (zit.: Rauscher, StAZ 1987)

– Prorogation und Vertragsgerichtsstand gegen Rechtsscheinhaftende, IPRax 1992, S. 143-147. (zit.: Rauscher, IPRax 1992)

– Zuständigkeitsvereinbarung und rügelose Einlassung nach dem EuGÜbk, RIW 1985, S. 887-890. (zit.: Rauscher, RIW 1985)

Rechberger, Walter H.: Gibt es eine "internationale Zuständigkeit" der österreichischen Gerichte?, FS für Nagel 1987, S. 294-317. (zit.: Rechberger, FS Nagel 1987)

Rehbinder, Eckard: Vertragsgestaltung, Frankfurt am Main 1982.

Reiser, Hans: Gerichtsstandsvereinbarung nach IPR-Gesetz, Zürich 1989. (zit.: Reiser)

Reithmann/ Martiny: Internationales Vertragsrecht, 4. Aufl., Köln 1988.

Reus, Alexander: Die forum-non-convenience-doctrine" in Großbritannien und den USA in Zukunft auch im deutschen Prozeß?, RIW 1991, S. 542-553. (zit.: Reus, RIW 1991)

Riezler, Erwin: Internationales Zivilprozeßrecht und prozessuales Fremdenrecht. Beiträge zum ausländischen und Internationalen Privatrecht, Band 20, Berlin Tübingen 1949. (zit.: Riezler, IZPR)

Rössner, Michael-Christian/ Lachmair, Wilhelm: Anmerkung zu BGH, Urt. v. 13. 7. 1987, WuB VII A. § 21 ZPO 1. 88.

Rosenberg/ Schwab/ Gottwald: Zivilprozeßrecht, 15 Aufl., München 1993 (zit.: Rosenberg/ Schwab/ Gottwald, ZPR)

Roth, Günter H.: Internationalrechtliche Probleme bei Prorogation und Derogation, ZZP 93 (1980), S. 157-175. (zit.: Roth)

_ Zulässiges forum shopping?, IPRax 1984, S. 183-185.

_ International zwingender Rechtsschutz: materiell und prozessual, IPRax 1985, S. 198-200. (Roth, IPRax 1985)

_ Zur Derogation der deutschen Gerichtszuständigkeit, IPRax 1987, S. 141-143. (zit.: Roth, IPRax 1987)

Roth, Herbert: Gerichtsstandsvereinbarung nach Art. 17 EuGVÜ und kartellrechtliches Derogationsverbot, IPRax 1992, S. 67-69. (zit.: Roth, IPRax 1992)

_ Buchbesprechung, in: JZ 1992, S. 194

Samtleben, Jürgen: Internationale Gerichtsstandsvereinbarungen nach dem EWG-Übereinkommen und nach der Gerichtsstandsnovelle, NJW 1974, S. 1590-1596. (zit.: Samtleben, NJW 1974)

_ Prorogationsbeschränkungen und Schiedsklauseln im internationalen Geschäftsverkehr, IPRax 1981, S. 43-45. (zit. Samtleben, IPRax 1981)

_ Der Kampf ums Forum: Forum Fixing, RabelsZ 46 (1982), S. 716-727. (zit.: Samtleben, RabelsZ 46)

–	Warentermingeschäte im Ausland -ein Glückspiel?, IPRax 1989, S. 148-155. (zit.: Samtleben, IPRax 1989)
–	Termingeschäfte an Auslandsbörsen -Zur Neuregelung des Börsengesetzes, NJW 1990, S. 2670-2672. (zit.: Samtleben, NJW 1990)
–	Warentermingeschäfte im Ausland und Schiedsverfahren -Neues Recht für alte Fälle, IPRax 1992, S. 362-366. z,IPRax 1992)
Sandrock, Otto:	Handbuch der internationalen Vertragsgestaltung, Bd. II Abschnitt E, 1980. (zit.: Sandrock/ Jung Sandrock, E)
von Savigny, Friedrich Carl:	System des heutigen Römischen Rechts, Bd. VIII., Berlin 1849
–	Vom Beruf unsererzeit für Gesetzgebung und Rechtswissenschaft, Heidelberg 1814.
Schaack, Roger:	Methodik, und Interessenbewertung, im japanischen internationalen Zuständigkeitsrecht, ZVglWiss 91 (1992), S. 443-464. (zit.: Schaack, ZVglWiss 91)
Schack, Haimo:	Internationales Zivilverfahrensrecht, München 1991. (zit.: Schack, IZVR)
–	Hundert Jahre Haager Konferenz für IPR, RabelsZ 57 (1993), S. 224-261. (zit.: Schack, RabelsZ 57)
–	Derogation des Vermögensgerichtsstandes zwischen deutscher lex fori und ausländischem Prorogationsstatut, IPRax 1990, S. 19-20. (Schack, IPRax 1990)
–	Internationale Zuständigkeit als Strafe für die Nichtbefolgung von discovery-Befehlen, IPRax 1984, S. 168-170. (zit.: Schack, IPRax 1984)
–	Der internationale Klägergerichtsstand des Verküfers, IPRax 1986, S. 82-85. (zit.: Schack, IPRax 1986)
–	Urteilsanmerkung, in: JZ 1992, 54.
Sauveplanne, Jean Georges:	Neues zur Vereinbarung eines niederländischen Gerichtsstands in internationalen Verträgen, IPRax 1986, S. 48-50. (zit.: Sauveplanne, IPRax 1986)

Schiedermair, Gerhard: Vereinbarungen im Zivilprozeß. Bonner rechtswissenschaftlichen Abhandlungen, Bonn 1935.

Schlosser, Peter: Extraterritoriale Rechtsdurchsetzung im Zivilprozeßrecht, in: FS W. Lorenz 1991, S. 497-512. (zit.: Schlosser, FS W. Lorenz 1991)

– Sonderanknüpfungen von zwingenden Verbraucherrecht und europäisches Privatrecht, FS für Steindorff 1990, S. 1379-1391. (zit.: Schlosser, FS Steindorff 1990)

– Neue Zuständigkeiten des Gerichtshofs der Europäischen Gemeinschaft, RIW/AWD 1975, S. 534-543. (zit.: Schlosser, RIW/AWD 1975)

– Urteilsanmerkungen, in: RIW 1984, 911; EWiR 1985, 782.

Schmidt, Hubert: Anmerkung zum Urteil vom 8. 3. 1989, OLG München ZZP 103 (1990), S. 84-98.

Schmidt, Michael Johannes: Kann Schweigen auf eine Gerichtsstandsklausel in AGB einen Gerichtsstand nach Art. 17 EuGVÜ/LuganoÜ begründen?, RIW 1992, S. 173-179. (zit.: Schmidt, RIW 1992)

Schockweiler, Fernand: Gerichtsstandsvereinbarungen im Brüsseler Übereinkommen, in: Internationale Zuständigkeit und Urteilsanerkennung in Europa, Herausgegeben vom Gerichtshof der Europäischen Gemeinschaften 1993, S. 107-116.

Schreiber, Klaus: Prozeßvoraussetzungen bei der Aufrechnung, ZZP 90 (1977) S. 395-417. (zit.: Schreiber, ZZP 90)

Schröder, Jochen: Internationale Zuständigkeit. Wissenschaftliche Abhandlungen der Arbeitsgemeinschaft für Forschung des Landes Nordrhein-Westfalen, Band 47, Oplanden 1971. (zit.: Schröder)

– The Right not to be Sued Abroad, in: FS Kegel 1987, S. 523-548. (zit.: Schröder, FS Kegel 1987)

Schütze, Rolf A.: Deutsches Internationales Zivilprozeßrecht, de Gruyter 1985. (zit.: Schütze, DIZPR)

– Internationale Gerichtsstandsvereinbarungen, DB 1974, S. 1417-1421. (zit.: Schütze, DB 1974)

– Rechtsverfolgung im Ausland, Prozeßführung vor ausländischen Gerichten und Schiedsgerichten, Heidelberg 1986.

– Zum Vermögensgerichtsstand des § 23 ZPO, DWiR 1991, S. 239-243. (zit.: Schütze, DWiR 1991)

– Bedeutung der im Forum Prorogatum ergehenden Entscheidung für die Wirksamkeit einer ausschließlichen internationalen Gerichtsstandsvereinbarung, IPRax 1984, S. 246-248. (zit.: Schütze, IPRax 1984)

– Praktisierte Lieferbedingungen im internationalen Geschäftsverkehr, DWIR 1992, S. 89-92. (zit.: Schütze, DWiR, 1992)

– Urteilsanmerkungen, in: EWiR 1989, 681; WuB VII A. § 38 ZPO 1. 92.

Schumann, Ekkehard: Die Änderungen des Zivilprozeßrechts und des Gerichtsverfassungsrechts in den Jahren 1973 und 1974, JA 1975, S. 423-434. (zit.: Schumann, JA 1975)

– Der internationale Gerichtsstand des Vermögens und seine Einschränkungen, in: FS für Liebmann 1979, S. 839-870. (zit.: Schumann, FS Liebmann)

– Aktuelle Fragen des Vermögensgerichtsstandes, ZZP 93 (1980), S. 408-443. (zit.: Schumann, ZZP 93)

Schwab/ Gottwald: Verfassung und Zivilprozeß, in: Effektiver Rechtsschutz und verfassungsmäßige Ordnung, Habscheid (Hrsg.) 1983, S. 1-89. (zit.: Schwab/ Gottwald, Verfassung und Zivilprozeß)

Schwark, Eberhard: Zur Durchsetzung inländischen Rechts gegenüber Gerichtsstandsvereinbarungen ausländischer Gerichte bei Börsentermingeschäften, ZGR 1985, S. 466-474

Schwind, Fritz: Urteilsanmerkung, in: ZfRV 22 (1981), 25.

Seeberg, Oliver: Der Termin- und Differenzeinwand und die internationale Zuständigkeit bei Geschäften mit ausländischen Banken nach der

Börsengesetznovelle 1989, ZIP 1992, S. 600-608. (zit.: Seeberg, ZIP 1992)

Siehr, Kurt: "Forum Shopping" im internationalen Rechtsverkehr, ZfRV 1984, S. 124-144. (zit.: Siehr, ZfRV 1984)

– Zum Entwurf eines schweizerischen Bundesgesetzes über das internationale Privatrecht, RIW 1979, S. 729-737. (zit.: Siehr, RIW 1979)

– Das internationale Erbrecht nach dem Gesetz zur Neuregelung des IPR, 1987, 4- 6. (zit.: IPRax 1987)

Soehring, Kay: Die Nachfolge in Rechtslagen als Prozeßverträgen, NJW 1969, S. 1093-1096. (zit.: Soehring, NJW 1969)

Soergel: Kommentar zum Bürgerlichen Gesetzbuch, Band 8: Einführungsgesetz, 11. Aufl., Stuttgart 1984. (zit.: Soergel/Kegel).

Spellenberg, Ulrich: Das Europäische Gerichtsstands- und Vollstreckungsübereinkommen als Kern eines europäischen Zivilprozeßrechts, EuR 1980, S. 329-352. (zit.: Spellenberg, EuR 1980)

– Die Neuregelung der internationalen Zuständigkeit in Ehesachen, IPRax 1988, S. 1-7. (zit.: Spellenberg, IPRax 1988)

Sperl, Hans: Eine internationale Zuständigkeitsordnung in bürgerlichen Rechtssachen, NiemeyerZ XXXV (1925/26), S. 1- 18. (zit.: Sperl, NiemeyerZ XXXV)

Stauder, Dieter: Die Anwendung des EWG-Gerichtsstands- und Vollstreckungsübereinkommensi m gewerblichen Rechtsschutz und Urheberrecht, GRUR Int. 1976, S. 465-477. (zit.: Stauder, GRUR Int. 1976)

Staudinger: Kommentar zum Bürgerlichen Gesetzbuch,Einführungsgesetz zum Bürgerlichen Gesetzbuch: Teil 2b, 10/11 Aufl., Berlin 1978. (zit.: Staudinger/ Firsching)

Stein/ Jonas: Kommentar zur Zivilprozeßordnung, 20 Aufl., Erster Band, Tübingen 1984. (zit.: Stein/ Jonas/ (Bearbeiter)

Sterzing, Eva: Anmerkung zu Cour d'Appel de Paris, Urt. v. 10. 5. 1989, RIW 1989, S. 570-572. (zit.: Sterzing, RIW 1989)

Thomas/ Putzo: ZPO mit Gerichtsverfassungsgesetz, 18 Aufl., München 1993 (zit.: Thomas/ Putzo)

Tossi, Hesse: Urteilsanmerkung, in: RIW 1984, 480.

Trappe, Johannes: Zulässigkeit von Gerichtswahlklauseln im Konnossement, IPRax 1985, S. 8- 10. (zit.: Trappe, IPRax 1985)

Triebel, Volker/ Peglow, Michael: Positive Funktion des ordre public bei Termingeschäften?, ZIP 1987, S. 163 ff..

Trinkner, Reinhold: Urteilsanmerkung in BB 1972, 765.

Volken, Paul: Neue Entwicklungen im Bereich der internationalen Zuständigkeit, FS für Monser 1987, S. 235-253. (zit.: Volken, FS Monser 1987)

Vollkommer, Max: Die Gerichtsstandsbegründung durch den Parteiwillen nach der Zivilprozeßnovelle 1974, Der Deutsche Rechtspfleger 1974, S. 129-143. (zit.: Vollkommer, Rpflger 1974)

– Urteilsanmerkung, in: NJW 1974, 196.

Wach, Karl J. T./ Weberpals, Thomas: Inländischer Gerichtsstand für Bereicherungsklagen gegen ausländische Brokerfirmen aus unverbindlichen Termin- und Differenzgeschäften, AG 1989, S. 193-203. (zit.: Wach/ Weberpals, AG 1989)

Walchshöfer, Alfred: Die deutsche internationale Zuständigkeit in der streitigen Gerichtsbarkeit, ZZP 80 (1967), S. 165-229. (zit.: Walchshöfer, ZZP 80)

– Die Wirksamkeit internationaler Zuständigkeitsvereinbarungen, NJW 1972, S. 2164-2167. (zit.: Wälchshöfer, NJW 1972)

– Urteilsanmerkungen, in: ZZP 86 (1973), 333; 82 (1969), 304; 88 (1975), 321.

Welp, Dietrich: Internationale Zuständigkeit über auswärtige Gesellschaften mit Inlandstöchtern in US-amerikanischen Zivilprozeß, Berlin 1982.

Welter, Reinhard: Urteilsanmerkungen, WuB VII B 1. Art. 17 EuGVÜyxyx; WuB VII B 1. Art. 17 EuGVÜ 1. 90.

von Westphalen, Graf: Internationales Vertragsrecht, AWD 1972, S. 593-600. (zit.: v. Westphalen, AWD 1972)

Wieczoreck: Zivilprozeßordnung und Nebengesetze, Fünfter Band: Internationales Zivilprozeßrecht, 2. Aufl., Walter de Gruyter-Berlin-New York 1980.

Wirth, Hans-Rainer: Gerichtsstandsvereinbarungen im internationalen Handelsverkehr, NJW 1978, S. 460-464. (zit.: Wirth, NJW 1978)

Zimmermann, Reinhard: Das römisch-kanonische ius commune als Grundlage europäischer Rechtseinheit, JZ 1992, 8 ff.. (zit.: Zimmermann,JZ 1992)

Zöller: Zivilprozeßordnung mit Gerichtsverfassungsgesetz und den Einführungsgesetzen, mit Internationalem Zivilprozeßrecht, Kostenanmerkungen, 18. Aufl., Köln 1993.

Zweigert, Konrad: Die Rechtsvergleichungin Dinste der europäischen Rechtseinheitlichung, RabelsZ 1951, S. 387-397. (zit.: Zweigert, RabelsZ 1951)

– Nationale Rechtstraditionen, Weltrecht und Gerechtigkeit, FS für Schäffer 1966, S. 333-342. (zit.: Zweigert, FS Schäffer 1966)

Zweigert, Konrad/ Kötz, Hein: Einführung in die Rechtsvergleichung auf dem Gebiete des Privatrechts, 2. Aufl., Tübingen 1984.